The Devil Dolls
A Decayed Family

Nikolai Leskov

Чёртовы куклы
Захудалый род

Николай С. Лесков

The Devil Dolls; A Decayed Family

ISNB: 978-1-61895-266-0

ISNB: 978-1-61895-266-0

ЧЁРТОВЫ КУКЛЫ

ГЛАВА ПЕРВАЯ

В начале истекающего девятнадцатого столетия в одной семье германского происхождения родился мальчик необыкновенной красоты. Он был так хорош, что в семье его не звали его крёстным именем, а называли его Фебофис или Фебуфис, то есть сын Феба. Это имя так ему пристало, что он удержал его за собою в школе, а потом оно осталось при нём во всю его жизнь. С возрастом оказалось, что при телесной красоте ребёнок был осчастливлен замечательными способностями: он прекрасно учился наукам и рано обнаружил дар и страсть к живописи.

Отец Фебуфиса занимался крупными торговыми операциями и имел обеспеченное состояние. Он хотел, чтобы сын шёл по его же дороге, и потому не был обрадован его художественными наклонностями, но мать ребёнка, женщина очень чувствительная и поэтическая, не любила прозаических торговых занятий мужа и настояла, чтобы Фебуфис получил возможность следовать своим художественным влечениям.

Мать питала несомненную уверенность, что сына её ожидает слава, и она отчасти не ошиблась.

Отец уступил желаниям сына, поддерживаемым настойчивостью матери, и Фебуфис поступил в высшую художественную школу, сначала в том городе, где жили его родители, а потом перешёл для усовершенствования в Рим, где на него вскоре же стали указывать как на самого замечательного из современных живописцев.

С течением времени на него обращали внимания больше и больше, и он вскоре стал пользоваться такою известностью, которая уже довольно близко граничила со славою. Были основания верить, что невдалеке его ожидает и настоящая слава. Характер у него был весёлый, немножко заносчивый и дерзкий со старшими, но беспечный и общительный в сношениях с сверстниками, между которыми молодой человек имел друзей. Особенно дружны были с ним два молодых живописца, прозванные в своём кружке Пиком и Маком. Оба эти молодые люди были разных национальностей и несходного нрава, но находились в теснейшей приязни и никогда почти не разлучались. За то их и прозвали Пик и Мак – по детской игре: "где Пик, там Мак, – Пик здесь – Мак здесь, – Пика нет, и Мака нет". Мак был крупный брюнет с серьёзным, даже несколько суровым и задумчивым лицом, а Пик – розовая белокурая крошка, с личиком из тех, которых зовут "овечьею мордочкой". Мак был мыслитель – его занимали общественные вопросы: он скорбел о человеческих бедствиях и задумывался над служебными целями искусства, а Пик смотрел на жизнь в розовые стекла и отрицал в искусстве все посторонние цели, кроме самой красоты; притом Пик любил и покутить, но только, несмотря на его неразборчивость, он почти никогда не имел удачи, а Мак был само целомудрие и обладал всеми шансами на успехи, но он их не добивался. Пик находил почти всех женщин очень милыми, а Мак смотрел на всех равнодушно и всё надеялся когда-нибудь увидеть одну заповедную женщину по своим мыслям. Она должна была обладать красотою духовной более, чем телесною, – во всяком случае она непременно должна была иметь над ним многие нравственные превосходства, особенно в деликатности чувств, в тонком ощущении благородства, чести и добра. Она должна была не отделять его от мира, как любят делать многие женщины, а роднить его с высшим миром. Если случалось, что Пику и Маку нравилось одно и то же, то оно непременно нравилось им с разных сторон. Им, например, обоим нравился Дон Жуан, и они оба оправдывали байроновского героя, но совершенно с различных сторон: Пик находил, что переменять привязанности очень весело, а Мак любил Жуана за то, что он открывал во всех любивших его женщинах обман и не хотел довольствоваться фальсификациею чувства. Несмотря на такое несходство во взглядах, Пик и Мак были, однако, очень дружны: Пик уважал в Маке его думы и даже заботы о служебных задачах искусства, а Мак любил в Пике искренность, с какою он восхищался каждым дарованием, кроме своего собственного. Оба они жили вместе, не богато и не бедно, как жило в то время множество людей их среды.

Фебуфиса отыскал Пик и сказал нелюдимому Маку:

– Пойдём посмотрим человека с большим дарованием.

– В чём же он проявил свои дарования?

– Прекрасно пишет.

– Что же он пишет? – спросил Мак.

– Всё.

– Всё?.. Это много. Пойдём и посмотрим всё.

– Да, а вот ты можешь научить его выбирать лучшее.

Они пошли и подружились сразу.

ГЛАВА ВТОРАЯ

У Фебуфиса не было недостатка в фантазии, он прекрасно сочинял

2

большие и очень сложные картины, рисунок его отличался правильностью и смелостью, а кисть его блистала яркою колоритностью. Ему почти в одинаковой степени давались сюжеты религиозные и исторические, пейзаж и жанр, но особенно пленяли вкус и чувство фигуры в его любовных сценах, которых он писал много и которые часто заходили у него за пределы скромности.

В последнем роде он позволял себе большие вольности, но грация его рисунка и живая прелесть колоритного письма отнимали у этих произведений впечатление скабрезности, и на выставках появлялись такие сюжеты Фебуфиса, какие от художника меньших дарований ни за что не были бы приняты. С другой же стороны, соблазнительная прелесть картин этого рода привлекала к ним внимание самой разнообразной публики и находила ему щедрых покупателей, которые не скупились на деньги.

Таким образом росло его имя, и он получал такой значительный заработок, что уже не только не требовал никакой поддержки от родителей, но когда отец его умер и дела их пошатнулись, то Фебуфис уступил свою долю отцовского наследства брату и сестре и стал присылать значительные суммы нежно любимой матери.

Пик всему этому шумно радовался, а Мак серьёзно молчал, или, когда Пик очень надоедал ему своими восторгами и восклицал:

– О, до чего он может достичь!

Мак отвечал.

– До всего; я боюсь, что он до чего хочешь достигнет.

– Нет, с кем его можно сравнить?

– С Ван-дер-Пуфом, – отвечал Мак.

Ван-дер-Пуф было шуточное прозвание для тех, кто подавал большие надежды с сомнительными последствиями.

Пик за это сердился и находил, что Фебуфис похож на Луку Кранаха, которого он очень любит и имеет некоторые его свойства.

– В чём же это проявляется? – спрашивал Мак.

– В даровании, в смелом характере и в уменье гордо держать себя с великими мира.

Мак отвечал, что лучшее уменье держать себя с теми, кто почитает себя великими мира, – это стараться не входить с ними ни в какие сношения.

– А если это нельзя?

– Ну, тогда быть от них как можно дальше.

– Э, брат, это сочтут за робость и унижение.

– Поверь, что в этом только есть настоящее величие, которое и они сами чувствуют и которое одно может уязвлять их пустую надменность.

– Ну, ты, Мак, ведь аскет. Этак жить, так нельзя будет сделать ничего достойного в мире.

А Мак, наоборот, думал, что так только и можно что-нибудь сделать самое достойное.

– А именно что?

– Прежде всего сберечь своё достоинство.

– Ты всё о своём достоинстве – всё только о том, что для себя.

– Нет, сохранение "достоинства" – это не "только для себя", а это потом пригодится и для других.

Студию Фебуфиса искали посещать самые разнообразные путешественники, но достигали этого не все, кто хотел. Он допускал к себе только или известных знатоков и ценителей искусства, или людей высокого положения, внимание которых ему льстило и которым он по преимуществу продавал свои картины для их музеев и палаццо, и всегда за дорогую цену. Но и при этом он давал ещё много произвола своим художественным прихотям и капризам, очень часто доводимым им до непозволительной дерзости и пренебрежения к сану и светскому положению своих важных посетителей. Он продавал им часто не то, что они желали бы у него приобресть, а то, что он сам соглашался уступить им, всегда с затаённым и мало скрываемым намерением заставить их иметь перед собою сюжет, который мог служить им намёком, попрёком или неприятным воспоминанием.

Произведения Фебуфиса были в моде, а притом же тогда было в моде и потворство капризам художников, и потому сколько-нибудь замечательным из них много позволяли. Люди самые деспотичные и грозные, требовавшие, чтобы самые учёные и заслуженные люди в их присутствии трепетали, сносили от художников весьма часто непозволительные вольности. Художников это баловало, и не все из них умели держать себя в пределах умеренности и забывались, но, к удивлению, всё это им сходило с рук в размерах, непонятных для нынешнего реального времени.

Особенно они были избалованы женщинами, но ещё больше, пожалуй, деспотами, которые отличались своею грозностью и недоступностью для людей всех рангов и положений, а между тем даже как будто находили удовольствие в том, что художники обращались с ними бесцеремонно.

Такое было время и направление.

Фебуфис как первенствовал между собратиями в искусстве, так же отличался смелостью и в художественных фарсах и шалопайствах. У него было много любовных приключений с женщинами, принадлежавшими к самым разнообразным слоям в Риме, но была и одна привязанность, более

4

прочная и глубокая, чем другие. Эта любовь была замечательно красивая бедная девушка-римлянка, по имени Марчелла. Она любила красавца иностранца без памяти и без всякого расчёта, а он и её ценил мало. Он был больше всего занят тем, что с успехом соперничал с модным кардиналом в благорасположении великосветских римлянок и высокорожденных путешественниц или, наскучив этим, охотно пил и дрался кулаками в тавернах за мимолётное обладание тою или другою из тамошних посетительниц. По первой категории подвиги его восходили до дуэлей, угрожавших ему высылкою из тогдашней папской столицы, а по второй дела кончались потасовками или полицейским призывом к порядку, что тоже тогда в художественном мире не почиталось за дурное и служило не в укор, а, наоборот, слыло за молодечество.

ГЛАВА ТРЕТЬЯ

Сказано, что между любовными историями Фебуфиса была одна, которая могла его кое к чему обязывать. Это то самое, что касалось красивой и простосердечной римской девушки по имени Марчелла. Она была безвестного происхождения и имела престарелую мать, которую с большим трудом содержала своею работой, но замечательная красота Марчеллы сделала ей большую известность. Не один Фебуфис был пленён этою красотой — молодой, тогда ещё малоизвестный патриот Гарибальди на одном из римских празднеств тоже подал Марчелле цветок, сняв его со своей шляпы, но Марчелла взяла цветок Гарибальди и весело перебросила его Фебуфису, который поймал его и, поцеловав, приколол к своей шляпе. Гарибальди видел это, послал им обоим поцелуй и крикнул: "Счастливого успеха влюблённым!" Сближение их было очень быстро и оригинально. Расположения Марчеллы искали многие, и в числе претендентов на её руку были и богатые люди: в числе таких был один пармезанец. Марчелла его не любила, но мать её указывала на своё нездоровье и преклонные годы, требовала от дочери "маленькой жертвы". Марчелла согласилась на жертву и сделалась невестой, но под самый день свадьбы пошла помолиться Мадонне и безотчётно постучалась в дверь Фебуфиса. Сюда привела её нестерпимая любовь, с которою она напрасно боролась, и она вышла отсюда только через несколько дней и пошла к пармезанцу сказать, что уже не может быть его женою. Но Фебуфис, как многие баловни женщин, не хотел оценить лучше других поступок Марчеллы и скоро охладел к ней, как к прочим. Эта победа только вплела новый листок в его любовные лавры, а Марчеллу познакомила с чувствами матери. Пик был

5

этим смущен, а Мак оскорблён и разгневан: он перестал говорить с Фебуфисом и не стал давать ему руку.

– Это слишком уж строго, – говорил Пик.

Мак на это не отвечал, но, встретив однажды Марчеллу, сказал ей:

– Как ты живёшь нынче, добрая и честная Марчелла?

– Ты меня называешь доброю!

– И честною.

– Спасибо; я живу не худо, – отвечала Марчелла. – С тех пор как у меня есть дитя, я работаю вдвое и, представь себе, на всё чувствую новые силы.

– Но ты исхудала.

– Это скоро пройдёт.

– А ты мне скажи... только скажи откровенно.

– О, всё, что ты хочешь... Я знаю тебя – в тебе благородное сердце.

– Согласись быть моей женой.

– Женою?.. Спасибо. Я знаю, что ты благороден и добр... Женою!.. Нет, милый Мак, я уже никогда не буду ничьею женой.

– Почему?

– Почему? – Марчелла покачала своею красивою головой и отвечала: – Я ведь люблю! Разве ты хочешь, чтобы между нами всегда был третий в помине? Нет, милый Мак, я любила, и это останется вечно. Полюби лучше другую.

Но благородство и гордость Марчеллы были подвергнуты слишком тяжёлому испытанию: мать её беспрестанно укоряла их тяжкою бедностью, – её престарелые годы требовали удобств и покоя, – дитя отрывало руки от занятий, – бедность всех их душила. О Марчелле пошли недобрые слухи, в которых имя доброй девушки связывалось с именем богатого иностранца. К сожалению, это не было пустою басней. Марчелла скрывалась от всех и никому не показывалась. Пик и Мак о ней говорили только один раз, и очень немного. Пик сказал:

– Слышал ты, Мак, что говорят о Марчелле?

– Слышал, – отвечал Мак, сидя за мольбертом.

– И что же, ты этому веришь или не веришь?

– Верю, конечно.

– Почему же конечно? Ты ведь был о ней всегда хорошего мнения.

– Я о ней и теперь остаюсь хорошего мнения.

Теперь Пик помолчал и потом спросил:

– Разве она не могла поступить лучше?

– Не знаю, может быть и не могла.

– Значит, у неё нет воли, нет характера?

– Ты спроси об этом того, кто устроил испытание для её воли и характера.

– Но она могла выйти замуж?

– Не любя?

– Хотя бы и так.

– Или... быть может, даже любивши другого?

– Ну, и всё было б лучше.

– Может быть, только она тогда не была бы тою Марчеллой, которая стоила бы моего лучшего мнения.

– А теперь?

– Из двух зол она выбрала то, которое меньше.

– Меньше!.. Продать себя... это ты считаешь за меньшее зло?

– Не себя.

– Как не себя? Неужто этот богач ездит к ней читать с нею Петрарку или Данте?

– Нет; она продала ему своё прекрасное тело и, наверное, не обещала отдать свою душу. Ты различай между я и моё: я – это я в своей сущности, а тело моё – только моя принадлежность. Продать его – страшная жертва, но продать свою душу, свою правду, обещаться любить другого – это гораздо подлее, и потому Марчелла делает меньшее зло.

– Есть ещё средство! – заметил Пик.

– Какое?

– Прекратить свою жизнь. Смерть лучше позора.

Мак сложил руки и сказал:

– Как? убить себя?.. Женщине убить себя за то, что её бросили, и бросить на все мучения нищеты свою мать и своего ребёнка?.. И ты это называешь лучшим? Нет, это не лучше. Лучше перенести всё на себе и... Впрочем, иди лучше, Пик, читай уроки о чести другому, – мы о ней больше с тобою никогда не должны говорить.

– Хорошо, – отвечал Пик, – но ты мне никогда не докажешь...

– Ах, оставь про доказательства! Я никогда тебе и не буду доказывать того, что для меня ясно, как солнце, а ты знай, что доказать можно всё на свете, а в жизни верные доказательства часто стоят менее, чем верные чувства.

В отношении Марчеллы Мак имел "верные чувства" и верно отгадывал, что двигало её поступками. Другие о ней позабыли, – Фебуфис ею не интересовался. Он с той поры имел много других успехов у женщин, которые, помимо своей красоты, льстили его самолюбию, и вообще шёл на быстрых парусах при слабом руле, который не правил судном, а предавал его во власть случайным течениям. В характере его всё более обозначались признаки необузданности и своеволия. Успехи его туманили. Он становился капризен.

– Я хотел бы знать, чего он хочет? – говорил Пик.

– А я не хотел бы об этом знать, но знаю, – отвечал Мак.

– Чего же он хочет?

– Своей гибели, – и она будет его уделом.

ГЛАВА ЧЕТВЁРТАЯ

Фебуфису было около тридцати лет, когда он сбыл с рук историю Марчеллы и потом в течение одного года сделал два безумные поступка: во-первых, он послал дерзкий отказ своему правительству, которое, по его мнению, недостаточно почтительно приглашало его возвратиться на родину, чтобы принять руководство художественными работами во дворце его государя; а во-вторых, произвёл выходку, скандализовавшую целую столицу. Жена одного из иностранных дипломатов при папе уделила Фебуфису какую-то долю какого-то своего внимания и потом, – как ему показалось, – занялась кардиналом. Фебуфис вскипел гневом и выставил у себя в мастерской самую неприличную картину, вроде известной классической Pandora. На этом полотне он изобразил упомянутую красивую даму в объятиях знаменитого в своё время кардинала, а себя поставил близ них вместо сатира, которого отводит старуха со свечкой.

Картина эта представлялась забавною и едкою всем, кроме малоразговорчивого Мака.

– Твоё целомудрие оскорблено моею Пандорой? – спросил его однажды вечером, сидя за вином, Фебуфис.

Мак прервал своё долгое молчание и ответил ему:

– Да, с этой поры я не перестану жалеть, чем ты способен заниматься.

– Способен!.. Как это глупо! Я способен заниматься всем... и я, наконец, не понимаю, почему иногда не позволить себе шалость.

– Ты называешь это шалостью?

– Конечно. А ты?

– По-моему, это низость, это растление других и самого себя.

– Так ты видишь здесь один цинизм?

– Нет, я вижу всё, что здесь есть.

– Что же, например?

– Задор и вызов на борьбу людей, которых не стоит трогать.

– Отчего? Они стоят довольно высоко, и трогать их небезопасно.

– Ага! так тебе это доставляет удовольствие?

– И очень большое.

Мак тихо двинул плечами и, улыбнувшись, сказал:

– Я предпочёл бы беречь свои силы, чем их так раскидывать.

— В таком случае все те, кто желает заслужить себе одобрение властей, имеют теперь отличный случай достичь этого, — стоит только обнаруживать пренебрежение Пандоре. Ты это делаешь?

Мак посмотрел на него пристальным взглядом и сказал:

— Ты не задерёшь меня! Я не ссорюсь из-за пустяков и не люблю, когда ссорятся. Мне нет дела до тех, которые ищут для себя расположения у властей, но мне нравятся те, которые не задираются с ними.

— Ну, не хитри, Мак, ты – скрытый аристократ.

— Пожалуй, я – аристократ в том смысле, что я не хочу подражать слугам, передразнивающим у себя на застольной своих господ. Я совсем не интересуюсь этими... господами.

— Другими словами, ты бережёшь себя для чего-то лучшего.

— Очень быть может.

Фебуфис ему насмешливо поклонился.

— Можешь мне и не кланяться, — спокойно сказал ему Мак.

И Мак, заплатив свои деньги, ушёл ранее других из таверны.

Обе выходки Фебуфиса, как и следовало ожидать, не прошли даром: первая оскорбила правительство его страны, и Фебуфису нельзя было возвратиться на родину, а вторая подняла против него страшную бурю в самом Риме и угрожала художнику наёмным убийством.

Фебуфис отнесся к тому и к другому с полным легкомыслием и даже бравировал своим положением; он ни с того ни с сего написал своему государю, что очень рад не возвращаться, ибо из всех форм правления предпочитает республику, а насчёт картины, компрометировавшей даму и кардинала, объявил, что это "мечта живописца", и позволял её видеть посетителям.

В это самое время по Европе путешествовал один молодой герцог, о котором тогда говорили, будто он располагал несметными богатствами. О нём тогда было очень много толков; уверяли, будто он отличался необыкновенною смелостью, щедростью и непреклонностью каких-то своих совершенно особенных и твёрдых убеждений, с которыми, долго ли, коротко ли, придётся посчитаться очень многим. Это делало его интересным со стороны политической, а в то же время герцог слыл за большого знатока и ценителя разнообразных произведений искусства, и особенно живописи.

Высокий путешественник прибыл в Рим полуинкогнито из Неаполя, где все им остались очень довольны. Папский Рим ему не понравился. Рассказывали, будто он сказал какому-то дипломату, что "дело попов – молиться, но не их дело править", и не только не хотел принимать здесь никаких официальных визитов, но даже не хотел осматривать и многих замечательностей вечного города.

Властям, которые надеялись вступить с герцогом в некоторые

сношения, было крайне неприятно, что он собирался отсюда ранее, чем предполагалось по маршруту.

Говорили, будто одному из наиболее любимых путешественником лиц в его свите был предложен богатый подарок за то, если оно сумеет удержать герцога на определённое по маршруту время. Это лицо, – кажется, адъютант, – любя деньги и будучи смело и находчиво, позаботилось о своих выгодах и сумело заинтересовать своего повелителя рассказом о скандалезном происшествии с картиною Фебуфиса, которая как раз о ту пору оскорбила римских монахов, и о ней шёл говор в художественных кружках и в светских гостиных.

Хитрость молодого царедворца удалась вдвойне: герцог заинтересовался рассказом и пожелал посетить мастерскую Фебуфиса. Этим предпочтением он мог нанести укол властным монахам, и от этого одного у него прошла хандра, но зато она слишком резко уступила место нетерпению, составлявшему самую сильную черту характера герцога.

Фебуфис входил в круг идей, для него посторонних, и неожиданно получил новое значение.

ГЛАВА ПЯТАЯ

Тот же самый адъютант, которому удалось произвести перемену в расположении высокого путешественника, был послан к Фебуфису известить его, что такая-то особа, путешествующая под таким-то инкогнито, желает завтра быть в его мастерской. Фебуфису показалось, что это сделано как будто надменно, и его характер нашёл себе здесь пищу.

– Разве ваш герцог так любит художество? – спросил он небрежно у адъютанта.

– Да, герцог очень любит искусство.

– И что-нибудь в нём понимает?

– Как вы странно спрашиваете! Герцог – прекрасный ценитель в живописи.

– Я слыхал только, что он хороший покупатель.

– Нет, я говорю вам именно то, что и хочу сказать: герцог – хороший ценитель.

– Быть ценителем – это значит не только знать технику, но иметь понятия о благородных задачах искусства.

– Мм... да!.. Он их имеет.

– В таком разе вы повезите его к Маку.

10

– Кто этот Мак?

– Мак? Это мой славный товарищ и славный художник. У него превосходные идеи, и я когда-то пользовался его советом и даже начал было картину "Бросься вниз", но не мог справиться с этою идеей.

– Бросься вниз?

– Да... "Бросься вниз".

Гостю показалось, что хозяин над ним обидно шутит, и он сухо ответил:

– Я не понимаю такого сюжета.

– Позвольте усомниться.

– Я не имею привычки шутить с незнакомыми.

– "Бросься вниз" – это из Евангелия.

– Я не знаю такого текста.

– Сатана говорит Христу: "Бросься вниз".

Адъютант сконфузился и сказал:

– Вы правы, я вспоминаю, – это сцена на кровле храма?

– Вы называете это "сценою"? Ну, прекрасно, будь по-вашему: станем называть евангельские события "сценами", но, впрочем, всё дело в благородстве задачи. Обыкновенно ведь пишут сатану с рожками, и он приглашает Христа броситься за какие-то царства... По идее Мака выходило совсем не то: его сатана очень внушительный и практический господин, который убеждает вдохновенного правдолюбца только снизойти с высот его духовного настроения и немножко "броситься вниз", прийти от правды бога к правде герцогов и королей, войти с ним в союз... а Христос, вы знаете, этого не сделал. Мак думает, что у них шло дело об этом и что Христос на это не согласился.

– Да, конечно. Это тоже интересно... Но герцог вообще хочет видеть все ваши работы.

– Двери моей студии открыты, и ваш повелитель может в них войти, как и всякий другой.

– Он непременно желает быть у вас завтра.

– Непременно завтра?

– Да.

– В таком случае лучше пусть он придёт послезавтра.

– Позвольте!.. Но почему же послезавтра, а не завтра?

– А почему именно непременно завтра, и не послезавтра?

– Нет, уж позвольте завтра!

– Нет, послезавтра!

Адъютант молча хлопнул несколько раз глазами, что составляло его привычку в минуты усиленных соображений, и проговорил:

– Что же это значит?

– Ничего, кроме того, что я вам сказал, – отвечал Фебуфис и, вспрыгнув на высокий табурет перед большим холстом, который расписывал, взял в руки кисти и палитру.

Всё существо его ликовало и озарялось торжеством в самом его любимом роде: он мог глядеть свысока на стоявшего около него светского человека, присланного могущественным лицом, и, таким образом, унижал и посла и самого пославшего.

Адъютант не скрывал своего неприятного положения и сказал:

— Я не могу передать герцогу такого ответа.

— Отчего?

— Он не терпит отказов.

— Ну, нечего делать, потерпит.

— Он не согласится остаться здесь до послезавтра.

— Человек, который так любит искусство, согласится.

— Он назначил завтра вечером уехать.

— Он сам себе господин и всегда может отсрочить.

Адъютант рассмеялся и отвечал:

— Вы оригинальный человек.

— Да, я не рабская копия.

— Без сомнения, герцог может остаться везде, сколько ему угодно, но поймите же, что с ним не принято так обходиться. Ему нельзя диктовать.

— Значит, у него есть характер?

— И очень большой.

— Да, говорят, и я слышал, — это интересно! Так вот мы его испробуем: вы скажите ему, что так и быть, пущу его к себе, но только послезавтра.

— Прошу вас, оставьте это, маэстро!

— Не могу, господин адъютант, не могу, я тоже — рекомендуюсь вам — человек упрямый.

— На что вам его сердить?

— По совести сказать, ни на что, но мне теперь взошла в голову такая фантазия, и вы со мною, с позволения вашего, ни черта не поделаете, ради всех герцогов вместе и порознь.

— Вы дерзки.

— Хотите дуэль?

— Очень хотел бы, но, к сожалению, я теперь не могу принять дуэли.

— Почему?

— Конечно, не потому, что я не желаю вас убить или страшусь быть убитым, но потому, что я состою в свите такого лица, путешествие которого не должно сопровождаться никакими скандалами.

— Хорошо, не нужно дуэли, но я вам предлагаю пари.

— Какое? в чём оно состоит?

— Оно состоит вот в чём: мне кажется, будто я знаю вашего герцога больше, чем вы.

– Это интересно.

– Да, и я это утверждаю и держу пари, что если вы передадите ему то, что я вам сказал, то он останется здесь ещё на день.

– Ни за что на свете!

– Вы ошибаетесь.

– Оставим этот разговор.

– А я вам ручаюсь, что я не ошибаюсь; он чудесно прождёт до послезавтра, и я вам советую принять пари, которое я предлагаю.

– Я желал бы знать, в чём же будет заключаться самое пари?

– В том, что если ваш повелитель останется здесь на три дня, то вы без всяких отговорок должны исполнить то, что я закажу вам; а если он не останется, то я исполню любое приказание, какое вы мне дадите. Наши шансы равны, и даже, если хотите знать, я рискую больше, чем вы.

– Чем?

– Я не буду знать, точно ли вы передадите мои слова.

– Я передам их в точности, но, в свою очередь, я могу принять ваше условие только в том случае, если в заказе, который вы мне намерены сделать в случае моего проигрыша, не будет ничего унизительного для моей чести.

– Без сомнения.

– В таком случае...

– Вы принимаете моё пари?

– Да.

– Это прелестно: мы заключаем пари на герцога.

– Мне неприятно, что вы над этим смеетесь.

– Я не буду смеяться. Пари идёт?

– Извольте.

– Я подаю вам мою руку с самыми серьёзными намерениями.

– Я с такими же её принимаю.

Молодые люди ударили по рукам, и офицер откланялся и ушёл, а Фебуфис, проводив его, отправился в кафе, где провёл несколько часов с своими знакомыми и весело шутил с красивыми служанками, а когда возвратился вечером домой, то нашёл у себя записку, в которой было написано:

"Он остается здесь с тем, чтобы быть у вас в студии послезавтра".

Фебуфис небрежно смял записку и, улыбнувшись, написал и послал такой же короткий ответ. В ответе этом значилось следующее:

"Он пробудет здесь три дня".

ГЛАВА ШЕСТАЯ

Следующий день Фебуфис провёл, по обыкновению, за работой и принимал несколько иностранцев, которые внимательно осматривали его талантливые работы, а втайне всего более заглядывали на Messaline dans la loge de Lisisca, которая занимала большое и видное место. Картина во весь день не была задёрнута гобеленом, и её видели все, кто посетил студию.

Потом Фебуфис был во всех тех местах, которые имел в обычае посещать ежедневно, но вернулся домой несколько ранее и, запершись дома с слугою, занялся приведением своей мастерской в большой порядок.

Семейство желчного, больного скульптора, обитавшее в нижнем жилье, которое находилось под ателье Фебуфиса, очень долго слышало шум и возню от передвигания тяжёлых мольбертов. Можно было думать, что художник наскучил старым расположением своей мастерской или ему, может быть, пришла фантазия исполнить какую-нибудь новую затею с Messaline dans la loge de Lisisca.

Это так и было.

На следующий день догадки нижнего семейства подтвердились и разъяснились: тотчас после ранней сиесты мастерскую Фебуфиса посетил именитый путешественник в сопровождении двух лиц из своей свиты.

Один из них был престарелый, но молодящийся сановник, во фраке и с значительным количеством звёзд. Он был первый советник герцога по всем делам, касающимся иностранных сношений, и занимал должность начальника этого ведомства. В числе звёзд, украшавших его лацкана, были и такие, которых никто другой, кроме его, не имел. Старец носил превосходно взбитый на голове парик, блистал белейшими зубами и был подрисован и зашнурован в корсет. Лета его были неизвестны, но он держался бодро, хотя и вздрагивал точно под ударами вольтова столба. Чтобы маскировать это непроизвольное движение, он от времени до времени делал то же самое нарочно. В существе это была дипломатическая хартия, вся уже выцветшая, но ещё кое-как разбираемая при случае. В нём была смесь джентльмена, маркиза и дворецкого, но утверждали, будто в делах он ловок и очень находчив. Другой при герцоге был тот самый молодой адъютант, с которым Фебуфис держал своё пари о "завтра и послезавтра".

Сам герцог и оба его провожатые были в обыкновенном партикулярном платье, в котором, впрочем, герцог держался совсем по-военному. Он был представительный и даже красивый мужчина, имел очень широкие манеры и глядел как человек, который не боится, что его кто-нибудь остановит; он поводил плечами, как будто на нём были эполеты, и шёл легко, словно только лишь из милости касался ногами земли.

Взойдя в atelier[1], герцог окинул всё помещение глазами и удивился. Он как будто увидал совсем не то, что думал найти, и остановился посреди комнаты, насупив брови, и, оборотясь к адъютанту, сказал:

– Это не то.

Адъютант покраснел.

– Это не то, – повторил громко герцог и, сделав шаг вперёд, подал художнику руку.

Фебуфис ему поклонился.

– А где же это?

Фебуфис смотрел с недоумением то на герцога, то на его провожатых.

– Я спрашиваю это... то, что у вас есть...

– Здесь решительно всё, что может быть достойно вашего внимания.

– Но было ещё что-то?

– Кое-какой хлам... пустяки, недостойные вашего внимания.

– Прекрасно... благодарю, но я не хочу, чтобы вы со мною чинились: не обращайте внимания, что я здесь, и продолжайте работать, – я хочу не спеша осмотреть всё, что есть у вас в atelier.

И он начал скоро ходить взад и вперёд и вдруг опять сказал:

– Да где же, наконец, то?

– Что вы желаете видеть? – спросил Фебуфис.

– Что?

Герцог гневно метнул глазами и не отвечал, а его адъютант стоял переконфуженный, но статский сановник шепнул:

– Герцог хочет видеть ту картину... ту вашу картину... о которой все говорят.

– Ах, я догадываюсь, – отвечал Фебуфис и откатил подставку, на которой стояло обёрнутое лицом к стене полотно с новым многоличным историческим сюжетом.

– Не то! – вскричал герцог. – Что изображает эта картина?

– Она изображает знаменитого в шестнадцатом веке живописца Луку Кранаха.

– Ну?

– Он, как известно, был почтён большою дружбой Иоанна Великодушного.

– А что далее?

– Художник умел быть благороднее всех высокорожденных льстецов и царедворцев, окружавших Иоанна, и когда печальная судьба обрекла его покровителя на заточение, его все бросили, кроме Луки Кранаха.

---

[1] мастерскую – франц.

– Очень благородно, но... что ещё?

– Лука Кранах один добровольно разделял неволю с Иоанном в течение пяти лет и поддерживал в нём душевную бодрость.

– Хорошо!

– Да, они не только не унывали в заточении, но даже успели многому научиться и ещё более возбудить свои душевные силы. Я на своей картине представил, как они проводили своё время: вы видите здесь...

– Да, я вижу, прекрасно вижу.

– Иоанн Великодушный читает вслух книгу, а Лука Кранах слушает чтение и сам пишет этюд нынешней знаменитой венской картины "Поцелуй Иуды"...

– Ага! намек предателям!

– Да, вокруг узников мир и творческая тишина, можно думать, что книга – историческая и, может быть, говорит о нравах царедворцев.

– Дрянь! – оторвал герцог. – Вы прекрасно будете поступать, если будете всегда карать эти нравы.

Фебуфис продолжал указывать муштабелем на изображение Кранаха и говорил с оживлением.

– Я хотел выразить в лице Кранаха, что он старается проникнуть характер предателя и проникает его... Он изображает Иуду не злым, не скупцом, продающим друга за ничтожную цену, а только узким, раздражённым человеком.

– Вот, вот, вот! Это прекрасно!

– Это человек, который не может снести широты и смелости Христа, вдохновлённого мыслью о любви ко всем людям без различия их породы и веры. С этой картины Кранах начал ставить внизу монограммою сухого, тощего дракона в пятой манере.

– Помню: сухой и тощий дракон.

– Есть предание, будто он растирал для этого краску с настоящею драконовою кровью...

– Да... Но всё это не то! – перебил его герцог – Где же то?! Я хочу видеть вашу голую женщину!

– Голую женщину?

– Ну да, голую женщину! – подсказал ему старый сановник.

– Ту голую женщину, которая вчера была на этом мольберте, – подсказал с другой стороны адъютант.

– Ах, вы это называете то?..

– Ну да!

– Да, да.

– Но вы ошибаетесь, полковник, это ведь было не вчера, а позавчера.

– Оставьте спор и покажите мне, где голая женщина? – молвил герцог.

16

– Я думал, что она не стоит вашего внимания, ваша светлость, и убрал её.

– Достаньте.

– Она вынесена далеко и завалена хламом.

– Для чего же вы это сделали?

Фебуфис улыбнулся и сказал:

– Я могу быть откровенен?

– Конечно!

– Я так много слышал о вашей строгости, что проработал всю ночь за перестановкою моей мастерской, чтобы только убрать нескромную картину в недоступное место.

– Ненаходчиво. Впрочем, меня любят представлять зверем, но... я не таков.

Фебуфис поклонился.

– Я хочу видеть вашу картину.

– Чтобы доставить вам удовольствие, я готов проработать другую ночь, но едва могу её достать разве только к завтрашнему дню.

Посетителю понравилась весёлая откровенность Фебуфиса, а также и то, что он его будто боялся. Лицо герцога приняло смягченное выражение.

– Хорошо, – сказал он, – достаньте. Я остаюсь здесь ещё до завтра.

Он не стал ничего больше рассматривать и уехал с своими провожатыми, а Фебуфис обернул опять лицом к стене полотна с Сатаной и Кранахом, а Пандору поставил на мольберт и закрыл гобеленом, подвижно ходившим на вздержковых кольцах.

ГЛАВА СЕДЬМАЯ

Устроив у себя в мастерской всё опять как было, по-старому, Фебуфис пошёл, по обыкновению, вечером в кафе, где сходились художники, и застал там в числе прочих скульптора, занимавшего помещение под его мастерскою. Они повидались дружески, как всегда было прежде, но скульптор скоро начал подшучивать над демократическими убеждениями Фебуфиса и рассказал о возне, которую он слышал у него в мастерской.

– Я не мог этого понять до тех пор, – говорил скульптор, – пока не увидал сегодня входившего к тебе герцога.

– Да, и когда ты его увидал, ты тоже ничего не понял.

– Я понял, что ты тоже не прочь подделываться.

– К кому?

– К великим мира.

– Ну!

– В самом деле! Да ещё к таким, как этот герцог, который, говорят, рычит, а не разговаривает с людьми по-человечески.

– Это неправда.

– Ты за него заступаешься!

– А отчего бы нет?

– Он тебя причаровал.

– Он держал себя со мною как бравый малый... немножко по-солдатски, но... он мне понравился, и я даже не хотел бы, чтобы о нём говорили неосновательно.

– Он купил чем-то твоё расположение.

Фебуфис вспыхнул. Его горячий и вспыльчивый нрав не дозволил ему ни отшутиться, ни разъяснить своего поведения, – он увидел в намеке скульптора нестерпимое оскорбление и в безумной запальчивости ответил ему ещё большим оскорблением. Завязался спор и дошёл до того, что Фебуфис схватился за стилет. Скульптор сделал то же, и они мгновенно напали один на другого. Их рознили, но Фебуфис, однако, успел нанести скульптору лёгкую царапину и сам получил довольно серьёзный укол в правую руку.

В дело сейчас же вмешалась полиция, – римские власти обрадовались случаю наказать художника, оскорбившего своею нескромною картиной кардинала. Фебуфис, как зачинщик схватки, ночью же получил извещение, что он должен оставить Рим до истечения трех суток.

Гнев овладел Фебуфисом в такой степени, что он не заботился о последствиях и сидел в своей мастерской, когда к нему опять вошли герцог-incognito с его молодым провожатым и старцем со звездою.

Фебуфис привстал при их входе и, держа правую руку на перевязи, левою открыл картину.

Высокий гость сразу обнял взглядом "Пандору", прищурил левый глаз и расхохотался – столько было в ней нескромного и в нескромном смешного. Картина, видимо, доставляла зрителям величайшее наслаждение и привела герцога в самое доброе расположение. Он протянул художнику руку. Тот извинился, что подаёт левую руку.

– Принимаю её, – отвечал гость, – она ближе к сердцу. А кстати, я слышал, с вами случилась неприятность?

– Я не обращаю на это внимания, ваша светлость.

– Однако вас высылают из папских владений?

– Да.

– В этой истории я оказываюсь немножко причинен... Я был бы очень рад быть вам полезен.

– Я на это не рассчитывал; но вы были мой гость, и я не хотел, чтобы о вас говорили неуважительно.

– Вы поступили очень благородно. Сколько стоит "Кранах"?

Фебуфис сказал цену.

– Это дёшево. Я её покупаю и плачу вдвое.

– Это сверх меры, и я...

– Ничего не сверх меры: благородная идея дорого стоит. И, кроме того, во всяком случае, я ещё ваш должник. Скажите мне, куда вы теперь намерены уехать и что намерены делать?

– Я застигнут врасплох и ничего не знаю,

– Обдумайтесь скорее. Вы ведь не в ладах с вашим государем.

– Да, ваша светлость.

– Это нехорошо. Я могу просить за вас.

– Покорно вас благодарю. Я не желаю прощения.

– Дурно. Впрочем, все вы, художники, всегда с фантазиями, но я хотя и не художник, а мне тоже иногда приходят фантазии: не хотите ли вы ехать со мною?

– Как с вами? Куда?

– Куда бог понесёт. Со мною вы можете уехать ранее, чем вам назначено, и мы посетим много любопытных мест... Кстати, вы мне можете пригодиться при посещении галерей; а я вам покажу дикие местности и дикий воинственный народ, быт которого может представить много интересного для вашего искусства... Другими никакими соображениями не стесняйтесь – это всё дело товарища, который вас с собой приглашает.

Фебуфис стоял молча.

– Значит, едем? – продолжал гость. – Сделаем вместе путешествие, а потом вы свободны. Рука ваша пройдёт, и вы опять будете в состоянии взяться за кисти и за палитру. Мы расстанемся там, где вы захотите меня оставить.

– Вы так ко мне милостивы, – перебил Фебуфис, – я опасаюсь, как бы мысль о разлуке не пришла очень поздно.

Гость улыбнулся.

– Вы "опасаетесь", вы думаете, что можете пожелать расстаться со мною, когда будет "поздно"?

Фебуфис сконфузился своей неясно выраженной мысли.

– Ничего, ничего! Я люблю чистосердечие... Всё, что чистосердечно, то всё мне нравится. Я приглашаю вас быть моим товарищем в путешествии, и если вы запоздаете расстаться со мною на дороге, то я приглашаю вас к себе и ручаюсь, что вам у меня будет не худо. Вы найдёте у меня много дела, которое может дать простор вашей кисти, а я подыщу вам невесту, которая будет достойна вас умом и красотою и даст вам невозмутимое домашнее счастье. Наши женщины прекрасны.

– Я это знаю, – отвечал Фебуфис.

– Только они прекрасные жены, но позировать в натуре не пойдут. Так это решено: вы мой товарищ?

– Я ваш покорнейший слуга.

– Прекрасно! И вы с этой же секунды увидите, что это довольно удобно: берите шляпу и садитесь со мною. Распоряжения и сборы об устройстве вашей студии не должны вас волновать. При ране, хотя бы и не опасной, это вредно... Доверьте это ему.

Гость показал глазами на своего адъютанта и, оборотясь слегка в его сторону, добавил:

– Сказать в посольстве, что они отвечают за всякую мелочь, которая здесь есть. Всё уложить и переслать на мой счёт, куда потребуется. Положитесь на него и берите вашу шляпу.

Фебуфис протянул руку провожатому и сказал:

– Мы квиты.

Тот вспыхнул.

Герцог посмотрел на молодых людей и произнес:

– Что между вами было?

– Пари, – ответил Фебуфис и коротко добавил, что граф ему проиграл маленькую услугу и теперешние его заботы он принимает за сквитку.

– И прекрасно! Честный человек всегда платит свои долги! А в чём было пари?

Фебуфис опять взглянул в лицо адъютанта, и ему показалось, что этот человек умрёт сию минуту.

– Извините, ваша светлость, – сказал Фебуфис, – в это замешано имя третьего лица.

– Ах, тайна! Что есть тайна, то и должно оставаться тайною. Я не хочу знать о вашем пари. Едем.

Фебуфис вышел вместе с герцогом и с ним же вместе уехал в роскошное помещение его посла.

ГЛАВА ВОСЬМАЯ

Известие о том, что Фебуфис так спешно покидает Рим, и притом в сообществе могущественного лица, мгновенно облетело все художественные кружки. Фебуфис теперь не удалялся из Рима как изгнанник, а он выступал как человек, который одержал блистательную

20

победу над своими врагами. Никто не сомневался, что Фебуфис не испугался бы изгнания из Рима и, может быть, вышел бы отсюда ещё с какою-нибудь новою дерзостью, но выйти так величественно, как он теперь выходит с могущественным покровителем, который добровольно назвался его "товарищем", – это было настоящее торжество. Все говорили: "А герцог-то, значит, совсем не такой грубый человек, как о нём рассказывают. Вон он как прост и как приветлив! Что ни говори, а он достоин симпатий!"

И вот молодые художники – все, кто знал Фебуфиса, побросали работы и весёлою гурьбой отправились на первую станцию, где надлежало переменять лошадей в экипажи путешественника и его свиты. Все они хотели проводить товарища и даже приветствовать его великодушного покровителя. В числе провожатых находились и Пик и Мак.

Здесь были цветы, вино, песни и даже было сочинено наскоро величанье "покровителю художников".

Герцог был очень доволен сюрпризом: он не спешил прерывать прощание товарищей и даже сам поднял бокал за "товарищей" и за процветание "всего изящного и благородного в мире".

Это возбудило такой всеобщий восторг, что герцог уехал, сопровождаемый долго не умолкавшими кликами самого непритворного и горячего восторга.

Экипаж, в котором ехали Фебуфис и адъютант, с разрешения герцога остался здесь до утра, когда оба путешественника были уложены в коляску и, удаляясь, должны были долго слышать вслед за собою нетрезвые крики друзей, смешивавших имена Луки Кранаха с именем Фебуфиса и имя герцога с именем Иоанна Великодушного. Более всех шумел Пик.

– Нет, каков герцог! Каков этот суровый, страшный герцог! – кричал он весь в поту, с раскрасневшимся лицом.

– Смотри, будь счастлив, Фебуфис!- вторили Пику другие.

– О, он будет счастлив! Он должен быть счастлив с таким покровителем!

– Ещё бы! такое покровительство хоть кого выведет к всемирной славе, тем более Фебуфиса. Но как он это обделал!

– А это штука, но что бы кто ни говорил, я ручаюсь за одно, что Фебуфис не дозволил себе ничего такого, что бы могло бросить тень униженного искательства на его поведение!

– Конечно, конечно!

– Я там не был, но я это чувствую... и я за это ручаюсь, – настаивал Пик.

– Конечно, конечно!.. Из нас никто там не был, но мы все ручаемся,

21

что Фебуфис не сказал ни одного унизительного слова, что он не сделал перед герцогом ни одного поклона ниже, чем следует, и вообще... он... вообще...

— Да, вообще... вообще Фебуфис — благородный малый, и если скульптор имеет об этом иное мнение, то он может потребовать от каждого из нас отдельных доказательств в зале фехтовальных уроков, а Фебуфису мы пошлём общее письмо, в котором напишем, как мы ему верим, как возлагаем на него самые лучшие наши надежды и клянёмся ему в товарищеской любви и преданности до гроба.

— До гроба! до гроба!

Но в это время кто-то крикнул:

— Вы поклянитесь на своих мечах!

Все обернулись туда, откуда шёл этот голос, и увидали Мака.

Один Мак до сих пор упорно молчал, и это обижало Пика; теперь же, когда он прервал своё молчание фразой из Гамлета, Пик обиделся ещё более.

— Я не ожидал этого от тебя, Мак, — сказал он и затем вспрыгнул на стол и, сняв с себя шляпу, вскричал:

— Друзья, здесь шутки Мака неуместны! Восторг не должно опошлять! Восходит солнце, я гляжу в его огненное лицо: я вижу восходящее светило, я кладу мою руку на моё сердце, в которое я уместил мою горячую любовь к Фебуфису. Я призываю тебя, великий в дружбе Кранах!.. Кладите, друзья, свои руки не на мечи, а на ваши сердца, и поклянёмся доказать нашу дружбу Фебуфису всем и всегда... и всегда... и всегда... да... да... да!

У пришедшего в восторг Пика стало истерически дергать горло, и все его поняли, схватили его со стола, подняли его, и все поклялись в чём-то на своих сердцах.

И затем опять пили и пели все, кроме Мака, который тихо встал и, выйдя в сад, нашёл скрывавшуюся в густой куртине молодую женщину. Это была Марчелла. Она стояла одиноко у дерева, как бы в окаменении. Мак тронул её за плечо и сказал ей:

— Тебе пора домой, Марчелла. Пойдём, я провожу тебя.

— Благодарю, — отвечала Марчелла и пошла с ним рядом, но, пройдя недалеко по каменистой дороге, остановилась и сказала:

— Меня покидают силы.

— Отдохнём.

Они сели. До них долетали звуки пьяных песен.

— Как они противно поют! — уронила Марчелла.

— Да, — отвечал Мак.

— Он пропадёт?

— Не знаю, да и ты не можешь этого знать.

— Моё сердце это знает.

— Твоё сердце и здесь его не спасало.

— Ах да, добрый Мак, не спасало.

— Что же будем делать?

— Жалей его вместе со мною!

И она братски поцеловала Мака.

А там все ещё пели.

Такого взрыва восторженных чувств друзья не видали давно, и, что всего лучше, их пированье, начатое с аффектацией и поддержанное вином, не минуло бесследно. Художники на другой день не только послали Фебуфису общее и всеми ими подписанное письмо, но продолжали интересоваться его судьбою, а его многообещавшая судьба и сама скоро начала усугублять их внимание и сразу же обещала сделаться интересною, да и в самом деле скоро таковою сделалась в действительности.

ГЛАВА ДЕВЯТАЯ

Фебуфис вскоре же прислал первые письма на имя Пика. Как в жизни и в искусстве, так и в письмах своих он стремился быть более красивым, чем натуральным и искренним, но тем не менее письма его чрезвычайно нравились Пику и тем из их товарищей, которые имели сродные свойства самодовлеющих художественных натур воспоминаемого времени. Стоило молодой буфетчице кафе, куда адресовалась корреспонденция маленького Пика, показать конверт, надписанный на его имя, как все вскричали:

— Не от Фебуфиса ли? Письмо от Фебуфиса!

И если письмо было действительно от Фебуфиса, то Пик кивал утвердительно головою, и все вдруг кричали:

— Друзья, письмо от Фебуфиса! Радость и внимание! Пишет товарищ и друг венценосца! Читай, Пик!

Пик подчинялся общему желанию, раскрывал письмо, запечатанное всем знакомою камеей Фебуфиса, и читал. Тот описывал виденные им местности, музеи, дворцы и палаты, а также свои личные впечатления и особенно характер своего великодушного покровителя и свои взаимные с ним отношения. По правде сказать, это особенно всех интересовало. Их отношения часто приводили художников в такой восторг, что они все чувствовали себя как бы объединёнными с высоким лицом чрез Фебуфиса. В их дружеском кругу не упоминалось более официальное величание этой особы, а вместо всего громкого титула ему дали от сердца исшедшее имя: "великодушный товарищ".

Иначе его не называл никто, кроме Мака, который, впрочем, имел от природы недоверчивый характер и был наклонен к насмешке над всякими шумными и надутыми чувствами и восторгами, но на него не обращали много внимания: он в самом деле был ворчун и, может быть, портил прямую линию самодовлеющему искусству, наклоняя его к "еретическому культу служения идеям".

По поводу путевых впечатлений Фебуфиса Мак не ликовал: он не только не интересовался ими, но даже был резок и удивлялся: что в них может интересовать других? Когда все слушали, что описывает Фебуфис, Мак или лениво зевал, или следил глазами по печатным строчкам газеты, ища встретить имя Джузеппе Гарибальди, тогда ещё известное очень немногим, в числе которых, впрочем, были Марчелла и Мак (Пик звал их: "организмы из уксусного гнезда". Уксусное гнездо тогда было в заводе). Понятно, что человеку такого духа было мало нужды до "путешествия с герцогом".

По взглядам Мака, Фебуфис был талантливый человек, который пошёл по

– Ты – "чёрный ворон", Мак, – говорил ему с обидою в голосе Пик. – Завещай нам, чтобы мы из тебя сделали пугало.

– А ты, мой милый Пик, настоящий телёнок, и из тебя без всякого твоего завещания когда-нибудь приготовят такой же шнель-клёпс, как из твоего Фебуфиса.

– А из Фебуфиса уже готовят шнель-клёпс?

– Ну, конечно.

После таких перемолвок Пик давал себе слово ничего не говорить о Фебуфисе в присутствии Мака, но, однако, не выдерживал и при всяком новом известии спешил возвестить его при Маке. Да и трудно было удержаться, потому что известия приходили одно другого эффектнее. На шнель-клёпс не было ничего похожего, – напротив, между Фебуфисом и его покровителем образовалась такая настоящая, товарищеская дружба, что можно было опасаться: нет ли тут преувеличений?

– Шнель-клёпса не будет! – говорил Пик, похлопывая Мака.

Но Мак отвечал:

– Будет!

И вдруг в самом деле запахло шнель-клёпсом: пришло письмо, в котором Фебуфис описывал, как они сделали большой переезд верхами по горам, обитаемым диким, воинственным племенем. Прекрасно были описаны виды неприступных скал, падение гремящих потоков и удивительное освещение высей и дымящихся в тумане ущелий и долин;

потом описывались живописные одежды горцев, их воинственный вид, мужество, отвага и простота их патриархальных обычаев, при которой сохранилось полное равенство и в то же время дружественность и гостеприимство с ласковостью, доходящею до готовности сделать приятное гостю даже с риском собственной жизни.

"В одном месте, – описывал Фебуфис, – я был чрезвычайно тронут этою благородною чертой, и у нас даже дошло дело до маленькой неприятности с моим патроном. Впрочем, всё это сейчас же было заглажено, и от неприятного не осталось ни малейшего следа, – напротив, мы ещё более сблизились, и я после этого полюбил его ещё более".

– Начинается что-то любопытное, – вставил слово Мак.

– Да, конечно, – отвечал Пик, – ведь ты слышишь: они "ещё более сблизились"; но слушайте, я продолжаю.

"Мы ещё более сблизились"... Да, вот где я остановился: "мы сблизились, – мы ехали вдоль узкой, покрытой кремнистою осыпью тропинки, которая вилась над обрывом горной речки. По обеим сторонам тропы возвышались совершенно отвесные, точно как бы обрубленные скалы гранита. Обогнув один загиб, мы стали лицом к отвесной стене, так сильно освещённой солнечным блеском, что она вся казалась нам огненною, а на ней, в страшной высоте, над свесившимися нитями зелёного диорита, мы увидали какой-то рассыпчатый огненный ком, который то разлетался искрами, то вновь собирался в кучу и становился густым. Мы все недоумевали, что это за метеор, но наши проводники сказали нам, что это просто рой диких пчёл. Горцы отлично знают природу своего дикого края и имеют преострое зрение: они определили нам, что этот рой только что отроился от старого гнезда, которое живёт здесь же где-нибудь в горной трещине, и что там у них должен быть мёд. Герцог пошутил, что здешние пчёлы очень предусмотрительны, что, живучи между смелых людей, они нашли себе такой приют, где их не может потревожить человек самый бесстрашный. Но старший в нашем эскорте, седоволосый горец со множеством ремешков у пояса, на которых были нанизаны засохшие носы, отрубленные у убитых им неприятелей, покачал своею красивою белою головой и сказал:

– Ты не прав, господин: в наших горах нет для нас мест недоступных.

– Ну, этому я поверю только тогда, – отвечал герцог, – если мне подадут отведать их мёда.

Услыхав это, старый горец взглянул в глаза герцогу и спокойно ответил:

– Ты попробуешь этого мёда.

С этим он сейчас же произнёс на своём языке какое-то нам непонятное слово, и один молодой красавец наездник из отряда в ту же минуту повернул своего коня, гикнул и исчез в ущелье. А старик молчаливым жестом руки дал нам знак остановиться.

Мы остановились, и должны были это сделать, потому что все наши провожатые стали как вкопанные и не двигались с места... Старец сидел на своём коне неподвижно, глядя вверх, где свивался и развивался золотистый рой. Герцог его спросил: "Что это будет?" – но он ответил: "Увидишь", и стал крутить в грязных пальцах свои седые усы.

Так прошло не более времени, чем вы, может быть, употребите на то, чтобы прочесть мои строки, и вдруг наверху скалы, над тем самым местом, где вился рой, промелькнул отделившийся от нас всадник, а ещё через мгновение мы увидали его, как он спешился около гребня скалы и стал спускаться на тонком, совсем незаметном издали ремне, и повис в воздухе над страшною пропастью.

Герцог вздрогнул, сказал: "Это чёрт знает что за люди!" – и на минуту закрыл рукой глаза.

Мы все замерли и затаили дыхание, но горцы стояли спокойно, и старик спокойно продолжал крутить свои седые усы, а тот меж тем снова поднялся наверх и через пять минут был опять среди нас и подал герцогу кусок сотового мёда, воткнутый на острие блестящего кинжала.

Герцог, к удивлению моему, похвалил его холодно; он приказал адъютанту взять мёд и дать горцу червонец, а сам тронул повод и поехал далее. Во всём этом выражалась как будто вдруг откуда-то вырвавшаяся противная, властительная надменность.

Это было сделано так грубо, что меня взбесило. Я не выдержал себя, торопливо снял с руки тот мой дорогой бриллиантовый перстень, который подарила мне известная вам богатая англичанка, и, сжав руку молодого смельчака, надел ему этот перстень на палец, а горец отстранил от себя протянутую к нему адъютантом руку с червонцем и подал мне мёд на кинжале. И я его взял. Я не мог его не взять от горца, который, отстранив герцогский подарок, охотно принял мой перстень и, взяв мою руку, приложил её к своему сердцу, но далее я соблюл вежливость: я тотчас же подал мёд герцогу, только он не взял... он ехал, отворотясь в сторону. Я подумал, что он обиделся, но это у меня промелькнуло в голове и сейчас же исчезло, вытесненное живым ощущением, которое сообщало мне вдохновляющее спокойствие горца.

Его сердце билось так же ровно, как бьётся сердце человека, справляющего приятную сиесту. Ни страх минувшей опасности, ни оскорбление, которое он должен был почувствовать, когда ему хотели заплатить червонец, как за акробатское представление, ни мой дорогой подарок, стоимость которого далеко превосходила ценность трехсот червонцев, – ничто не заставило его чувствовать себя иным, чем создала его благородная природа. Я был в таком восторге, что совсем позабыл о неудовольствии герцога и, вынув из кармана мой дорожный альбом, стал наскоро срисовывать туда лицо горца и всю эту сцену. Художественное было мне дорого до той степени, что я совсем им увлекся и, когда кончил мои кроки, молча подъехал к герцогу и подал ему мою книжку, но, вообразите себе, он был так невежлив, что отстранил её рукой и резко сказал: "Я не требовал, чтобы мне это было подано. Чёрт возьми, вы знаете, я к этому не привык!" Я спокойно положил мою книжку в карман и отвечал: "Я извиняюсь!" Но и это простое слово его так страшно уязвило, что он сжал в руке судорожно поводья и взгляд его засверкал бешенством, а между губ выступила свинцовая полоска.

Я помнил спокойствие горца и на всё это сверкание обратил нуль внимания, и... я победил грубость герцога. Мы поехали дальше; я всё прекрасно владел собою, но в нём кипела досада, и он не мог успокоиться: он оглянулся раз, оглянулся два и потом сказал мне:

— Знаете ли вы, что я никогда не позволяю, чтобы кто-нибудь поправлял то, что я сделал?

— Нет, не знаю, — отвечал я и добавил, что я вовсе не для того и показывал ему мой рисунок, чтобы требовать от него замечаний, потому что я тоже не люблю посторонних поправок, и притом я уверен, что с этого наброска со временем выйдет прекрасная картина.

Тогда он сказал мне уже повелительно: "Покажите мне сейчас ваш рисунок".

Я хотел отказать, но улыбнулся и молча подал ему альбом.

Герцог долго рассматривал последний листок: он был в худо скрываемом боренье над самим собою и, по-видимому, переламывал себя, и потом взглянул мне в глаза с холодною и злою улыбкой и произнёс:

— Вы хорошо рисуете, но нехорошо обдумываете ваши поступки.

— Что такое? — спросил я спокойно.

— Я чуть-чуть не уронил ваш альбом в пропасть.

— Что за беда? — отвечал я. — Этот смельчак, который сейчас достал мёд, вероятно, достал бы и мой альбом.

— А если бы я вырвал отсюда листок, на котором вы зачертили меня с таким особенным выражением?

— Я передал то выражение, которое у вас было.

— Всё равно, кто-нибудь на моём месте очень мог пожелать уничтожить такое своё изображение.

Я был в расположении отвечать дерзко на его дерзости и сказал, что я нарисовал бы то же самое во второй раз и только прибавил бы ещё одну новую сцену, как рвут доверенный альбом. — Но, — добавил я, — я ведь знал, что вы не "кто-нибудь" и что вы этого не сделаете.

– Почему?

– Потому, что вы в вашем положении должны уметь владеть собою и не позволять нам, простым людям, превосходить вас в благородстве и великодушии.

Лицо герцога мгновенно изменилось: он позеленел и точно с спазмами в горле прошипел:

– Вы забылись!.. мне тоже нельзя делать наставлений, – и на губах его опять протянулась свинцовая полоска.

Это все произошло из-за куска мёду и из-за того, что он не успел как должно поблагодарить полудикого горца за его отвагу, а я это поправил... Это было для него несносное оскорбление, но я хотел, чтобы мне не было до его фантазий никакого дела. Вместо того чтобы прекратить разговор сразу, я сказал ему, что никаких наставлений не думал делать и о положении его имею такое уважительное мнение, что не желаю допускать в нём никаких понижающих сближений.

Он не отвечал мне ни слова, и, вообразите, мне показалось, что он угомонился, но – позор человечества! – в это же время я вдруг заметил, что из всех его окружающих на меня не смотрит ни один человек и все они держат своих коней как можно плотнее к нему, чтобы оттереть меня от него или оборонить от меня. Вообще, не знаю, что такое они хотели, но во всяком случае что-то противное и глупое.

Я осадил своего коня и, поравнявшись с тем горцем, который доставал мёд, поехал с ним рядом.

Только здесь теперь, в безмолвном соседстве этого отважного дикаря, я почувствовал, как я сам был потрясён и взволнован. С ним мне было несравненно приятнее, чем в важной свите, составленной из людей, которые сделались мне до того неприятны, что я не хотел дышать с ними одним воздухом и решился на первой же остановке распроститься с герцогом и уехать в Испанию или хоть в Америку..."

– Прекрасно! – перебил Мак.

– Нет, ты подожди, что будет ещё далее! – вставил Пик.

– Я всему предпочёл бы, чтобы он сдержал это намерение и этим кончил.

– Нет, ты услышишь!

Другие вскричали:

– Да ну вас к чёрту с вашими переговорами! Письмо гораздо интереснее, чем ваши реплики!.. Читай, Пик, читай!

Пик продолжал чтение.

ГЛАВА ДЕСЯТАЯ

"Я был очень зол на себя, что предпринял это путешествие с герцогом, на которого, признаться сказать вам, я, однако, не питал ни гнева, ни злобы. Всё это у меня ушло почему-то на долю его окружающих. Настроение было препротивное: все молчали. Так мы доехали до ночлега, где нам было приготовлено сносное для здешней дикой страны помещение. Все имели лица с самым натянутым, а некоторые с смешным и даже с жалким выражением. Если бы я не был очень недоволен собою, то я всего охотнее занялся бы занесением в мой альбом этих лиц, рассматривая которые всякий порядочный человек, наверное, сказал бы: "Вот та компания, в которой не пожелаешь себя увидеть в серьёзную минуту жизни!" Но мне было не до того, чтобы их срисовывать. Притом же это было бы уже крайне грубо. Я теперь имел твёрдое намерение немедленно же отстать от них и ехать в Америку.

Не понижая своего тона и способа держаться, я не старался и скрывать своего раздражения, – я отдалился от компании и не хотел ни есть, ни спать под одною с ними кровлей. Я отошёл в сторону и лёг на траве над откосом и вдруг захотел спать. Этим в моей счастливой организации обыкновенно выражается кризис моих волнений: я хочу спать, и сплю, и во сне мои досаждения проходят или по крайней мере смягчаются и представляются мне после в более сносном виде. Но я не успел разоспаться, как кто-то тронул меня за плечо, я открыл глаза и увидал герцога, который сидел тут же, возле меня, на траве и, не дозволяя мне встать, сказал:

– Простите меня, что я вас разбудил. Я не ожидал, что вы так скоро уснули, а я отыскал вас и хочу с вами говорить.

И сейчас же вслед за этим он стал горячо извиняться в своей запальчивости. На меня это страшно подействовало, и я старался его успокоить, но он с негодованием говорил о своей "проклятой привычке" не удерживаться и о ничтожестве характеров окружающих его людей. Он был так искренен и так умён и мил, что я забыл ему всё неприятное и зашёл в своём порыве дальше, чем думал. Может быть, я сделал большую глупость, но это уже непоправимо. Я, наверное, удивлю вас. Да! узнайте же, мои друзья, что я себе наметил место, и теперь приспело время выслать мне мои вещи, но не на моё имя, а на имя герцога, так как я, как друг его, отправляюсь с ним в его страну... Да, мои друзья, да, я называю его "другом" и еду к нему. Это решено и не может быть переменено, а решено это тут же, на этом ночлеге, среди диких скал, каплющих диким мёдом. Не я просился к нему и набивался с моею дружбой, а он просил меня "не оставлять его" и ехать с ним в его страну, где я встречу для себя большое поприще и, конечно, окажу услуги искусству, а вместе с тем и ему. Герцог – испорченная, но крупная натура, и я хочу быть полезен ему; его стала любить моя душа за его искренние порывы, свидетельствующие о несомненном благородстве его природы, испорченной более всего раболепною и льстивою средой. Я могу внести и, конечно, внесу в эту среду иное. А кстати, ещё об этой природе и об этой среде. Среда эта удивительна, и вам трудно составить себе о ней живое понятие. Я уже писал вам, как после истории с мёдом на кинжале эти люди смешно от меня удалялись, но они ещё смешнее опять со мною сблизились: это случилось за ужином, к которому он подвёл меня под руку, а потом вскоре сказал:

– Удивительно, как сильно влияет на человека такой грубый прибор, как его желудок: усталость и голод в течение знойного дня довели меня до несправедливости перед нашим художественным другом, а теперь, когда я сыт и отдохнул, я ощущаю полное счастье от того, что умел заставить себя просить у него извинения.

Это произвело на всех действие магическое, а когда герцог добавил, что он уверен, что кто любит его, тот будет любить и меня, то усилиям показать мне любовь не стало предела: все лица на меня просияли, и все сердца, казалось, хотели выпрыгнуть ко мне на тарелку и смешаться с маленькими кусками особливым способом приготовленной молодой баранины. Мне говорили:

– Не тужите о родине, которая вас отвергла! У нас будет один отец и одна родина, и мы все будем любить вас, как брата!

Всё это у них делается так примитивно и так просто, что не может быть названо хитростью и неспособно обмануть никого насчёт их характеров, и мне кажется, что я буду жить по крайней мере с самыми бесхитростными людьми в целом свете".

Письмо кончалось лаконическою припиской, что следующие известия будут присланы уже из владений герцога. И Пик, дочитав лист, стал его многозначительно складывать и спросил Мака:

– Ну, как тебе это нравится?

– Недурно для начала, – процедил неохотно Мак и сейчас же добавил, что это напоминает ему рассказ об одном беспечном турке.

– Каком турке? – переспросил Пик.

– Которого однажды его падишах велел посадить на кол.

– Я ничего не понимаю.

– Все дело в том, что когда этого турка посадили на кол, он сказал: "Это недурно для начала", и стал опускаться.

– Что же тут сходного с положением нашего товарища?

– Фебуфис сел на кол и опускается.

– Ты отвратительно зол, Мак!

– Нет, я не зол.

– Ну, завистлив.

– Ещё выдумай глупость!

– Тебе это письмо не нравится?

– Не нравится.

– Что же именно тебе в нём не нравится: мёд, кинжал, сцена у скал, сцена с альбомом?

– Мне не нравится сцена с желудком!

– То есть?

– Я не люблю положений, в которых человек может чувствовать себя в зависимости от расположения желудка другого человека.

– Ну, вот!

– Да, и в особенности гадко зависеть от расположения желудка такого человека, по гримасам которого к тебе считают долгом оборачиваться лицом или спиною другие. Согласясь жить с ними, Фебуфис сел на кол, и тот, кто стал бы ему завидовать, был бы слепой и глупый человек.

– Ты, кажется, назвал меня глупцом?

Мак посмотрел на него и заметил:

– Кажется, ты ко мне хочешь придираться?

– А если бы и так!

Мак промолчал.

– Ты, наверное, желаешь этим пренебречь.

Мак молча повёл плечами и хотел встать.

– Нет, в самом деле? – приставал к нему Пик, слегка заграждая ему путь рукой.

Мак тихо отвёл его руку, но Пик стал ему на дороге и, покраснев в лице, настоятельно сказал:

– Нет, ты не должен отсюда уходить!

– Отчего я не могу уходить?

– Я вызываю тебя на дуэль!

Мак улыбнулся.

– За что на дуэль? – сказал он, тихо поднимая себе на плечо свою альмавиву.

– За все!.. за то, что ты мне надоедал своими насмешками, за то, что ты издеваешься над отсутствующим товарищем, который... которого... которому...

– Распутайся и скажи яснее...

– Мне всё ясно... который поднимает имя и положение художника, которого я люблю и хочу защищать, потому что он сам здесь отсутствует, и которому ты... которому ты, Мак, положительно завидуешь.

– Теперь ты в самом деле глуп.

– Что же с этим делать?

– Не знаю, но я ухожу.

– Уходишь?

– Да.

– Так ты трус, и вот тебе оскорбление! – и с этим Пик бросил Маку в лицо бутылочную пробку.

Мак побледнел и, схватив Пика за шиворот, поднял его к открытому окну на улицу и сказал:

– Ты можешь видеть, что мне ничего не стоит вышвырнуть тебя на мостовую, но...

– Нет, идём сейчас в фехтовальный зал.

– Но ведь это глупо!

– Нет, идём! Я тебя зову... я требую тебя в фехтовальный зал! – кричал Пик.

– Хорошо, делать нечего, идём. Но ты знаешь что?

– Что?

– Я там непременно обрублю тебе нос.

Пик от бешенства не мог даже ответить, а через час друзья, бывшие в зале свидетелями неосторожного фехтовального урока, уводили его под руки, и Пик в самом деле держал носовой платок у своего носа. Мак в точности сдержал своё обещание и отрезал рапирой у Пика самый кончик носа, но не такой, как режут дикари, надевающие носы на вздержку, а только самый маленький кончик, как самая маленькая золотая монета папского чекана.

Честь обоих художников была удовлетворена, как требовали их понятия, всё это повело к неожиданным и прекрасным последствиям. О событии с носом Пика никто не сообщал Фебуфису, но от него в непродолжительном же времени было получено письмо, в котором, к общему удивлению, встретилось и упоминание о носе. В этом письме Фебуфис уже описывал столицу своего покровителя. Он очень сдержанно говорил о её климате и населении, не распространялся и об условиях жизни, но зато очень много и напыщенно сообщал об открытой ему деятельности и о своих широких планах.

Это должно было выражать и обхватывать что-то необъятное и светлое, как в прямом, так и в иносказательном смысле: чувствовалось, что в голове у Фебуфиса как будто распустил хвост очень большой павлин, и художник уже положительно мечтал направлять герцога и при его посредстве развить вкус в его подданных и быть для них благодетелем: "расписать их небо".

Ему были нужны помощники, и он звал к себе товарищей. Он звал всех, кто не совсем доволен своим положением и хочет более широкой деятельности (деньги на дорогу можно без всяких хлопот получать от герцогова представителя в Риме).

Особенно он рекомендовал это для Пика, про которого он каким-то удивительным образом узнал его историю с носом и имел слабость рассказать о ней герцогу (герцога всё интересует в художественном мире). Правда, что нос заставил его немного посмеяться, но зато самый характер доброго Пика очень расположил герцога в его пользу. При этом Фебуфис присовокуплял, что для него самого приезд Пика был бы очень большим счастием, "потому что как ему ни хорошо на чужбине, но есть минуты..."

Пик скомкал письмо и вскрикнул:

– Вот это и есть самое главное! Я его узнаю и понимаю: как ему там ни хорошо, но тем не менее он чувствует, что "есть минуты", – я понимаю эти минуты... Это когда человеку нужна родная, вполне его понимающая душа... Я

Пику советовали хорошенько подумать, но он отвечал, что ему не о чем думать.

– По крайней мере дай хорошенько зажить твоему носу.

Он вздохнул и отвечал:

– Да, хотя Мак и оскоблил мне кончик носа и мне неприятно, что мы с ним в ссоре, но я с ним помирюсь перед отъездом, и он, наверное, скажет, что мне там приставят нос.

Затем Пик без дальнейших размышлений стал собираться и, прежде чем успел окончить свои несложные сборы, как предупредительно получил сумму денег на путешествие.

Этим последним вниманием Пик был так растроган, что "хотел обнять мир" и начал это с Мака.

ГЛАВА ОДИННАДЦАТАЯ

Он побежал к Маку, кинулся ему на шею и заговорил со слезами:

– Что же это, милый Мак, неужто мы всё будем в ссоре? Я пришёл к тебе, чтобы помириться с тобою и прижать тебя к моему сердцу.

– Рад и я и отвечаю тебе тем же.

– Ведь я люблю тебя по-прежнему.

– И я тоже тебя люблю.

– Ты так жесток, что не хотел сделать ко мне шага, но всё равно: я сам сделал этот шаг. Для меня это даже отраднее. Не правда ли? Я бегом бежал к тебе, чтобы сказать тебе, что... там... далеко... куда я еду...

– Ах, Пик, для чего ты туда едешь?

– Между прочим для того, чтобы ты мог шутить, что мне там приставят нос.

— Я вовсе не хочу теперь шутить и самым серьёзным образом тебя спрашиваю: зачем ты едешь?

— Это не мудрено понять: я еду, чтобы жить вместе с нашим другом Фебуфисом и с ним вместе совершить службу искусству и вообще высоким идеям. Но ты опять улыбаешься. Не отрицай этого, я подстерёг твою улыбку.

— Я улыбаюсь потому, что, во-первых, не верю в возможность служить высоким идеям, состоя на службе у герцогов...

— А во-вторых?.. Говори, говори всё откровенно!

— Во-вторых, я ни тебя, ни твоего тамошнего друга не считаю способными служить таким идеям.

— Прекрасно! Благодарю за откровенность, благодарю! — лепетал Пик, — и даже не спорю с тобою: здесь мы не велики птицы, но там...

— Там вы будете ещё менее, и я боюсь, что вас там ощиплют и слопают.

— Почему?

— О, чёрт возьми, — ещё почему? Ну, потому, что у тамошних птиц и носы и перья — все здоровее вашего.

— Грубая сила не много значит.

— Ты думаешь?

— Я уверен.

— Дитя! А я тебе говорю: ощиплют и слопают. Это не может быть иначе: грач и ворона всегда разорвут мягкоклювую птичку, и вдобавок ещё эта ваша разнузданная художественность... Вам ли перевернуть людей упрямых и крепких в своём невежестве, когда вы сами ежеминутно готовы свернуться на все стороны?

— Я прошу тебя, Мак, не разбивай меня: я решился.

— Ты просишь, чтобы я замолчал?

— Да.

— Хорошо, я молчу.

— А теперь ещё одна просьба: ты не богат и я не богат... мы оба равны в том отношении, что оба бедны...

— Это и прекрасно, зато до сих пор мы оба были свободны и никому ничем не обязаны.

— Не обязаны!.. Ага! Тут опять есть шпилька: хорошо, я её чувствую... Ты и остаёшься свободным, но я теперь уже не свободен, — я обязан, я взял деньги и обязан тому, кто мне дал эти деньги, но я их заработаю и отдам.

— Да; по крайней мере не забывай об этом и поспеши отдать долг как можно скорее.

— Я тебе даю моё слово: я буду спешить. Фебуфис пишет, что там много дела.

— Какого?.. "Расписывать небо", или писать баталии, или голых женщин на зеркалах в чертогах герцога?

34

— Ну, все равно, ты всегда найдёшь, чем огорчить меня и над чем посмеяться, но я к тебе с такою просьбой, в которой ты мне не должен отказать при разлуке.

— Пожалуйста, говори её скорее.

— Нет, ты дай прежде слово, что ты мне не откажешь.

— Я не могу дать такого слова.

— Видишь, как ты упрям.

— Ты, как художник, любишь славу?

— Любил.

— А теперь разве уже не любишь?

— Теперь не люблю.

— Что же это значит?

— Это значит, что я узнал нечто лучшее, чем слава.

— И любишь теперь это "нечто" лучшее более, чем известность и славу?.. Прекрасно! Я понимаю, о чём ты говоришь: это всё про народные страдания и прочее, в чём ты согласен с Джузеппе... А знаешь, есть мнение... Ты не обидишься?

— Бывают всякие мнения.

— Говорят, что он авантюрист.

— Это кто?

— Твой этот Гарибальди, но я знаю, что ты его любишь, и не буду его разбирать.

Мак в это время тщательно обминал рукой стеариновый оплыв около светильни горевшей перед ними свечи и ничего не ответил. Пик продолжал:

— Я не понимаю только, как это честный человек может желать и добиваться себе полной свободы действий и отрицать такое же право за другими? Если хочешь вредить другим, то не надо сердиться и на них, когда они защищаются и тоже тебе вредят...

— Говори о чём-нибудь другом! — произнес Мак.

— Да, да; правда: это не в твоём роде, и ты уже сердишься, а я всё это виляю оттого, что боюсь сказать тебе прямо: мне прислали на дорогу денег.

— Поздравляю.

— И я нахожу, что мне много присланных денег... Мак, осчастливь меня: возьми себе из них половину, чтобы иметь возможность написать свою большую картину.

— Отойди, сатана! — отвечал Мак, шутливо отстраняя от себя Пика, который вдруг выхватил из кармана бумажник и стал совать ему деньги.

— Возьми!.. Умоляю! — приставал Пик.

— Ну, перестань, оставь это.

— Отчего же? Неужто тебе весь век всё откладывать произведение,

35

которое сделает тебя славным в мире, и мазикать на скорую руку для продажи твои маленькие жанры?

— Я не вижу в этом ни малейшего горя: мои маленькие жанры делают дело, которое лучше самой большой картины.

— Ну, мой друг! что обольщаться напрасно?

— Я не обольщаюсь.

— Посмотри, сколько твоих жанров висят по тавернам: их и не видит лучшее общество.

— Лучшее общество! А чёрт его побери, это лучшее общество! Оно для меня ничего не делает, а мои жанры меня кормят и шевелят кое-чью совесть. Особенно радуюсь, что они есть по тавернам. Нет, мне чужих денег не нужно, а если у тебя так много денег, что они тебе в тягость, то толкнись в домик к Марчелле и спроси: нет ли ей в них надобности?

— Марчелла! Ах, добрый Мак, это правда. Я ему, однако, напомню о ней... я заставлю его о ней подумать...

— Нет, не напоминай! Найдётся такой, который напомнит! Пойдём в таверну и будем лучше пить на прощанье. Ни о чём грустном больше ни слова.

Друзья надели шляпы и пошли в таверну, где собрались их другие товарищи, и всю ночь шло пированье, а на другой день Пика усадили в почтовую карету и проводили опять до той же станции, до которой провожали Фебуфиса. Карета умчалась, и Пик под звук почтальонского рожка прокричал друзьям последнее обещание: "писать всё и обо всём", но сдержал своё обещание только отчасти, и то в течение очень непродолжительного времени.

Мак видел в этом дурной признак: наивный, но честный и прямодушный Пик, без сомнения, в чём-нибудь был серьёзно разочарован, и, не умея лгать, он молчал. Спустя некоторое время, однако, Пик начал писать, и письма его в одно и то же время подкрепляли подозрения Мака и приносили вести сколько интересные, столько же и забавные.

ГЛАВА ДВЕНАДЦАТАЯ

Для начала он, разумеется, описывал в них только свою встречу с Фебуфисом и как они оба в первую же ночь "напились по-старинному, вспоминая всех далёких оставшихся в Риме друзей", а потом писал о столице герцога, о её дорого стоящих, но не очень важных по монтировке музеях, о состоянии искусства, о его технике и направлении и о предъявляемых к нему здесь требованиях. Всё это, в настоящем художественном смысле, для людей, понимающих дело, было жалко и ничтожно, но затем содержание писем изменялось, и Пик скоро забредил о женщинах. Он неустанно распространялся о женщинах, в изучении которых вдруг обнаружил поразившие Мака разносторонние успехи. По его описаниям выходило, что в этой стране всего лучше женщины. Особенно он превозносил их милую женственность и их удивительную скромность, "Самый амур здесь совершает свой полёт не иначе, как благословясь и в тихом безмолвии, на бесшумных крылышках, – писал Пик. – Кто чувствует склонность к семейной жизни и желает выбрать себе верную и достойную подругу, тот должен ехать сюда, и здесь он, наверное, найдёт её. Сам герцог – образцовый супруг, и, любя семейную жизнь, он покровительствует бракам. Это даёт патриархальный тон и направление жизни. Случается, что герцог сам даже бывает сватом и после заботится о новобрачных, которых устроил. Девушки в хороших семействах здесь так тщательно оберегаются от всего, что может вредить их целомудрию, что иногда не знают самых обыкновенных вещей, – словом, они наивны и милы, как дети. Очень скромны и взрослые. Такова жизнь. Что везде считается вполне позволительным, как, например, обедать в ресторанах или ходить и ездить одной женщине по городу, – здесь всё это почитают за неприличие. Ни одной сколько-нибудь порядочной женщины не встретишь в наёмном экипаже и не увидишь в самом лучшем ресторане. Если бы женщина пренебрегла этим, то её сочли бы падшею, и перед нею не только закрылись бы навсегда все двери знакомых домов, но и мужчины из прежних знакомых позволили бы себе с нею раскланяться разве только в густые сумерки. О девушках нечего и говорить: они под постоянною опекой. Я часто сравниваю всё это с тем, что видел раньше среди римлянок и наезжих в ваш "вечный город" иностранок, и мне здесь и странно и нравится, я чувствую себя тут точно в девственном лесу, где всё свежо, полно сил и... странная вещь! – но я вспоминаю тебя, Мак, и начинаю размышлять социально и политически. А почему? А вот почему: ты всё любишь размышлять об упадке нравов и об общих бедствиях и ищешь от них спасения... Ах, друг! может быть, спасение-то именно здесь, где стоит воле захотеть, чтобы что-нибудь сделалось, и оно сейчас же становится возможным, а не захотеть – всё станет невозможно? И всё это оттого, что жизнь удержана в удобной форме".

Дочитав письмо до этого места, Мак положил листок и стал собирать на него мастихином загустевшие на палитре краски. Соображения Пика его более не интересовали, а на вопросы товарищей о том, что пишет Пик, он отвечал:

– Пик пишет, что он живёт в таком любопытном городе, где женщины целомудренны до того, что не знают, отчего у них рождаются дети.

– Вот так раз!

– Что же? Этим ведь, пожалуй, можно быть довольным, – заметили другие и стали делать по этому случаю различные предположения.

– Да, – отвечал Мак, – и он этим очень доволен.

– По-моему, он там может неожиданно и скоро жениться.

– А отчего и нет, если там это выгодно?

– В таких местах что больше и делать! – заключил Мак, – или учиться или жениться. Учиться трудно – жениться занятнее.

На письмо же то, о которое Мак вытер свой мастихин, он вовсе не отвечал Пику, но, вспоминая иногда о приятеле, в самом деле думал, что он может жениться.

– Отчего, в самом деле, нет? Ведь несомненно, что есть такой сорт деятелей, которые прежде начала исполнения всяких своих планов надевают себе на шею эту расписанную колодку. Почему же не сделать этого и Пику, или даже они оба там с этого начнут и, пожалуй, на этом и кончат.

И подозрение ещё усиливалось тем, что в новом письме Пик писал уже не о женщинах вообще, а особенно об одной избраннице, которую он в шаловливом восторге называл именем старинной повести: "Прелестная Пеллегрина, или Несравненная жемчужина". Он о ней много рассказывал. Мак должен был узнать из этого письма, что "прелестная Пеллегрина" была дочь заслуженного воина, покрытого самыми почтенными сединами, ранами и орденами. Пеллегрина получила от природы милое, исполненное невинности лицо, осенённое золотыми кудрями, а герцог дал ей за заслуги отца на свой счёт самое лучшее образование в монастыре, укрывавшем её от всяких соблазнов во все годы отрочества. Пик увидал её первый раз на выпускном экзамене, где она пела, как Пери, одетая в белое платье, и, рыдая, прощалась с подругами детства, а потом произошла вторая, по-видимому, очень значительная встреча на летнем празднике в загородном герцогском замке, где Пеллегрина в скромном уборе страдала от надменности богато убранных подруг, которые как только переоделись дома, так и переменились друг к другу. Тут зато Пеллегрина показала ум и характер: она всё видела и поняла, но совсем не дала заметить, что страдает от окружающей кичливости, и тем до того заинтересовала маленького Пика, что он познакомился с их домом и стал здесь как родственник. Он то играет в шахматы с воином, покрытым сединами, то ходит по лесам и полям с Пеллегриною. Отец Пеллегрины – добродушный простяк, бесконечно ему верит и только посылает с ними заслуженную и верную служанку (он сам давно вдов и на войне храбр, но дома, в недрах своего семейства, кротче агнца). Впрочем, Пик и

Пеллегрина пока только собирают бабочек и букашек, причем наивность Пеллегрины доходит до того, что она иногда говорит Пику: "Послушайте, вы художник, посмотрите, пожалуйста, – вы должны знать – это букан или букашка?"

Мак не стал отвечать и на это письмо, а затем от Пика пришёл только листочек с описанием маскарадов, которые ему казались верхом жизненного великолепия, и с возвещением о большом путешествии, которое он и Фебуфис намеревались сделать летом с художественною целью внутрь страны. На том переписка друзей оборвалась.

В Риме если не совсем позабыли о Фебуфисе и о Пике, то во всяком случае к ним охладели и весь случай с Фебуфисом вспоминали как странность, как каприз или аристократическую прихоть герцога.

– В самом деле, для чего этому отдалённому властителю Фебуфис? Чего он с ним возится? Неужто он в самом деле так страстно любит искусство, или он не видал лучшего художника? Не следует ли видеть в этом сначала каприз и желание сделать колкость чёрным королям Рима? Неужто, в самом деле, в девятнадцатом веке станут повторяться Иоанн с Лукой Кранахом? Вздор! Совсем не те времена, ничто не может их долго связывать, и, без сомнения, фавор скоро отойдёт, и герцог его бросит.

– А может быть, его немножко удержит трусость.

– Перед кем и перед чем?

– Перед талантливым художником, который всегда может найти средство отплатить за дурное с собою обращение.

– Какие глупости! Какие наивные, детские глупости! Что вы о себе и о них думаете? Какое это средство? – спросил Мак.

– Полотно, на котором можно всё увековечить. А Фебуфис всегда останется талантом.

Мак махнул рукою и сказал:

– Вы дети! Поверьте, что тому, кому вверил себя упоминаемый вами "талант", никакой стыд не страшен. Он, я думаю, почёл бы за стыд знать, что такое есть боязнь стыда; а что касается "таланта", то с ним расправа коротка: ничто не помешает оставить этот талант и без полотна, и без красок, и даже без божьего света. Да и без того... этот талант выцветет... Не забывайте, что птицы с яркоцветным оперением, перелиняв раз в клетке, утрачивают свою красивую окраску.

– Но зато они выигрывают в некоторых других отношениях.

– Да, они обыкновенно жиреют, перестают дичиться, утрачивают лёгкость и подвижность – вообще становятся, что называется, ручными.

Но нам время оставить теперь этих пессимистов и оптимистов и последовать за Фебуфисом и Пиком, с которыми, в их новой обстановке, произошли события, имевшие для них роковое значение.

ГЛАВА ТРИНАДЦАТАЯ

По прибытии в столицу своего покровителя Фебуфис не был им покинут и позабыт. Напротив, он тотчас же был прекрасно устроен во всех отношениях и не лишался даже знаков дружбы и внимания, которыми пользовался во время путешествия. Конечно, теперь они виделись реже и беседовали при других условиях, но всё-таки положение Фебуфиса было прекрасное и возбуждало зависть в местном обществе, и особенно среди приближённых герцога. Повелитель, которого боялись и трепетали все его подданные, держал себя с привезённым художником запросто, и Фебуфис этой линии не портил. К чести его, он значительно изменился и, вкусив мало мёду на кинжале, посбавил с себя заносчивости, а держался так скромно, как этого требовало положение. Участие в придворной жизни его не тяготило: сначала это ему было любопытно само по себе, а потом стало интересно и начало втягивать как в пучину... Ещё позже это стало ему нравиться... Как никак, но это была жизнь: здесь всё-таки шла беспрестанная борьба, и кипели страсти, и шевелились умы, созидавшие планы интриг. Всё это похоже на игру живыми шашками и при пустоте жизни делает интерес. Фебуфис стал чувствовать этот интерес.

Такою вовсе не рассчитанною и не умышленною переменой в своём поведении Фебуфис чрезвычайно утешил своего покровителя, и герцог стал изливать на него ещё большие милости. Художнику дали отличное помещение, усвоили ему почётное звание и учредили для него особенную должность с большим содержанием и с подчинением ему прямым или косвенным образом всех художественных учреждений. Положение Фебуфиса в самом деле как будто готовилось напоминать некоторым образом положение Луки Кранаха. Правда, не все смотрели на это серьёзно, но, по мнению многих, Фебуфис будто мог уже оказывать влияние на отношение своего могущественного протектора к людям разнообразных положений, и у него явились ласкатели и искатели. Когда герцог посещал его мастерскую, он в самом деле говорил не об одном искусстве, а о многом другом, о чём не все смели надеяться иметь с ним беседы. Человека с таким положением привечали лица, занимающие самые высокие и почётные должности. Фебуфис быстро очутился в так называемом лучшем обществе и здесь тоже держал себя с большим достоинством. Для приобретения веса и значения в этом обществе ему не нужно было употреблять никаких усилий, всё давалось ему даром, но всё это ему скоро прискучило. Герцог тотчас заметил это и сказал ему: "Ты не в своей компании" – и предложил ему выписать к себе кого-нибудь из его римских друзей, причём сам же и назвал Пика.

Пик, сколь известно, был выписан и представлен герцогу, но он ему не понравился, – герцог нашёл, что "он очень смешон", и велел назначить его преподавателем искусств в избранном воспитательном женском заведении, что и погубило Пика, сблизив его с златокудрою дочерью покрытого сединами воина.

С прибытием Пика Фебуфису стало веселее; они работали и понемножку предавались кутежам, в которых, впрочем, находили здесь только хмельной чад, но не веселье. Оба они чувствовали себя здесь не по себе, и оба друг от друга это скрывали. Иногда они собирались оказать какое-то большое влияние на что-то в искусстве, но всякий раз это кончалось ничем. Обо всём надо спрашиваться у герцога, а он не любил не им задуманных перемен. Фебуфис скоро понял, что шнурок, на котором он ходит, довольно короток, а Пик в пределах своей деятельности попробовал быть смелее: он дал девицам рисовать торсы, вместо рыцарей в шлемах, и за это, совершенно для него неожиданно, был посажен на военную гауптвахту "без объяснений". Это его так обидело, что он тотчас же хотел бросить всё и уехать в Рим, но вместо того, отечески прощённый герцогом, тоже "без объяснений", почёл эту неприятность за неважное и остался.

– Что делать, если это здесь бывает со всеми!

Работать друзья могли только по заказам герцога, и он же был и ценителем их произведений. В искусстве всё зависело от него, как и во всём прочем: он осматривал все произведения учеников с мелом в руке и писал своею рукой на картине своё безапелляционное решение. Фебуфис – их главный руководитель – при этом только стоял и молчал. Пик говорил ему: "Для чего ты не возразишь?" – но тот не возражал. Без сомнения, он понимал, что находится здесь только для вида и для парада. Программы допускались только старые, совсем не отвечавшие новым живым стремлениям, обозначавшимся уже в других европейских школах. В Риме слышали об этом "академизме" и смеялись над ним. Фебуфису по-настоящему надо было сознаться, что его положение несносно, и уйти от него, но в нём жила фальшивая гордость: он не хотел быть синицею, которая летала нагревать шилом море. Он решался лучше кое-что перенести и пошёл по этой дороге уступок, чувствуя, что она вьётся куда-то, всё понижаясь, под гору, но раздражительно отрицал это, коль скоро то же самое замечали другие. В таких борениях ему был тяжек и Пик, и ещё более некоторые умные люди из местных, и особенно главный начальник внутреннего управления, по фамилии Шер, который сам слыл за художника и в самом деле разумел в искусстве больше, чем герцог. Этот, как его называли, "внутренний Шер", был умён, пьян и бесстыден и допускал со всеми очень странное, фамильярное обращение, близко граничившее с наглостью. Фебуфиса он, по-видимому, считал ниже, чем бы тому хотелось, и называл его "величайшим мастером по утвержденному герцогом образцу".

Это приводило Фебуфиса в досаду, но тем не менее кличка плотно к нему пристала.

И директор был не один, который смотрел на привезённого герцогом фаворитного артиста как на что-то полусмешное-полужалкое, из чего, может быть, где-то, пожалуй, и сделали бы что-нибудь ценное, но из чего здесь ничего выйти не должно и не выйдет. Всё это, однако, нимало не помешало Фебуфису прогреметь в стране, сделавшейся его новым отечеством, за величайшего мастера, который понял, что чистое искусство гибнет от тлетворного давления социальных тенденций, и, чтобы сохранить святую чашу неприкосновенною, он принёс её и поставил к ногам герцога. Герцог её не оттолкнул, как он не отталкивает ничего, что можно спасти. Приезжие мастера заставляли будто завидовать столице герцога все те страны, где искусство падало, нисходя до служебной роли гражданским и социальным идеям. И за то они отблагодарят герцога, – они в угоду ему распишут небо. Пика это не испортило, потому что при ограниченности его дарования он оставался только тем, чем был, но Фебуфис скоро стал замечать свою отсталость в виду произведений художников, трудившихся без покровителей, но на свободе, и он стал ревновать их к славе, а сам поощрял в своей школе "непосредственное творчество", из которого, впрочем, выходило подряд всё только одно очень посредственное. Общий европейский восторг при появлении картины Каульбаха "Сражение гуннов с римлянами", наконец, был нестерпимым ударом для его самолюбия. Фебуфис почувствовал, что вот пришёл в мир новый великий мастер, который повлечёт за собою последователей в идейном служении искусству. Тогда Фебуфис решительно стал на сторону противоположного направления, а герцог это одобрил и поручил ему "произвести что-нибудь более значительное, чем картина Каульбаха".

Внутренний Шер его расцеловал и сказал ему за обедом в клубе на "ты":

– Пришло твоё время прославиться!

По герцогскому приказу Фебуфис начал записывать огромное полотно, на котором хотел воспроизвести сюжет ещё более величественный и смелый, чем сюжет Каульбаха, – сюжет, "где человеческие характеры были бы выражены в борьбе с силой стихии", – поместив там и себя и других, и, вместо поражения Каульбаху, воспроизвёл какое-то смешение псевдоклассицизма с псевдонатурализмом. В Европе он этим не удивил никого, но герцогу угодил как нельзя более.

– Тебе это удалось, – сказал герцог, – но всего более похвально твоё усердие, и оно должно быть награждено.

Ему отпустили большие деньги и велели газетам напечатать ему похвалы. Те сделали своё дело. Была попытка поддержать его и в Риме, но она оказалась неудачною, и суждения Рима пришлось презирать.

– Они не хотят видеть ничего, что явилось не у них; чужое их не трогает, – объяснял герцогу Фебуфис.

– Ты это прекрасно говоришь: да, ты им чужой.

– С тех пор как я уехал сюда...

– Ну да!.. ты мой!

– Им кажется, что я здесь переродился.

– Это и прекрасно. Ты мой!

– Нет, они думают, что я всё позабыл...

– Забыл глупости!

– Нет – разучился.

– А вот пусть они приедут и посмотрят. Это всё зависть!

– Не одна зависть, – я знаю, что они мне не прощают...

– Что же это такое?

– Измену.

– Чему?

– Задачам искусства.

– Задачи искусства – это героизм и пастораль, вера, семья и мирная буколика, без всякого сованья носа в общественные вопросы – вот ваша область, где вы цари и можете делать что хотите. Возможно и историческое, я не отрицаю исторического, но только с нашей, верной точки зрения, а не с ихней. Общественные вопросы искусства не касаются. Художник должен стоять выше этого. Такие нам нужны! Ищи таких людей, которые в этом роде могут быть полезны для искусства, и зови их. Обеспечить их – моё дело. Можно будет даже дать им чины и форму. У меня они могут творить, ничем не стесняясь, потому что у меня ведь нет никаких тревог, ни треволнений. Только трудись. Я хочу, чтобы наша школа сохранила настоящие, чистые художественные предания и дала тон всем прочим. Обновить искусство – это наше призвание.

Фебуфис понимал, что всё это несбыточный вздор, и ничего не хотел делать, а между тем из-за границы его уязвляла критика. Один из лучших тогдашних судей искусства написал о нём, что "во всей его картине достоин похвалы только правильный и твёрдый рисунок, но что её мёртвый сюжет представляет что-то окаменевшее, что идея если и есть, то она рутинна и бесплодна, ибо она не поднимает выше ум и не облагораживает чувства зрителя, – она не трогает его души и не стыдит его за эгоизм и за холодность к общему страданию. Художник будто спал где-то в каком-то заколдованном царстве и не заметил, что в искусстве уже началось живое веяние, и здравый ум просвещённого человека отказывается высоко ценить художественные произведения, ласкающие одно зрение, не имеющие возвышающей или порицающей идеи. Теперь чем такие бедные смыслом произведения совершеннее в своём техническом исполнении, тем они укоризненнее и тем большее негодование должны поднимать против художника". А потому критик решительно не хотел признать никаких замечательных достоинств в произведении, которым Фебуфис должен был прославить свою школу, и вдобавок унизил его тем, что стал объяснять овладевшее им направление его несвободным положением, всегда зависящим от страха и фавора; он называл дальнейшее служение искусству в таком направлении "вредным", "ставил над художником крест" и давал ему совет, как самое лучшее по степени безвредности, "изображать по-старому голых женщин, которыми он открыл себе фортуну".

Фебуфис был страшно уязвлен этим "артиклем". Он никак не ожидал видеть себя смещённым и развенчанным так скоро и так решительно. Он ощутил в себе неудержимый позыв дать горделивый отпор, в котором не намерен был вступаться за своё произведение, но хотел сказать критику, что не он может укорять в несвободности художника за то, что он не запрягает свою музу в ярмо и не заставляет её двигать топчак на молотилке; что не им, слугам посторонних искусству идей, судить о свободе, когда они не признают свободы за каждым делать что ему угодно; что он, Фебуфис, не только вольней их, но что он совсем волен, как птица, и свободен даже от предрассудка, желающего запрячь свободное искусство в плуг и подчинить музу служению пользам того или другого порядка под полицейским надзором деспотической критики. И многое ещё в этом же задорно-сконфуженном роде собрал Фебуфис, не замечая, что сквозь каждое слово его отповеди звучало сознание, что он на чём-то пойман и в споре своём желает только возбудить шумиху слов, чтобы запутать понятия ясные, как солнце. У него кстати оказался и стиль, благодаря чему в отповеди очень сносно доказывалось, что "для искусства безразличны учреждения и порядки и что оно может процветать и идти в гору при всяком положении и при всяких порядках".

Лучше написать это, как написал Фебуфис, даже не требовалось, но Пик, которому он читал свои громы, говорил, что он всё это уже как будто раньше где-то читал или где-то слышал. И Фебуфис сердился, но сознавал, что это, однако, правда. Да ведь нового и нет на свете... Всё уже когда-нибудь было сказано, но почему это же самое опять не повторить, когда это уместно? Впрочем, чтобы отвечать от лица школы целой страны, надо, чтобы дело имело надлежащую санкцию, и потому автор решил представить свой труд самому герцогу. Это ему внушало спокойствие и дало всему действительно самое лучшее направление.

ГЛАВА ЧЕТЫРНАДЦАТАЯ

Выбрав удобный случай, чтобы представить свою рукопись герцогу, Фебуфис волновался в ожидании его ответа, а тот не отвечал очень долго, но, наконец, в один прекрасный день перед наступлением нового года художник получил приглашение от директора иностранных сношений – того самого искусного и ласкового дипломата, который некогда посетил вместе с герцогом его студию в Риме.

Годы не изменили мягких манер этого сановника: он встретил Фебуфиса чрезвычайно радушно и весело поздравил его с большим успехом у герцога.

– Ваш ответ вашим озлобленным завистникам привёл в совершенный восторг герцога, – начал он, усаживая перед собою художника. – Его светлость изволил поручить мне выразить вам его полное сочувствие вашим прекрасным мыслям, и если при этом могут иметь какое-нибудь значение мои мнения, то я позволю себе сказать, что и я вам вполне сочувствую. Я прочитал ваше сочинение. Герцог желал этого, и я был должен прочесть и исполнился радости за вас и скорби за себя... Да, в числе моих помощников нет ни одного, который имел бы такие ясные взгляды и умел бы так хорошо их отстаивать.

Фебуфис поклонился, а сановник пожал его руку и сказал, что если бы он не был великим художником, то он ни на кого бы смелее, чем на него, не решился указать как на способнейшего дипломата.

– Значит, я теперь могу выпустить написанное в свет?

– Нет. И это не нужно. Это само по себе так светло, что не нуждается во внешнем свете. Герцог на вашей стороне. Вам сейчас предстоит удовольствие увидать, что именно его светлость начертал наверху ваших верноподданных слов своею собственною бестрепетною рукой.

Произнеся с горделивым достоинством эти слова, сановник взял на колени малиновый бархатный портфель с золотым выпуклым вензелем и таким же золотым замком, помещённым в поле орденской звезды. Затем он бережно ввёл внутрь портфеля длинную кисть своей старческой руки и ещё бережнее извлек оттуда рукопись Фебуфиса, на верхнем краю которой шли три строки, написанные карандашом, довольно красивым, кругловатым почерком, с твёрдыми нажимами.

Положив бумагу на папку посреди стола, сановник поднялся с своего места и попросил художника сесть в кресло, а сам стал и поднял вверх лицо, как будто он готовился слушать лично ему отдаваемое распоряжение герцога.

Фебуфис прочитал: "Одобряю и вполне согласен".

– Вот! – прошептал с придыханием и наклоняя голову, вельможа.

"Но", – продолжал Фебуфис.

Сановник опять поднял лицо и опять застыл в позе.

"Имея в виду всеобщее растление, которое теперь господствует в умах, нахожу несообразным говорить с этими людьми словами верноподданного убеждения".

Фебуфис вспыхнул и взглянул вопросительно на вельможу.

Тот тоже посмотрел на него выразительным взглядом и произнёс:

– Он неотразим! – и затем протянул руку к бумаге с тем, чтобы взять и вложить её снова бережно в малиновый портфель.

– Разве вы мне не возвратите и мою бумагу?

– Конечно, нет. С этим начертанием герцога она отныне составляет достояние истории... Она исторический документ, который переживёт нас и будет храниться века в архиве, но вы, вместо этой бумаги, получите другую, и вот она.

Он дал художнику небольшой листок бристоля, на котором назначалось дать ему высокий чин и соединенные с ним потомственные права и имение в живописном уголке герцогства.

Пока Фебуфис смотрел удивлёнными глазами на эти строки, значение которых ему казалось и невероятно, и непонятно, и, наконец, даже щекотливо и обидно, директор поправлял свой нос и, наконец, спросил:

– Мне кажется, что вы как будто удивляетесь.

– Да, граф, – ответил Фебуфис.

Граф качнул головою, улыбнулся и ответил:

– Да, это обыкновенно бывает с теми, кто не привык к характеру герцога. Редко кто знает, как он щедр и как он умеет награждать.

– Да, герцог щедр, но в числе его наград есть одна, которая, мне кажется, соединена с переменою подданства... Я уважаю герцога, но я никогда не просил об этом.

– Неужто?.. Впрочем, я до вещей внутреннего управления не касаюсь... на это у нас есть господин Шер. Правда, что у него в ведомстве всё идёт чёрт знает как, но зато по вдохновению... У нас это любят. Впрочем, если это неудобно, то вы сами можете говорить об этом с герцогом... вам завтра надо ему представиться и благодарить его светлость. Поцелуйте руку... Это так принято... Adieu![2]

Граф повернулся и послал рукою поцелуй Фебуфису.

_____

[2] Прощайте! – (франц.).

46

ГЛАВА ПЯТНАДЦАТАЯ

Фебуфис возвратился от обласкавшего его дипломата в самом дурном расположении духа: он переходил беспрестанно от угнетённости к бешенству и не знал, чему дать более хода. Дары, возвещённые ему маленькою записочкой на бристоле, были очень щедры, но при всём том он чувствовал, что потерял нечто более важное и существенное, чем то, что получает. Во всяком случае он трактован слишком ниже того, до чего положил себе предельною метой, и внутренний Шер имеет основание шутить над его "головным павлином", а граф внешних сношений может посылать ему на прощание детские поцелуи. Все они, в самом деле, значительные канальи, но крепче его наступают людям на ноги, меж тем как он колеблется и не умеет быть притворщиком, тогда как, в сущности, это неотразимо требуется. Он всё дышит и томится. А потом стекло, сквозь которое он смотрит, как будто задышится и потемнеет, и ничего не станет видно, и тогда он примет решение, какого не думал. Так и теперь: простой и ясный смысл говорит ему, что он должен поблагодарить герцога сразу за всё и сразу же от всего отказаться. Недаром дух его возмущается и он чувствует в себе полный достаток сил всё это сделать, но как только он начинает соображать: что для этого нужно разрушить и в чём повиниться, так его практический смысл угнетается целою массой представлений, для успокоения которых выходит из завешенного угла на ходулях софизм: "Не всё ли равно, такой или другой деспотизм?.. И этот и те – все гнут – не парят, и сломят – не тужат... Этот по крайней мере... Да нет – всё гадость, всё несносно..."

Тут проходит какая-то полусонная глупость: один получает преимущество перед другим, потому что он один, а в существе потому, что с ним уже сделка сделана, а из одного закрома брать корм удобнее, чем собирать его по пустым токам. Головной павлин, дойдя досюда, складывает хвост и садится на насест.

Так это было и теперь. Фебуфис вздыхал, скреб грудь и даже, отправляясь утром другого дня в герцогский замок для принесения благодарности его светлости, ещё не знал, что он сделает, но с ним был его практический гений, и органически в нём уже сложилось то, что надо делать.

Увидав его издали, герцог кивнул ему головою и, прервав речь с тем, с кем разговаривал, громко спросил:

– Ты доволен?

Это была пренеудобная форма для начала объяснений; художник почти столько же волею, сколько и неволею уронил тихо, что он доволен, но осмелится нечто объяснить.

Ответ показался герцогу невнятен, и он переспросил:

– Что?!

– Я благодарю вашу светлость за ваши милости, но...

– То-то!

Художник было почтительно начал о своей отповеди, которую он желал сделать гласною, но герцог нахмурился и сказал:

– Оставь это: искусство, как и всё, должно быть национально. А чтобы различные толки не портили дела, я велел принять меры, чтобы сюда не доходили никакие толки. Ты очень впечатлителен. Пора тебе перестать вести одинокую жизнь. Я тебе советую выбрать хорошую, добрую девушку по сердцу и жениться.

Фебуфис благодарил за милостивое внимание и заботливость, но не выразил желания жениться.

Герцог сдвинул брови и сказал:

– А знаешь, мне это очень противно! Семейная жизнь всего лучше успокаивает, и ты это, наверное, увидишь на своём товарище, которого, кстати, поздравь от меня. Он сделал превосходный выбор и, вероятно, будет счастлив.

– Мой товарищ?.. О ком, ваша светлость, изволите говорить?

– Ну, разумеется, о маленьком Пике. Чтобы не забыть – о нём теперь надо лучше позаботиться, так как он женится, то я велю дать ему должность с двойным окладом. Его будущая жена – дочь очень достойного человека и моего верного слуги. Храбр... и глуп, как сто тысяч братьев. Будто ты ничего об этом не знаешь?

– Ничего, ваша светлость.

– Маленький Пик, значит, в любовных делах осторожен. Это, впрочем, так и следует: девушка очень молода и наивна, как настоящая монастырка, но он очень скоро победил её застенчивость. Представь, он нашёл способ разъяснить ей, чем отличается букан от букашки... За это его тюк на крюк! Это довольно смешной случай, но пусть он сам тебе о нём расскажет. Кстати, он зовёт её "прелестная Пеллегрина". Ей это идёт... Ты её не видал?

– Нет.

– Очень интересна: она в миньонном роде.

Фебуфис выслушал новость о Пике как бы в забытьи: его не интересовало теперь ничто, даже и то, что и с самим с ним происходило: всё ему представлялось тяжёлым сновидением, от которого он хотел бы отряхнуться, только это казалось невозможным. Он чувствовал, что как будто ушёл далеко в какой-то дремучий лес, из которого не найти выхода. Да и куда выходить? И зачем? Здесь он всё-таки значительная величина, хоть по герцогскому распоряжению, а во всяком другом месте он станет наравне со всеми судим свободным судом критики, и... он знает, какое она отведёт ему место... Тяжкое унижение! Здесь он ничего этого не испытает... Сюда ничто ему неприятное не проникнет – против этого велено принять меры. Он в этом не виноват, а между тем ему от этого спокойно, и он лёг на диван, покрыл ноги

Фебуфис встал несколько мрачный и серьёзный, молчал в продолжение всего стола, но при конце обеда прямо, без всяких предисловий, спросил Пика:

– Я слышал, ты женишься?

– Кто тебе это сказал?

– Герцог.

– На ком же, смею спросить?

– Ну, что за глупость: будто ты не знаешь.

– До сих пор не знаю.

– На какой-то милой девушке, невинной монастырке, которую ты прозвал "прелестною Пеллегриной". Зачем ты покорил её сердце и научил её, как узнавать букана от букашки?

Пик расхохотался.

– И герцог это знает?

– Он говорил мне об этом.

– Боже мой, какая противность! Чего он только не знает? Кажется, всё, кроме нужд своего народа!

– Так это правда или нет?

– Что я женюсь?.. Конечно, неправда!

И Пик опять расхохотался. Он, такая маленькая крошка, чья незаметная фигура во всех возбуждала смех и шутливость, как он мог быть любим милою девушкой, которая ему чрезвычайно нравилась? И он женится! Это самому ему только и могло казаться слишком грубою и слишком неотделанного насмешкой, но тем не менее через несколько дней он сказал Фебуфису:

– Знаешь, я в самом деле, кажется, женюсь!

– Отчего же тебе это вдруг стало казаться?

– Оттого, что я сделал Пеллегриночке предложение, и объяснился с её отцом, и от обоих от них получил согласие.

– Вот те чёрт! В таком случае я поздравляю тебя, – ты, значит, наверное женишься.

– Да, вообрази, женюсь! Это случилось как-то внезапно... У неё есть кузен, молодой офицер, мерзкий шалун, который выдал мою тайну, и я был должен объяснить мои намерения... Конечно, не бог знает что: мы с нею просто ходили и гуляли, но этот достопочтенный старик, её отец... он наивен так же, как сама Пеллегрина, и это не удивительно, потому что он женился на матери Пеллегрины, когда ему было всего двадцать лет, и его покойная жена держала его в строгих руках до самой смерти... Она умерла год тому назад.

– Он, верно, рад, что она умерла.

– М... ну – не знаю. Его племянник говорил, будто она ставила его на колени, и за то старичок теперь желает будто компенсации и, как только выдаст дочь замуж, так сам опять женится. Но этому хотят помешать.

Фебуфис уловил вполне ясно только последнее слово и повторил вяло:

– Жениться! Это значительный ресурс при большой скуке.

– Так ты против женитьбы?

– Как можно! Особенно при настоящем случае, когда кое-что может перепасть и на мою холостяцкую долю.

– Да ведь, признайся, и тебе здесь скучно... Ты скучаешь?

– Очень скучаю, мой милый Пик, и потому я был бы очень счастлив, если бы ты и твоя будущая жена не отогнали меня, старика, от своего обеденного стола и от вашей вечерней лампы. А уж потом я буду желать вам спокойной ночи.

– О, конечно, это так и будет! Это непременно так и будет! Мы с тобой не расстанемся и будем жить все вместе. Мы уже об этом говорили. Пеллегриночка тебя очень почитает. Она пренаивное дитя: она сказала, что она меня "любит", а тебя "уважает", и сейчас же вскрикнула: "Ах, боже мой! я не знаю, что больше!" Я ей сказал, что уважение значит больше, потому что оно заслуживается, и указал на её чувства к отцу, но она пренаивно замахала руками и говорит: "Что вы, что вы, я папу и не люблю и не уважаю!" Я удивился и говорю: "За что же?" А она говорит: "Я к нему никак не могу привыкнуть". – "В каком смысле?" – "Я не могу переносить, для чего от него бобковою мазью пахнет". – "Какие пустяки!" – "Нет, говорит, это не пустяки; мать тоже никак не могла привыкнуть: она правду ему говорила, что он "не мужчина". – "Что же он такое?" – "Мама его называла: губка! Фуй!" – "Чем же это порок?" – "Да фуй!.. мне о нём стыдно думать!" Ты вообрази себе этакую своего рода быстроту и бойкость в нераздельном слитии с монастырскою наивностью... Это что-то детское, что-то как будто игрушечное и чертопхайское... и, главное, эти неожиданные сюрпризы и переходы, начиная от букана до мужчины и до не-мужчины... Ведь всё это видеть, всё это самому вызвать и наблюдать все эти переходы...

– Что и говорить! – перебил Фебуфис. – Во всём этом, без сомнения, чувствуется биение жизненного пульса.

– Да, вот именно, биение жизненного пульса.

И ему было дано вволю испытать на себе в разной степени биение жизненного пульса. Одно из высших удовольствий в этом роде он узнал в самый блаженный миг, когда после свадебных церемоний остался вдвоём с прелестною Пеллегриной. Случай был такой, что Пик совершенно потерялся, убежал в холодный зал и, прислонясь лбом к покрытому изморозью оконному стеклу, проплакал всю ночь. В этом же положении спасла его утром его молоденькая жена: она подошла к нему с своим невинным детским взглядом в утреннем капоте новобрачной дамы, положила ему на плечи свои миниатюрные ручки и, повернув к себе этими ручками его лицо, сказала:

– Мой друг, ведь я не раздевалась...

– Мне всё равно! – ответил спешно Пик.

– Нет... не всё равно.

У Пика кипела досада, и он ответил:

– Я говорю вам: это мне всё равно!

– А я... я себе этого даже и объяснить не могу...

– Себе!

– Да.

– Даже себе не можете объяснить?!

– Вот именно!

– Это становится интересно.

– Я помню одно, что я дежурила в комнате у начальницы, и он неслышно взошёл по мягким коврам, и... он взял меня очень сильно за пояс...

– Чёрт бы вас взял с ним вместе!

– Но я не раздевалась и только была совсем измучена... и я больше ничего не знаю... я ничего не помню...

– Не помните!

– Да, я затрепетала...

– Затрепетала!

– Да, затрепетала... мы так воспитаны.

– Вы очень оригинально воспитаны... Ничего не понимаете...

– Да... не понимала, а теперь мне дурно.

Пик хотел её оттолкнуть, но вместо того принял жену под руки, отвёл её в спальню, помог ей раздеться и сказал:

– Раз всё было так, то это предается забвению.

Она в полузабытьи, с глазами, закрытыми веками, слабо пожала его руку.

– Но только мы уедем отсюда. Здесь им везде уж слишком полно.

– Как ты хочешь, букан, – прошептали милые, детские уста Пеллегрины.

Пик улыбнулся и стал целовать их и повторял:

– Мы от него уедем, уедем, букашка!

– Да, уедем, буканчик, – отвечала Пеллегрина, – только не надо ничем тревожить папу.

Пик все позабыл и растаял в объятиях своей наивной жены.

Букан и букашка были счастливы. Равновесие в их жизни нарушалось только одним сторонним обстоятельством: отец Пеллегрины, с двадцати лет состоявший при своём семействе, с выходом дочери замуж вдруг заскучал и начал страстно молиться богу, но он совсем не обнаруживал стремления жениться, а показал другую удивительную слабость: он поддался влиянию своего племянника и с особенным удовольствием начал искать весёлой компании; чего он не успел сделать в юности, то всё хотел восполнить теперь: он завил на голове остаток волос, купил трубку с дамским портретом, стал пить вино и начал ездить смотреть, как танцуют весёлые женщины. Спустя малое время он не выдержал и сам принял участие в танцах.

По его значению в военном мире, внутренний Шер довёл об этом до сведения герцога, а герцог, встретя его в парке, спросил:

– Ты танцуешь?

– Виноват, – отвечал генерал.

– Отчего ты это вздумал?

– Рано женился и ничего не испытал в молодости, ваша светлость.

– То-то! Смотри, чтоб этого не было.

Почтенный воин дал слово своему повелителю, но не в силах был этого слова выдержать: молодая компания опять увлекла его в опасное сообщество, где он нарушил своё обещание: он пил и танцевал, и, делая ронд в фигуре, вдруг увидал перед собою внутреннего Шера... Генерал сейчас же упал и переломил себе хребет, а когда пришёл на мгновение в себя и сообразил, что об этом узнает герцог, то тотчас же тут и умер на месте преступления. Внутренний Шер тихо перенёс героя ночью в его жилище и утром доложил герцогу. Герцог слушал начало доклада в гневе, но потом был тронут поступком генерала и сказал:

– Он хорошо кончил!

Затем вышло распоряжение, чтобы молодых людей посадить под арест, танцорок высечь, а усопшему сделать погребальный церемониал по его заслугам и произнести над его гробом глубоко прочувствованное слово.

Всё это было исполнено, и герцог сам был тут, сам окинул взором церемонию, сам выслушал слово и даже приткнулся рукою ко гробу некогда храброго человека, а потом с чувством пожал руку его дочери. Факт этот целиком перешёл в историю народа.

ГЛАВА ШЕСТНАДЦАТАЯ

Траур, который надела по отце Пеллегрина, до того шёл к её грациозной, лёгкой фигурке и пепельной головке, что Фебуфис, пребывавший долгое время в тяжёлой и беспросветной хандре, увидав её, просветлел и сказал:

— Знаете ли, я очень хочу написать ваш портрет.

Пеллегрина, как женщина, с удовольствием чувствовала обаяние, которое её красота произвела на знаменитого, по общему мнению, друга её мужа, и ничего не имела против осуществления его артистического желания. Пик одобрял это ещё более.

— Это тебе пришла счастливейшая мысль, — восклицал он, — это обоих вас займёт, и тебя и её заставит прогнать от себя тяжёлые мысли.

Портрет был начат во весь рост на большом холсте, где нашли место для своего расположения все любимые вещи в будуаре Миньоны.

Фебуфис после продолжительной апатии и бездействия взялся за работу с большим рвением, и портрет Пеллегрины обещал превзойти портрет, написанный Фебуфисом с герцогини для кабинета герцога. Это обстоятельство заключало в себе даже нечто щекотливое и заставляло Фебуфиса производить работу не в мастерской, а в будуаре Пеллегрины. Он приходил к ней в своём рабочем лёгком костюме — в туфлях, сереньких широких панталонах и коричневой бархатной куртке. Она позировала перед ним стоя и, утомясь, отдыхала на широкой оттоманке, а он переносил её девственные черты на полотно и нечто занес нечаянно в своё сердце, начавшее гнать кровь в присутствии жены друга с увеличенною силой. Он стал неровен и нервен, — она это, кажется, замечала, но оставалась во всегдашнем своём беспечном, младенческом настроении, и даже когда он однажды сказал ей, что не может глядеть на неё издали, она и тогда промолчала. Но уж тогда он бросил кисть и палитру и, кинувшись к ней, обнял её колени и овладел ею так бурно, что она совсем потерялась, закрыла лицо руками и прошептала не раз, а два раза:

— Бога ради, бога ради!

Он, кажется, не разобрал, как это следовало понять, и последствия этого недоразумения совершенно не отвечали программе сеанса.

Дела могли идти таким порядком очень долго, но раз Пик вошёл домой не в счастливый час и не в урочное время и услыхал это же странно произнесённое "бога ради!" Он понял это не так, как следовало: ему показалось, что его жене дурно, и он бросился к ней на помощь, но, спешно войдя в комнату, он застал Пеллегрину и Фебуфиса сидящими на диване, слишком тихими и в слишком далёком друг от друга расстоянии.

Он посмотрел на них, они на него, и все трое не сказали друг другу ни слова.

И Пик стоял, а те двое продолжали сидеть друг от друга слишком далеко, в противоположных концах дивана, и везде, по всей комнате, слышно было, как у них у всех у трёх в груди бьются сердца, а Пик прошипел: "Как всё глупо!" – и вышел вон, ошеломлённый, быть может, одною мечтой своего воображения, но зато он сию минуту опомнился и, сделав два шага по ковру, покрывавшему пол соседней гостиной, остановился. Его так колыхало, что он схватился одною рукой за мебель, а другою за сердце... Вокруг была несколько минут жуткая тишина, и только потом до слуха Пика долетел тихий шёпот:

– Для чего вам было садиться так далеко?

Это говорила букашка, и говорила с укоризною... Фебуфис в роли букана был сильнее потерян и молчал.

Её это ещё больше рассердило. Пик слышал, как она встала с дивана и подошла к столику и как обручальное колечко на миниатюрном пальце её руки тихо звякнуло о гранёный флакон с одеколоном. Пик узнавал её по всем этим мелким приметам.

Она, очевидно, входила в себя и держала себя на уровне своих привычек, между тем как её сообщник был недвижим и едва мог произнести:

– Было бы всё равно.

– Совсем не равно, – отвечала наставительно Пеллегрина, уже повышая тон до полуголоса. – Люди, которые просто разговаривают, никогда так далеко не сидят.

Он тоже хотел ободриться и с улыбкою, слышною в шёпоте, спросил:

– Здесь это не принято?

Но она совсем уже полным голосом повторила:

– Не принято!.. Гораздо важнее – это не то, что здесь "не принято", а то, что это везде неестественно!

И с этим она поставила на уборный стол флакон и, вероятно, хотела идти вслед за мужем в те самые двери, в которые он вышел, но Пик предупредил её: он бросился вперёд, схватил в передней свой плащ и шляпу и выбежал на улицу. На дворе уже темнело и лил проливной дождь. Пик ничего этого не замечал; он шёл и свистал, останавливался у углов, не зная, за который из них поворотить, и потом опять шёл и свистал, и вдруг расхохотался.

– И это я ей говорил. Я ей объяснял, что букашка и что букан! И это она уверяла меня, как она не понимала, что с нею делают, и затрепетала! И это я писал Маку о здешних женщинах, как они наивны!.. Что мог я понять в этом омуте, в этой поголовной лжи?.. Что я могу понять даже теперь? Впрочем, теперь я понимаю то, что я не хочу здесь оставаться ни дня, ни часа, ни минуты!

И с этих пор он исчез бесследно.

Внутренний Шер доложил герцогу об исчезновении Пика в числе обыкновенных полицейских событий. Всё, что предшествовало этому загадочному исчезновению и что было его настоящей причиной, осталось для всех посторонних неизвестным. Когда же все розыски Пика в пределах герцогства оказались безуспешными, герцог призвал Фебуфиса и спросил:

— Что ты знаешь о своём товарище?

— Ничего, ваша светлость.

— А в каком положении его жена? Она, может быть, уже вдова, и у неё нет права на пенсию?

— Если, ваша светлость, повелите, — вкрадчиво вставил Шер.

— Да, — отвечал герцог, — я повелеваю. И, кстати, пусть её тоже определят воспитательницей там, где она сама училась. Это будет приятно герцогине.

ГЛАВА СЕМНАДЦАТАЯ

Исчезновение Пика, однако, чувствительно ударило по сердцу Фебуфиса, и Пеллегрина перестала ему больше нравиться, а притом совершилось ещё другое. Сопровождая герцога, он посетил один богатый торговый город, в ратуше которого им был дан роскошный бал. На этом бале, в числе многих красивых женщин, появилась молодая девушка классически строгой и поразительной красоты. Её звали Гелия. Она была дочь местного богатого негоцианта, имевшего дела со всею Европой. Красота её бросилась всем в глаза и сразу Фебуфиса пленила. Это заметил герцог и тут же спросил его:

— Что ты о ней скажешь?

— Ваша светлость, — отвечал Фебуфис, — о ней можно сказать только, как говорят на востоке: "Глаз смертного не может видеть такое совершенство без готовности умереть за него".

Герцогу понравилась восточная фраза: он, почитавший себя покровителем веры, сам любил иногда пустить в ход что-нибудь в библейском роде, и в данном случае он тоже скомпоновал что мог: он похлопал Фебуфиса по плечу и сказал:

— Эге, смертный, я вижу, ты еси уже уязвлён сею красою. Бойся заболеть, но, впрочем, при мне и сия болезнь может оборотиться не к смерти, а к славе... сумей только ей понравиться.

— Ваша светлость, смертный не дерзает и думать о том, чтобы понравиться такой красавице.

— Прекрасно сказано: может быть, ей даже и нельзя понравиться, потому что она, как единственная дочь богатого отца, избалована и хватила хвалёной цивилизации за границею. Говорят, она холодна, как Диана.

— Вот изволите видеть!

— Да, да, — Диана, и даже ходит одна с огромным псом. И притом, она умна... и даже, кажется, что-то пишет... И вот именно об искусстве... Она тоже живописец и училась у Каульбаха. Но, главное, отец в ней не слышит души, и она очень своевольна. Но, надеюсь, я здесь хозяин и могу кое-что сделать. Хочешь, я её за тебя посватаю?

— Пощадите, ваша светлость!

— А вот же посватаю и высватаю: это дело моё, а ты знай сам средство, как с нею обходиться, — и с этим он прямо с места направился к отцу красавицы, взял его под руку в сторону и стал просить у него руки дочери для жениха, которого он рекомендует.

Фебуфис был как на иголках, но около него был Шер; он его успокоивал и шептал ему:

— Ничего не выйдет; у её отца, у этого старого Фрица, в голове преогромный павлин: он собит дочке мужа миллионера или маркграфа.

Отец красавицы, которую звали Гелия, был сытый и рослый бюргер с надменным лицом, напоминающим лицо герцога Веллингтона, слыл за страшного богача и жил роскошно. Однако, обращаясь в стороне от дворских обычаев и притом в торговом кружке, в котором он имел первенствующее значение, он не отличался находчивостью и был взят врасплох; он слыхал, что таким сватам не отказывают, и не успел сказать ни да, ни нет, как "сват" уже поманул к себе жениха. Это обещало дрянную игру: два головные павлина сшибались: отец отца Фебуфиса был приказчиком у отца старого Фрица, Фриц не мог желать себе такого зятя, но тем не менее сухое и даже немножко надменное согласие было дано. Герцог поднял бокал за здоровье жениха и невесты, и они были помолвлены. Негоцианты порта были этим удивлены и обижены, — на всех лицах было заметно неудовольствие, а Шер, принеся своё поздравление отцу невесты, отошёл в амбразуру окна и, достав из кармана агенду, написал nota bene[3], по которой тайной агентуре следовало пошарить везде, где возможно: всё ли благополучно в делах почитаемого в

---

[3] заметь хорошо (лат.).

миллионерах Фрица? Его уступчивость казалась Шеру подозрительною. Девушка не протестовала нимало, но с первых же минут показала своему жениху холодное презрение, а тем не менее вскоре же с царственною пышностью была отпразднована их свадьба. Невесту, которая всё продолжала держать себя в строгом чине, подвёл к алтарю сам герцог и оставался первым гостем на пире, где присутствовала вся знать столицы, но присутствовала также незримо и Немезида...

Негоциант ничего не определил дочери, но можно было думать, что он даст большое приданое, а герцог, который "любил награждать", конечно, доставит многосторонние другие выгоды, – вышло, однако, так, что всё это было вдруг испорчено на первых порах. Недобрым предвестием всего было письмо, которое Фебуфис нашёл у себя на столе в то время, когда привёз к себе молодую супругу и оставил её на короткое время в её художественно отделанной половине. Письмо было написано какою-то злою и мстительною женщиной: в нём извещали Фебуфиса, что он великолепно надут, что он получил жену с большими претензиями и без всяких средств; что тесть его, слывущий за миллионера, на самом деле готовый банкрот, ищущий спасения в дорого ценимой им уступке; что брак этот со стороны Гелии есть жертва для спасения отца, а Фебуфис от всего этого получит право ужинать всегда без последнего блюда.

Фебуфису показалось, что это писала Пеллегрина. Он знал, что букашка чертовски скрытна, ловка и мстительна, а притом она, кажется, успела стать слишком знакома с внутренним Шером и умела узнавать у него кое-что из его ежедневных упражнений в подпечатывании и чтении писем, вверяемых почтовой пересылке.

Маленькая изящная Пеллегрина могла знать тайности, но ей также ничто не мешало и лгать и клеветать на людей. Эта женщина – живое и мерзкое воспоминание, при котором является укол в сердце и мелькает перед глазами тень маленького Пика.

Теперь это случилось как нельзя больше не вовремя. Теперь это надо решительно прочь.

Он наскоро сунул смутившее его на минуту письмо в карман изящного спального жакета из мягкой восточной материи и в лёгких восточных туфлях спустился из мастерской вниз к жене, спальня и уборная которой были устроены в тех самых покоях, которые занимал в этом казённом доме Пик и его Пеллегрина. Спальня Гелии приходилась именно в той самой комнате, где Фебуфис писал портрет с Пеллегрины и скомпрометировал её, севши слишком далеко от неё на диване.

Это всё опять ему ненадлежаще вспомнилось, когда он с изящною ночною лампочкой в руке проходил по мягкому ковру той комнаты, где стоял Пик, держась рукою за сердце и выслушивая из собственных уст жены сознание в её поступке и в её чертовской опытности и органической любви к обману.

Фебуфис тряхнул своими поредевшими кудрями, как бы отгоняя воспоминания, и положил руку на массивную бронзовую фигуру дракона, служившую ручкою двери в женину спальню.

Сию минуту он увидит свою великолепную Гелию...

Сердце его усиленно билось, но дверь не подавалась... она была заперта. Быть может, это ему так только кажется; быть может, он неловко берётся. Он надавил ручку сильнее и теперь несомненно убедился, что дверь заперта изнутри на ключ. Значит, полученное неизвестным путём письмо предупреждало его кое о чём верно... свадебный пир его кончен, и он, как дитя, оставлен "без последнего блюда".

Он был в нерешимости, что ему делать: встряхнуть дверь и звать жену так, чтобы она должна была откликнуться, или выдержать себя и на первых же порах наказать её ни с чем несообразный каприз пренебрежительною холодностью?

Первое угрожало шумом и скандалом, который мог дойти до ушей прислуги и сделать его смешным в передней, на кухне и в мелочных лавках, откуда потом придёт слух и в гостиные... Второе... ещё может к чему-нибудь вывести.

Он предпочёл второе и возвратился спать в свою мастерскую.

ГЛАВА ВОСЕМНАДЦАТАЯ

Утро второго дня было для Фебуфиса тяжело неимоверно. Начало семейной жизни его не радовало, и он встал, ощущая никогда ему до сих пор не известный страх перед женщиной... прекрасною, строгою и чертовски холодною женщиной, избалованности и капризам которой, очевидно, нет меры, точно так же, как не видно меры её упорству и самообладанию, которых совсем нет у Фебуфиса.

Но обстоятельства требовали, чтобы он показал некоторое самообладание, и он решился сделать над собою твёрдые усилия. Он сошёл в столовую, где имел привычку пить свой утренний кофе, и, к удивлению своему, застал здесь за столом совершенно одетую жену, перед которой была английская книга, а у ног её лежала её огромная чёрная собака Рапо. Супруги повидались холодно, как знакомые. Гелия не обнаружила ни малейшего замешательства и даже не дала заметить мужу, что она его некоторое время ожидала за кофе. Он хотел разразиться, но вместо того извинился, сделал несколько незначительных вопросов и несколько раз посмотрел на чёрного Рапо. Его занимало: когда и кто привёл в его дом эту собаку, имевшую чрезвычайную привязанность к Гелии, а к нему возымевшую с первой встречи глухое личное неудовольствие, способное при всяком удобном поводе перейти в открытую неприязненность? Фебуфис даже не вытерпел и полюбопытствовал:

– Когда сюда перебрался Рапо?

Гелия отвечала, что Рапо пришёл вчера с её верною служанкой.

"Рапо и верная служанка!.. Недурненькие штучки для начала", – подумал Фебуфис и затем спросил:

– А где вы нашли для него здесь помещение?

– Его помещение, как всегда, при мне.

– Нет, где он спал?

– На ковре, в ногах у моей постели.

"Какова штучка!" – подумал Фебуфис и встал, чтобы приветствовать двух близких родных жены, приехавших сделать ей обычный визит на другое утро после брака.

Фебуфис был рад их приходу, чтобы избавиться от сообщества, в котором ему становилось тяжело, и в то же время показать первое проявление и своего равнодушия и своего самообладания.

Он мало поговорил и, встав, направился к себе в мастерскую; но при повороте на ковре наткнулся на Рапо и чуть не упал.

Он видел, что гости и его жена сделали над собою усилие, чтобы не засмеяться его полёту и смешному взмаху, который он сделал руками.

Один Рапо поглядел на него серьёзно и грустно, без унизительной иронии, и, звучно вздохнув из глубины своей собачьей души, точно хотел сказать: "Ах, уйди, тебе здесь не место!"

Фебуфис с своей стороны подумал: "Я эту собаку непременно убью", – и затем он пришёл к себе в мастерскую, одновременно чувствуя и бешенство и неотразимую потребность удерживаться, и вдруг он схватил кисти и начал работать.

С этих пор мастерская, этажом выше жилья, сделалась его постоянным приютом. Он точно вышел из дому без спора и без боя, сам не заметив, как это случилось.

Он делал с женой визиты; был с нею на завтраке в замке у герцога, причем герцог, поздравляя Гелию, поцеловал у ней руку в присутствии герцогини. Потом у них был родственный обед, за которым Фебуфис убедился, что отец его жены не даст дочери ничего, а что все прочие её родственники совсем даже и не намерены почитать его за замечательного человека. Они нимало не скрывают, что смотрят на него просто как на герцогского фаворита, до которого они снизошли случайно, по обстоятельствам, о которых он поймёт в своё время и для которых обязан будет поработать. Вообще со временем ему скажут, что делать. За обедом последовал бал, на котором в блестящей свите прошёл герцог, и опять уже не раз, а два раза поцеловал руку Гелии, – здороваясь и прощаясь, – и сидел с ней одной пять минут в уединённой маленькой гостиной, из которой, по принятому этикету, в эти минуты все вышли. Потом он подарил, по старине, вниманием и Фебуфиса. Он спросил его:

– Счастлив?

Фебуфис поблагодарил за внимание.

– То-то! – пошутил герцог и, улыбаясь, шепнул ему на ухо: – Будь терпелив и уповай на бога.

"Что за дьявольщина! – подумал, провожая герцога, Фебуфис. – Во что, в самом деле, он не вмешивается, чего он только не знает и о чём он не говорит!.. Как его много! Как его везде чертовски много!"

И вдруг он остановился на месте и зашатался. Он вдруг ясно увидел, что его жена – любовница герцога.

С Фебуфисом сделался обморок, и довольно странный обморок, в котором продолжалось сознание.

ГЛАВА ДЕВЯТНАДЦАТАЯ

Этого, может быть, только не видят другие, или, наоборот, это видели и видят все, кроме его. Он, настоящий, форменный муж, который узнаёт о своём позоре самый последний и потом смиряется и сносит это из ложного стыда или выгод, но вот тут уж ошибка, – этого одного уж ни за что не будет с Фебуфисом. Этого он не снесёт ни за какие выгоды в мире. Он это разъяснит и разрубит все сейчас, сию минуту. И все условия ему благоприятствовали – обморок сокрыл от него разъезд гостей и окончание бала. Придя окончательно в чувство, Фебуфис увидел себя в полумраке, на кушетке, в будуаре жены. Сюда перенесли его гости, при которых он упал в дурноте, проводивши герцога. Гелия стояла перед ним, возле неё была её "верная служанка", и невдалеке от неё, глядя ей в глаза, лежал не менее верный Рапо. Огни во всех апартаментах были потушены, и в доме была тишина; сквозь складки оконных занавесок виднелась звезда, меркнувшая в предрассветной синеве неба.

Фебуфис остановил взгляд на служанке и сказал:

– Зачем она здесь?

Гелия сделала лёгкое движение головой, и женщина вышла.

– Могу ли я сделать вам один вопрос? – сказал Фебуфис.

– Конечно, – отвечала Гелия.

60

– О чем с вами говорил наедине герцог?

Гелия сдвинула брови и покраснела. Фебуфис мгновенно сорвался с места и вскрикнул:

– Я хочу это знать!

– Он говорил со мной об одном деле моего отца.

– О каком деле?

– Я не должна этого никому сказать.

– Это неправда!.. это ложь!.. Вы его любовница!

Краска мгновенно сбежала с лица Гелии и заменилась болезненною бледностью.

– Да, – продолжал Фебуфис, – я вас поймал... я вас открыл, я теперь понимаю ваше поведение, и вот... вот...

– Что вы хотите?

– Ничего!.. От вас ничего... Поняли?

– Поняла.

– Прекрасно!.. Мне не нужна герцогская любовница!

– Да?

– Да. Вы должны были по крайней мере раньше мне сознаться в этом.

– Идите ж вон отсюда!.. Сейчас же вон, или... эта собака перекусит вам горло!

– Я вон... я?!

– Да, вы... Вон, сын приказчика моего деда!

– О, – протянул Фебуфис, в голове которого его собственный павлин вдруг распустил все свои перья, – так вы вот как на меня смотрите! Я вам покажу, кто я!

И он, задыхаясь и колеблясь от гнева на ногах, пошёл в свою мастерскую, но он не лёг спать, – его пожирала простая физическая жажда мщения, – он сошёл опять вниз, взял из буфета две бутылки шампанского и обе их выпил, во всё время беспрестанно волнуясь и то так, то иначе соображая своё положение. Он непременно хотел что-то сделать, и не знал, что ему делать. В этом уплыл остаток ночи, и в окнах серел рассвет непогожего дня.

Фебуфис стал приходить в другое, мирное настроение: он чувствовал теперь потребность сказать жене – холодно и не роняя своего достоинства, – что они навсегда будут чужды друг другу, и решить сообща с нею, как им держать себя, пока они найдут наименее скандалезный выход. Это будет холодное, деловое объяснение, но его надо сделать немедленно, сейчас, чтобы ни он, ни она не предприняли ничего несоответственного порознь и чтобы с сердца разом скорее сбросить то, что так тяжело и гадко.

Но двери её спальни, конечно, опять уже заперты, и если она их опять не отопрёт?.. Ему надо было просто, уходя, вынуть ключ, но он не догадался. Но он её заставит отпереться. Он не будет стучать и ломиться, как ревнивый портной, а он её убедит... он её образумит. Так или иначе, она ему отопрёт и его выслушает... А иначе... он сделает чёрт знает что!

Он выпил ещё залпом, один за другим, два стакана шампанского, взял с камина флакон со скипидаром и стал спускаться с лестницы. Он не чувствовал себя пьяным, и в самом деле он не был пьян. Он ни скоро, ни тихо подошёл к жениной спальне, которая действительно оказалась запертою, спокойно тронул ручку двери и произнёс спокойным голосом:

— Я прошу вас меня извинить и не отказать мне выйти ко мне в эту комнату: мы должны сейчас объясниться.

Гелия не отвечала.

— Я хочу знать, слышите ли вы, что я вам говорю?

— Слышу.

— Оденьтесь и выйдите. Это важно для моей и вашей жизни.

Молчание.

— Я вам даю слово, что вы не услышите ни одного грубого слова. Не бойтесь меня.

Ему слышалось, что она как будто ходит и что-то делает, но на его слова не отвечает.

— Я вам даю слово, что вам меня не должно бояться.

Она ответила: "я не боюсь", и опять слышались её шаги и движение.

"Она ждёт служанку и хочет уйти другим ходом!"

Это его взбесило.

— Вы не отворите?! — вскричал он, после нескольких слов, оставленных ею без ответа.

Гелия снова молчала.

— А, в таком случае я сейчас сожгу вас в вашем затворе.

С этим он плеснул скипидаром на портьеры и зажёг их и в полном безумии бросился к другому выходу из спальни, но в это же мгновение осаждённая повернула ключ и, открыв двери, предстала в пылающей раме горящих портьер. Она была в мантилье и в платье, с головой, покрытой кружевною косынкой. Этого Фебуфис не ожидал и вскрикнул:

— Куда вы?

Она только смерила его глазами и сделала шаг вперёд.

Тогда он, забыв всё, кинулся, чтобы остановить её, но она на всё это была готова: она вынула из-под мантильи руку и подняла прямо против его лица маленький щегольский пистолет.

— Я этого не боюсь! — вскричал Фебуфис.

— А я требую только, чтобы вы до меня не касались.

Из отуманенной бешенством и, может быть, отчасти вином головы Фебуфиса выскочил сразу весь план его мирных и благородных действий. Не успела его жена пройти через залу, как он догнал её у второй двери и схватил её сзади за мантилью. Гелия ударилась виском о резной шпингалет и, вскрикнув от боли, рванулась и убежала... В руках Фебуфиса осталась только её мантилья. Жена ушла... стало пусто: на полу лежала большая золотая шпилька, вершка в четыре длиной, какие носили по тогдашней моде, и на узорчатом шпингалете двери веялись, тихо колеблясь, несколько длинных и тонких шелковистых чёрных волос.

Гелия выбежала из мужнина дома, как из разбойничьего вертепа, в одном платье, и безотчётно пошла, как некогда шёл куда-то обиженный Пик. Она не замечала ни окружавшей её стужи, ни ветра, который трепал её прекрасные волосы и бил в её красивое негодующее лицо мелкими искрами леденистого снега.

В уме Гелии было идти прямо к герцогу и сказать ему:

— Защитите меня от обиды и, если вы рыцарь, — как о вас говорят, — скажите, что я не была вашею любовницей, и отмстите за мою честь.

Она верила, что она должна и может это сказать, что она это непременно скажет и что он защитит её, как рыцарь.

ГЛАВА ДВАДЦАТАЯ

Не давая себе отчёта, хорошо или дурно она думает, Гелия очутилась у герцогского замка. Выросши в торговом городе, жившем более во внешних политических сношениях с Европой, чем с своим правительственным центром, Гелия имела очень недостаточные понятия о том, как можно и как нельзя говорить с герцогом; но это и послужило ей в пользу, или, быть может, во вред, как мы увидим потом, при развитии нашего повествования.

В замке и вокруг замка герцога жизнь начиналась по-военному, то есть очень рано, и в тот ранний час, когда Гелия показалась у подъезда герцога, там уже стояла запряжённая для него лошадь.

Гелия пошла прямо к подъезду и стала у колонны. Дежуривший у подъезда офицер настоятельно просил её удалиться и особенно указал ей на сопровождавшую её собаку.

Гелия слабо понимала речь того языка, на котором говорили в столице герцогства, но поняла указания на Рапо и нетерпеливо взглянула на него глазами.

Тяжёлый и сильный зверь поднялся и пошёл прочь за угол главной площадки замка.

— И вы сами тоже должны удалиться, — сказал офицер; но прежде чем он успел настоять на этом, массивная дверь быстро распахнулась, и появился герцог. Гелия к нему бросилась, как дитя, и в то же время как уверенная в своём достоинстве женщина.

Герцог остановился: ветер сильно перебивал её лепет.

Она говорила, но он не понимал её и... не узнавал её.

Она в отчаянии закрыла лицо руками.

Герцог ещё отодвинулся и приложил ладонь над глазами.

Гелия упала на колени и на этот раз твёрдо сказала:

– Молю вас, спасите!

– Что нужно? – спросил грозно герцог.

И в этот же миг он узнал Гелию и ужаснулся.

– Это вы, Гелия! Что с вами случилось?

И он подался к ней ближе и закрыл её от ветра и снега полою своего плаща.

– Ваша светлость! – простонала она, – была ли я вашею любовницей? – и, зарыдав, она не могла продолжать далее.

Герцог заметил, что она шатается, и подхватил её под руки.

– Кто смел сказать это?

– Вы меня выдали замуж, – произнесла Гелия.

– Ну да!.. Что ж дальше?

Гелия протянула к герцогу руку, в которой был пистолет, и сказала:

– Прикажите скорее взять меня в тюрьму.

– За что?

– Я сейчас хотела убить моего мужа.

– За что?

Она плакала.

– Говорите скорее, за что?

– Он хотел меня сжечь, – он обращается со мною как разбойник!

И, произнося каждое слово, она колебалась на ногах и вдруг совсем пошатнулась в сторону.

Герцог плотнее прикрыл её плащом и сказал:

– Смотрите... правда ли это?

Вместо ответа Гелия взяла холодною рукой руку герцога и приблизила её к своей голове.

На белой замшевой перчатке герцога остались капля крови и несколько глянцевитых и тонких чёрных волос.

Из груди его вырвался звук ужаса и негодования.

– Злодей! – вскричал герцог, – он будет страшно наказан!

С этими словами, задыхаясь и сверкая глазами, разгневанный герцог всхлипнул и потом отечески обнял молодую красавицу и, почувствовав, что она падает, поднял её, как дитя, на руки, поцеловал в темя и с этою ношей возвратился назад в двери замка.

ЗАХУДАЛЫЙ РОД

Семейная хроника князей Протозановых

"Род проходит и род приходит,
земля же вовек пребывает".
Екклез. 1, 4.

СТАРАЯ КНЯГИНЯ И ЕЕ ДВОР

ГЛАВА ПЕРВАЯ

Род наш один из самых древних родов на Руси: все Протозановы по прямой линии происходят от первых владетельных князей, и под родовым гербом нашим значится, что он нам не милостью дарован, а принадлежит "не по грамоте". В исторических рассказах о старой Руси встречается немало имен наших предков, и некоторые из них воспоминаются с большим одобрением. До Ивана Даниловича Калиты они имели свой удел, а потом, потеряв его, при Иване Третьем являются в числе почетных людей Московского княжества и остаются на видном положении до половины царствования Грозного. Затем над одним из них разразилась политическая невзгода, и, по обычаям того времени, за одного явились в ответ все: одни из Протозановых казнены, другие – биты и разосланы в разные места. С этой поры род князей Протозановых надолго исчезает со сцены, и только раз или два, и то вскользь, при Алексее Михайловиче упоминается в числе "захудалых", но в правление царевны Софии один из этого рода "захудалых князей", князь Леонтий Протозанов, опять пробился на вид и, получив в управление один из украйных городов, сделался "князем кормленым". Покормился он, впрочем, так неосторожно, что Петр Великий, доведавшись о способе его кормления, отрубил ему голову, а животы велел "поверстать на государя". При этом, однако, гнев государя не был перенесен с отца на детей, а напротив, старший сын казненного, Яков Леонтьевич, был взят для обучения его всем тогдашним наукам. Яков Львович (с этих пор имя Леонтий в роде Протозановых уступает место имени Лев) учился в России, потом за границею и по возвращении оттуда был проэкзаменован самим царем, который остался им очень доволен и оставил его при своей особе. Яков Львович оказался столь удобным для исполнения различных предначертаний Петровых, что государь отметил его своим особенным вниманием и повел его от чести к почести, не забывая при этом поправлять и его родовую "захудалость". Петр, однако, не сделал нашего прадеда богачом, а именно только вывел его из "захудалости". Сам же князь Яков Львович не умел вознаграждать себя: он, как говорили в то время, "заразился глупостью Лефорта", то есть пренебрегал способами к самовознаграждению, а потому и не разбогател. Такова была его жизнь до самого воцарения Анны Ивановны, когда Яков Львович попался на глаза Бирону, не понравился ему и вслед за тем быстро очутился в ссылке за Оренбургом.

В ссылке князь Яков Львович, по отеческому завету, обратился к смирению: он даже никогда не жаловался на "Немца", а весь погрузился в чтение религиозных книг, с которыми не успел познакомиться в юности; вел жизнь созерцательную и строгую и прослыл мудрецом и праведником.

Князь Яков Львович в моих глазах прелестное лицо, открывающее собою ряд чистых и глубоко для меня симпатичных людей в нашем роде. Вся жизнь его светла, как кристалл, и поучительна, как сказание, а смерть его исполнена какой-то прелестной, умиряющей таинственности. Он умер без всяких мучений на светлый день Христова Воскресенья, после обедни, за которою сам читал Апостол. Возвратясь домой, он разговелся со всеми ссыльными и не ссыльными, которые пришли его поздравить, и потом сел читать положенное в этот день всепрощающее поучение Иоанна Богослова и, при окончании чтения, на последнем слове нагнулся к книге и уснул. Кончину его никак нельзя назвать смертью: это именно было успение, за которым пошел вечный сон праведника.

В тот же день к вечеру на имя ссыльного был доставлен пакет, возвещавший ему прощение и возвращение, дарованные волей воцарившейся императрицы Елисаветы: но все это уже опоздало. Князь Яков был разрешен небесною властью ото всех уз, которыми вязала его власть земная.

Прабабушка наша, Пелагея Николаевна, схоронив мужа, вернулась в Россию с одним пятнадцатилетним сыном, а моим прадедом, князем Левушкой.

Князь Левушка родился в ссылке и там же получил весь грунт своего начального воспитания непосредственно от своего отца, от которого в замечательной степени наследовал его превосходные качества. Вступив на службу в царствование Екатерины Второй, он не сделал себе блестящей карьеры, какую ему поначалу пророчили. Бабушка моя, княгиня Варвара Никаноровна, говорила о нем, что "он, по тогдашнему времени, был не к масти козырь, презирал искательства и слишком любил добродетель". Лет в тридцать с небольшим князь Лев Яковлевич вышел в отставку, женился и навсегда засел в деревне над Окой и жил тихою помещичьею жизнью, занимаясь в стороне от света чтением, опытами над электричеством и записками, которые писал неустанно.

Старания этого "чудака" совсем устранить себя от двора и уйти как можно далее от света, с которым он не сошелся, увенчались для него полным успехом: о нем все позабыли, но в семье нашей он высоко чтим и предания о нем живы о сю пору.

Я с раннего моего детства имела о князе Льве Яковлевиче какое-то величественное, хотя чрезвычайно краткое представление. Бабушка моя, княгиня Варвара Никаноровна, от которой я впервые услыхала его имя, вспоминала своего свекра не иначе как с улыбкою совершеннейшего счастья, но никогда не говорила о нем много, это точно считалось святыней, которой нельзя раскрывать до обнажения.

В доме было так принято, что если как-нибудь в разговоре кто-нибудь случайно упоминал имя князя Льва Яковлевича, то все сию же минуту принимали самый серьезный вид и считали необходимым умолкнуть. Точно старались дать время пронестись звуку священного семейного имени, не сливая его ни с каким звуком иного житейского слова.

И вот тогда-то, в эти паузы, бабушка Варвара Никаноровна обыкновенно, бывало, всех обводила глазами, как бы благодаря взглядом за уважение к свекру и говорила:

– Да, чистый был человек, совершенно чистый! Он в случае не был и фавору не имел – его даже недолюбливали, но... его уважали.

И это всегда произносилось старою княгиней одинаково, с повторением,

– Он фавору не имел, – повторяла она, помахивая пред собою вытянутым указательным пальцем правой руки. – Нет, не имел; но... – Тут она круто оборачивала свой палец вниз и со строгим выражением в лице оканчивала, – но его уважали, и за то не терпели.

За этим опять шла минута молчания, после которой бабушка, понюхав щепотку табаку из жалованной Мариею Феодоровной золотой табакерки, или заговаривала о чем-нибудь вседневном, или несколько пониженным тоном добавляла о свекре своем следующее:

– Он, покойник, ни с кем не ссорился... Нет, приятных императрице людей он не критиковал и грубости никому не оказывал, но ни с графом Валерианом, ни с князем Платоном домами знаком не был... Когда нужно было, когда так выходило, что они на куртагах встречались, он им кланялся... Понимаете... Как должно по этикету... для courtoisie[4] поклонится и отойдет; но руки не подавал и в дом не ездил. К разным

---

[4] галантности, вежливости (франц.)

бедным людям ездил и их у себя принимал, а к тем не ездил; это для них, может быть, ничего и не значило, а только он не ездил и так и в отставку вышел и в деревню удалился; так и умер, а всегда говорил: "для того, чтобы другие тебя уважали, прежде сам в себе человека уважай", и он в себе человека уважал, как немногие уважают.

Это говорилось уже давно: последний раз, что я слышала от бабушки эту тираду, было в сорок восьмом году, с небольшим за год до ее смерти, и я должна сказать, что, слушая тогда ее укоризненное замечание о том, что "так немногие в себе человека уважают", я, при всем моем тогдашнем младенчестве, понимала, что вижу пред собою одну из тех, которая умела себя уважать.

О ней теперь я и постараюсь записать, что сохранила моя память.

ГЛАВА ВТОРАЯ

Бабушка Варвара Никаноровна происходила из самого незнатного рода: она была "мелкая дворянка", по фамилии Честунова. Бабушка отнюдь не скрывала своего скромного происхождения, напротив, даже любила говорить, что она у своего отца с матерью в детстве индюшек стерегла, но при этом всегда объясняла, что "скромный род ее был хоть тихенький, но честный и фамилия Честуновы им не даром досталась, а приросла от народного прозвания".

Отец княгини Варвары Никаноровны был очень бедный помещик, убогие поля которого примыкали к межам князя Льва Яковлевича. Мать бабушкина была очень добрая женщина и большая хозяйка, прославившаяся необыкновенным уменьем делать яблочные зефирки, до которых жена князя Льва Яковлевича была страстная охотница. На этом княгиня и бедная дворянка заинтересовались друг другом и, встретясь в церкви, познакомились, а потом, благодаря деревенской скуке, скоро сошлись и, наконец, нежно подружились.

Князь Лев Яковлевич был этому чрезвычайно рад, но он находил невозможным, чтобы бедная дворянка бывала у его жены как будто какая-нибудь пришлая, не на равной ноге. "Через это люди не будут знать, как ее понимать", – рассудил он и тотчас же надел свой отставной полковничий мундир и регалии и отправился из своего Протозанова в деревню Дранку с визитом к бабушкиному отцу.

В бедных хибарах мелкого сошки все перепугались наезда такого важного гостя, сам старик Честунов едва решился вылезть к князю из боковуши в низенькую комнату, исправлявшую должность зальцы, но через какие-нибудь полчаса это все изменилось: неравенство исчезло, князь обласкал Честунова, обдарил прислугу и вернулся домой, привезя рядом с собой в коляске самого дворянина, а на коленях его пятилетнюю дочку, из которой потом вышла моя бабушка, княгиня Варвара Никаноровна Протозанова, некогда замечательная придворная красавица, пользовавшаяся всеобщим уважением и расположением императрицы Марии Феодоровны.

Честуновы сделались в доме прадеда своими людьми, а бабушка выросла и воспиталась в протозановском доме. Ее там чему-то учили, хотя я никогда не могла составить себе понятия о ее учености. Она без науки знала все, что ей нужно было знать, умела всякое дело поставить пред собой так, чтоб обнять его со всех сторон и уразуметь ясным пониманием его смысл и значение. Изучением же она знала, кажется, только Священное Писание да французский язык. Но зато что она знала, то знала в совершенстве и из Священного Писания любила приводить тексты, а по-французски говорила безукоризненно, но только в случае крайней в том необходимости.

У князя Льва Яковлевича было два сына: Димитрий и Лев. Из них Димитрий на девятнадцатом году утонул, купавшись в жару в холодном озере, отчего с ним в воде сделались судороги, а князь Лев Львович на восемнадцатом году влюбился в Варвару Никаноровну, которая, по ее собственным словам, в четырнадцать лет "была довольно авантажна". Другие же, например старые люди из прислуги княгини, дворецкий ее, Патрикей Семеныч, и горничная, Ольга Федотовна, выражались на этот счет гораздо решительнее; они говорили, что "неописанной красоте бабушки и меры не было". Это же как нельзя более подтверждает и висящий теперь предо мной ее большой портрет, работы известного Лампи. Портрет писан во весь рост, масляными красками, и представляет княгиню в то время, когда ей было всего двадцать лет. Княгиня представлена высокою стройною брюнеткой, с большими ясными голубыми глазами, чистыми, добрыми и необыкновенно умными. Общее выражение лица ласковое, но твердое и самостоятельное. Опущенная книзу рука с букетом из белых роз и выступающая одним носочком ботинки ножка дают фигуре мягкое и царственное движение. Глядя на этот портрет, я не могу себе представить, как пылкий и восторженный юноша, каким описывают моего покойного деда, мог не влюбиться в эту очаровательницу? Притом же он почти вырос с нею под одним кровом, он знал ее ум, доброту, благородство ее мыслей и ту утонченную деликатность, которая приковывала к ней всех, кто имел истинное счастие знать ее. К тому же эта прелестная девушка в самые ранние годы своей юности вдруг совсем осиротела и, оставаясь одна на всем свете, по самому своему положению внушала к себе сочувствие и как бы по повелению

69

самой судьбы делалась естественным членом семьи призревших ее князей Протозановых. Старики Протозановы так на это и смотрели, и когда сын их Лев Львович, получив чин в гвардии, приехал из Петербурга на побывку домой с тем же пламенем любви к сиротке, с каким четыре года тому назад уехал, то они только обрадовались, что это чувство, выдержав испытание, остается прочным. А когда молодой князь решился просить их о позволении жениться на Честуновой, то они сказали ему, что лучшей себе невестки, а ему жены, и не предвидели. Тут же у них был отслужен благодарственный молебен, и затем их перевенчали и вскоре же, не успев нарадоваться их молодым счастьем, отпустили их в Петербург.

Года не прошло после этой свадьбы, как старики один вслед за другим сошли в могилу, оставив бабушку Варвару Никаноровну с ее мужем полными наследниками всего состояния, хотя не особенно богатого, но, однако, довольно их обеспечивающего.

Заботливостью полюбившей и взявшей Варвару Никаноровну под свое крыло императрицы средства Протозановых были вскоре сильно увеличены: дед получил в подарок майорат и населенные земли из старых отписных имений и стал богатым человеком. Им очень везло. Большое уже в это время состояние их вскоре еще увеличилось самым неожиданным образом: во-первых, к ним перешли по наследству обширные имения одного дальнего их родственника, некогда ограбившего их предков и не имевшего теперь, помимо деда, никаких других ближайших наследников, а во-вторых, в старом протозановском лесу за Озерною нашли драгоценный клад: маленькую пушку, набитую жемчугом и монетой и, вероятно, спрятанную кем-то в землю от разбойников.

Деда, любившего жить пышно, это очень обрадовало, но бабушка, к удивлению многих, приняла новое богатство, как Поликрат свой возвращенный морем перстень. Она как бы испугалась этого счастья и прямо сказала, что это одним людям сверх меры. Она имела предчувствие, что за слепым счастием пойдут беды.

Однако шли года, никакое несчастие не приходило: дедушка служил очень удачно, детей у них было немного: один сын и дочь, княжна Настасья Львовна. Эту единственную свою дочь бабушка, в угождение императрице, но против своего желания, должна была записать в институт, и это было для нее первым толчком горя в ее двери. Сын, нынешний дядя мой, князь Яков Львович, был гораздо моложе сестры и был прекрасный мальчик. Словом, все было хорошо, но во всем этом счастье и удачах бабушка Варвара Никаноровна все-таки не находила покоя: ее мучили предчувствия, что вслед за всем этим невдалеке идет беда, в которой должна быть испытана ее сила и терпение. Предчувствие это, перешедшее у нее в какую-то глубокую уверенность, ее не обмануло:

одновременно с тем, как благополучным течением катилось ее для многих завидное житье, тем же течением наплывал на нее и Поликратов перстень. Против деда и жены его, взысканных всеми милостями рока, поднималась мелкая зависть, которая зорко следила за понижением уровня их значения и, наконец, дождалась времени, вполне благоприятного для того, чтобы с ними переведаться. Это созрело как раз пред открытием французской кампании, в которую дедушка вступил с своим полком и был замечательно несчастлив: в каком деле он ни участвовал, неприятель разбивал его самым роковым образом.

Бабушка, еще вращавшаяся тогда в высших кружках, чувствовала, что ее мужу изменяет фортуна, что он входит в немилость, и не стала лавировать и поправлять интригами падающее положение, а, расставшись равнодушно со

Обстоятельства так сложились, что это решение ее стало крепко.

Ольга Федотовна, живая хроника, из которой я черпаю многие сказания, касающиеся моего семейства, передавала мне об этом тягостнейшем периоде бабушкиной жизни следующее. Я запишу это словами ее же собственной речи, которую точно теперь слышу.

— Мы приехали-то, — говорила добрая старушка, — так тогда дом был совсем запущен. Лет десять ведь никто в него не заглядывал, он хоть и крепкий был, а все стал на вид упадать. Княгиня Варвара Никаноровна и говорят: "Надо поправить". Мастера и свои и чужие были – ради спешки вольных из Орла привезли. Княгиня все торопились, потому что словно она ждала какого последнего несчастия над дединькой, и хотя сама в то время в тягостях была (ожидаемый ребенок был мой отец), но все ходила и настаивала, чтобы скорее дом был отделан. Сами мы все жили в трех комнатках, а для князя она все хотела, чтобы весь дом в параде был, и дума ее сиятельства была такая, что если его еще будет преследовать несчастие, то чтоб он нашел какой-нибудь способ объясниться с главнокомандующим или государю бы все от чистого сердца объяснил и вышел в отставку. Я это все знала, потому что княгиня ведь со мною, если у них было что на сердце тягостное, все говорили, и тогда, хотя я еще и молоденькая, даже против них девочка была, а они от меня не скрывали.

"Я, — говорит, — Ольга, так решила, что лишь бы он здоров сюда приехал, а то уж мы отсюда никуда не поедем. Так здесь и будем жить, как свекор с свекровью жили, а то они, эти не понимающие справедливости и воли божией люди, его замучат".

Я, разумеется, успокаивала их и отвечала:

"Да что вы, — говорю, — матушка, ваше сиятельство, об этом еще рано так много думаете; ведь это еще все, бог даст, может быть, совсем иначе пойдет.

А она меня перебивает:

71

"Молчи, – говорят, – Ольга, не говори вздора: я не напрасно беспокоюсь, а я это так чувствую. Господь мне так много счастья дал, какого я не стоила... ну что же; а теперь, – изволят говорить, – если ему меня испытать угодно, так сердце мое готово".

Я тут из усердия им глупое слово и скажи:

"За что же, – говорю, – он станет вас испытывать: разве вы кому зло какое-нибудь сделали?"

А они и рассердились:

"Ну, в таком разе, – говорят, – отойди лучше от меня прочь..."

"За что же, – говорю, – ваше сиятельство: вы меня простите!"

"Да бог тебя простит, – отвечают, – но только я не люблю друга-потаковщика, а лучше люблю друга-стречника, и ты мне соблазн. Разве благая от Бога принимая, злого я не должна без ропота стерпеть? Нет; ты уйди скорее от меня: я лучше одна с моею покорностью хочу остаться!"

И прогнали меня с глаз, а сами, вижу, вошли в спальню и на приедьо[5] стали. А я, в обиде на себя, что княгиню так огорчила, прошла поскорее чрез девичью, чтобы прочие девушки меня не видали, потому что была расстроена, и выскочила, да и стала на ветерку, на крылечке. Этакое волнение на меня нашло, что плачу, точно вблизь самой себя что ужасное чувствую, а оно так и было. Всплакнула я раз-два и вдруг всего через одну короткую минуту времени отнимаю от глаз платочек, и предо мною, смотрю, за кладовыми, за углом, стоит Патрикей Семеныч и меня потихоньку рукою к себе манит. Я как его увидала, так и затрепетала всем телом своим и ноги у меня подкосились, потому что знала, что этого быть не может, так как Патрикей Семеныч с князем находился. Откудова же это он мог сюда прямо с войны взяться? Верно, думаю, его там в сражении убили, он мне здесь как стень и является, и опять на него взглянула и вижу, что и он на меня смотрит: я вскрикнула и как стояла, так назад и повалилась, потому что все думаю, что это мертвец. Но он наместо того сейчас же ко мне подбежал, подхватил меня рукою и шепчет:

"Ах, что же такое, – говорит, – Ольга Федотовна, что же делать?.. полноте!"

А я... как это услыхала, так сердце у меня как у зайца и забилось.

"Как, – говорю, – "что же делать", а где князь?"

А он этак головою на грудь наклонил и отвечает:

"Не пугайтесь, – говорит, – князь приказал всем долго жить; а я один, – говорит, – с письмом его приехал, да вот уже часа четыре все за кладовыми хожу, вас из-за угла высматриваю: не выйдете ли, чтобы посоветоваться, как легче об этом княгине доложить".

Не знаю уж я, матушка, что б я ему на это сказала, потому что у меня

---

[5] Prie-dieu (франц.) – скамеечка для коленопреклонения при молитве.

от этих его слов решительно даже никакого последнего ума не стало, но только как мы это разговариваем, а наверху, слышу, над самыми нашими головами, окошко шибко распахнулось, и княгиня этаким прихриплым голосом изволит говорить:

"Патрикей! чего ты там стоишь: иди ко мне сейчас!"

Я, это-то услыхавши, ну, думаю: ну, теперь все пропало, потому что знаю, какая она в сердце огненная и как она князя любила, и опять этакая еще она молодая и неопытная, да и в тягости. Ну, думаю, кончено: все сразу собралось и аминь: послал ей Господь это такое испытание, что она его и не вынесет. И после этого я ни за что за Патрикеем вслед не хотела идти. Думаю: он все-таки сильный человек, мужчина, света много видел и перенесть может, пусть как знает, так ей докладывает, а я не пойду, пока она вскрикнет и упадет, а тогда я и вбегу, и водой ее сбрызну, и платье отпущу. Но как Патрикей Семеныч на крыльце перекрестился и пошел, и я всю эту трусость с себя сбросила и не утерпела, постояла одну минуточку и тоже за ним побежала, думаю: ежели что с нею, с моею голубушкой, станется, так уж пусть при мне: вместе умрем.

ГЛАВА ТРЕТЬЯ

Прибежала я в ее комнату с Патрикеем Семеновичем почти зараз: он только что вошел и у дверей у порога стал, а она идет от окна вся как плат бледная, я уже ясно вижу, что она, сердечная, все поняла. Подошла она молча к голубому помпадуру, что посредине комнаты стоял, толкнула его немножко ножкою в сторону и села как раз супротив Патрикеева лица.

Мне и Патрикея-то Семеныча смерть жаль, и ее-то жаль, и не знаю куда деться, просто, кажется, сквозь земь бы провалилась и мычусь как угорелая, сама не знаю, за что взяться. А княгиня посмотрела на меня и говорит:

"Перестань вертеться! что ты?"

Я говорю:

"Я, ваше сиятельство, ваш ридикюль ищу".

А она мне ни слова больше, а только махнула головкою: дескать, стань на место. Я скорее за помпадур и юркнула и, чтобы мне не видать Патрикеева лица, гляжу ей в темя, а она вдруг изволит к Патрикею Семенычу обращаться:

"Ну, – приказывает, – говори, как все дело было?"

Тут самая жуткость настала. Патрикей Семеныч, как и со мною у них было, головою понурил, и губа у него одна по другой хлябает, а никакой молви нет. А княгиня, сколь ей, вижу, ни тяжело, подняла на него все лицо и говорит:

"Ну что же это, Патрикей! сговорились вы, что ли, все меня нынче с ума свести? Говори все, я тебе приказываю!"

Патрикей вскрикнул:

"Матушка! я не могу", – да в ноги ей и грохнулся, и от полу лица не поднимает.

В комнате-то этакий свет вечерний, солнце садится, вбок все красным обливает, а у меня даже в глазах стало темно, и вижу, что княгиня как не своею силой с помпадура встала, и к самой голове Патрикея Семеныча подошла, и говорит:

"Патрикей! я этого не люблю: ты с чем пришел, то должен сделать. Жив князь?"

А Патрикей Семеныч, не поднимая лица от пола, ей отвечает:

"Нет, ваше сиятельство, князя нашего нет в живых".

Она брови наморщила и за сердце рукой взялась. Я ей сейчас воды, – хлебнула и назад подала, а сама спрашивает:

"Своею смертью окончил или бедой какой?"

Патрикей отвечает:

"В сражении убит".

Княгиня оглянулась на образ, перекрестилась и опять села в помпадур, потому что ноги ей, видно, плохо служили, и велела Патрикею все в соблюдении мелко рассказывать.

Ну, тогда Патрикей, видя, что она в себе уже такую силу выдержала, встал и начал смелее, и такой его рассказ был:

– Несчастье, – говорит, – их сиятельство преследовало ужасное: куда они ни вступят – все поражение да поражение, и письма они стали получать из Петербурга ужасные. Прочитают, бывало, волосы на себе рвут, так что даже смотреть на них страшно; а потом даже вовсе этих писем распечатывать не стали. Как почта получится, они ваши письма отберут, прочитают и к себе на грудь к сердцу положат, а те мне приказывают все в огонь бросать. Так месяца два шло, а в счастье никакой перемены нет, и вдруг один раз приходит к ним в палатку адъютант, расстроенный, весь бледный, и говорит им что-то по-французски, робко и несмело, а должно быть, самое неприятное.

А князь весь даже побагровел да вдруг как крикнет на него по-русски:

"Как вы смели мне это передать!"

Тот ему отвечает:

"Простите, – говорит, – ваше сиятельство, я это, ей-богу, из преданности... потому, – говорит, – это все говорят, и я, – говорит, – опасаюсь, чтобы в неосторожную минуту свои офицеры против вас..."

Но князь не дал ему это кончить и опять как крикнет:

"К черту, – говорит, – убирайтесь от меня с этакою вашею преданностью и товарищам вашим то же самое от меня скажите; а если кто думает, что я изменник, тот пусть завтра от меня не отстает, а кто отстанет – тот клеветник и подлец".

И так он рассердился, что ни на что не похож был, и не разделся, и в кровать не лег, а все в шинели по палатке всю ночь проходил и черный кофе пил. В три часа ночи приказ дал солдатам коней седлать и чтобы тихо так, чтобы ничего не слышно было, потому что неприятель у нас совсем в виду за балкой стоял. Пока люди седлают, а я ему умываться подаю, а он все велит себе воду с ледком на голову лить, а сам все ее ловит горстьми; глотает, и сам молитву "Живый в помощи" читает – молится, а вид у него совершенно потерянный. Начали они в боевое платье одеваться, а я им помогаю: берусь им саблю подвязывать, да вдруг хлоп... наземь ее и уронил.

Знаю, в другое время они бы за это грозно рассердились и ужасно бы что могли сделать, а тут только вздрогнули и говорят:

"Ах, Патрикей, что ты сделал".

Я, говорит, шепчу:

"Виноват, ваше сиятельство".

А он отвечает:

"Нет, это не ты виноват, а это злая рука у тебя из рук вышибла. Прощай же, – говорит, – чувствую, что я нынче своей головы из битвы не вынесу".

Патрикей Семеныч заплакал и говорит:

"Что вы, ваше сиятельство, Бог милостив".

А он отвечает:

– То-то и есть, что он милостив: он брани не любит и взявшего меч мечом наказует, но я упрямый человек – мне легче умереть, чем бесчестье переносить, а ты, если меня убьют, возьми это письмо и ступай к княгине: тут все писано, а что после писаного станется, про то ты сам скажешь".

Патрикей им и осмелился доложить, что я, говорит, ваше сиятельство, лучше со света сбегу, а не буду этого княгине докладывать, потому как они этого не вынесут.

А князь им тут же напоследях "дурака" сказали и говорят:

"Тебе или мне больше дано мою княгиню знать? Не смей рассуждать, что она вынесет, а исполняй, что тебе приказываю", – и с этим из палатки выходить стал.

А Патрикей, видя, что он это все как предсмертное приказание ему передает, догнал и спрашивает:

"А что же, ваше сиятельство, если так, то детям какое накажете благословение?"

Князь остановился, но потом только рукой махнул:

"Бог их, – говорит, – благословит, а все, что им нужно, мать преподаст".

Патрикей же вдруг вдосталь стал все расспрашивать:

"Батюшка, ваше сиятельство, простите мое слово: княгинюшка молода, мысли их будут в божьей власти: они могут ранним вдовством отяготиться и пожелать замуж выйти".

Так от этого слова князь, говорит, даже весь в лице потемнел, но тихо ответил:

"Все равно она детей не забудет, я в ней уверен". И с этим, говорит, ногу в стремя поставил, поцеловал, нагнувшись с коня, Патрикея и сказал ему: "Поцелуй руку у княгини", и с тем повел полк в атаку и, по предсказанию своему, живой с поля не возвратился.

Зарубились они в рать неприятельскую в самую средину и все кричали: "Все за мной, все за мной!", но только мало было в этом случае смелых охотников за ним следовать, кроме одного трубача! Тот один изо всех и видел, как дед бился, пока его самого на части изрубили. Жестоко израненный трубач выскочил и привез с собой Князеву голову, которую Патрикей обмыл, уложил в дорожный берестяной туес и схоронил в глубокой ямке, под заметным крушинным кустом.

Как Патрикей кончил это печальное сказание, так бабушка, по словам Ольги Федотовны, встала и позвала его к своей руке, как то ему завещал покойный князь, и затем сама его в голову поцеловала и сквозь глубоких и обильных слез выговорила:

– Благодарю, и ценю, и по гроб не забуду, – и с этим вышла в образную.

ГЛАВА ЧЕТВЕРТАЯ

Не было с княгиней Варварой Никаноровной ни обморока, ни истерики, а на другой день она велела служить в своей церкви по муже заупокойную обедню, к которой приказала быть всем крестьянам ближних сел, их старостам, бурмистрам и управителю. Ольга Федотовна рассказывала, что бабушка, стоя за обеднею у клироса, даже мало плакала. Она, вероятно, успела вдоволь выплакаться, оставаясь всю ночь в своей образной, и теперь не хотела, чтоб ее видел кто-нибудь слабою и слезливою. Она даже не раз обращала внимание ктитора на подтаивавшие мелкие свечи желтого воска, которые ставили к кануну за упокой князя крестьяне, а потом сама после панихиды скушала первую ложку кутьи и положила одно зерно с нее в ротик сына, которого держала на руках нянька, одетая в черное траурное платье.

После обедни, по обычаю, был стол духовенству, за которым обедал и управитель, а крестьянам были накрыты особые большие столы на дворе, и все помянули князя по предковскому обычаю и подивились тоже предковской силе духа молодой княгини.

Однако молчаливая, но терзающая скорбь, вероятно, так тяготила и пугала княгиню, что она страшилась мысли оставаться с нею сам-на-сам: бабушка берегла свою отвагу, свою душевную бодрость.

Средством для этого она избрала едва ли не самое лучшее из всех средств – именно усиленную деятельность. Тотчас же после поминовения усопшего бабушка принялась самым энергическим образом за распорядки, в которых, нимало друг другу не мешая, шли и хозяйственные мероприятия и планы, и заботы о памяти мужа и об очистке всех его нравственных долгов.

Во-первых, тотчас же после заупокойного обеда в ее комнату прямо из-за стола был позван Патрикей. Бабушка встретила его опять повторением выраженных ему вчера благодарностей за службу деду, а потом подала ему составленную ею отпускную и подарила из своего отцовского наследия пустынку в тридцать десятин за речкою Дранкою.

Преданный Патрикей возроптал против этого и стал энергически отказываться, но бабушка принудила его молчать, сказав, что все это нужно для нее, так как "неблагодарность тягчит сердце человека".

Вслед за сим она приказала тому же Патрикею, отдохнув, немедленно ехать засвидетельствовать эту вольную и потом во что бы то ни стало, где он хочет, разыскать и привезти ей трубача, разделявшего с дедом опасность в его последнем бою. А сама взялась за хозяйство: она потребовала из конторы все счеты и отчеты и беспрестанно призывала старост и бурмистров – во все входила, обо всем осведомилась и всем показала, что у нее и в тяжкой горести недреманное око.

– Мать, – говорили крестьяне, – горе горюет, а детское добро бережет.

Меж тем отъехавшему Патрикею предстояла нелегкая задача отыскать израненного солдата, путь которого, за выходом его в отставку, был бабушкиному послу неизвестен. К тому же Патрикей, который недаром пользовался доверием князя и княгини, потому что он был умен, находчив и сообразителен, здесь на первых же шагах обличил совсем не свойственное ему крайнее легкомыслие и ветреность. На другой же день после его отъезда лакейчонки, начав убирать переднюю, нашли в ящике, в столе, тщательно обернутую бумагу, по рассмотрении которой конторщиком она оказалась Патрикеевой вольною. Он должен был захватить ее с собою и завезти в палату, а между тем... бросил, как "дар напрасный, дар случайный".

– Этот человек истинный друг мне, – и тотчас же велела конторщику ехать засвидетельствовать отпускную и потом положить ее опять в то же самое место, где ее оставил Патрикей, и никогда ему об этом не сказывать. Все это так и было исполнено.

Эта историческая для нас вольноотпускная Патрикея Семеныча Сударичева, хранящаяся нынче в семейном архиве дяди, князя Якова Львовича, так и пролежала близ сорока лет в ящике, куда положил ее Патрикей и откуда никогда не хотел ее вынуть.

Меж тем прошло около трех месяцев, о самом княгинином после не было ни слуху ни духу, и вдруг он возвратился, и не один, а с кем ему было сказано.

ГЛАВА ПЯТАЯ

Ольга Федотовна, доходя в своих рассказах до этого события, всегда впадала в какой-то смешанный трагикомический тон повествования. Трагическое тут всегда принадлежало бабушке, а комическое – трубачу, которого месяца через три после своего отъезда привез Патрикей Семеныч. Я запишу этот рассказ так, как его слышала из уст самой пестуньи бабушкиной старости и моего детства.

– Бабинька-то тут все еще продолжала задавать себе труд за трудом, – начинала, бывало, Ольга Федотовна. – Труд за трудом, голубушка моя, так на себя и хватала, так и захапывала на свои молодые ручки, чтоб они у нее поскорее уставали, так время и прошло. Со смерти князя-то шел уже седьмой месяц, а ее тягости девятый исполнялся. В эту-то пору, в самую весеннюю ростепель, Патрикей Семеныч с трубачом и воротился. По правде сказать: было кого столько времени по всему свету искать... И привез-то его Патрикей Семеныч из-под Грайворона, и сам-то он назывался Грайворона, и все, что он, бывало, ни сделает, изо всего у него выходила одна грайворона. Был он из хохлов – солдатище этакой, как верблюд огромнейший и нескладный, как большое корыто, в каких прачки за большою стиркою белье синят, и вдобавок был весь синеватый, изрубленный; по всему лицу у него крест-накрест страшенные шрамы перекрещивались, а одна бакенбарда совсем на особом на отрубленном куске росла, и не знать, как она у него при роже и держалась. Словом, такой красавец, что без привычки смотреть на него было страшно, или, лучше того сказать, можно было его по ярмаркам возить да за деньги по грошу показывать.

Княгиня его сейчас к себе потребовала и долго молча на эти его рубцы и шрамы, что по всему лицу шли, смотрела, точно сосчитать их хотела: сколько он, талагай, их в смертном бою за дединьку получил, а потом тихо его спрашивают:

"Как тебя звать?"

"Петро Грайворона, – говорит, – ваше сыятелство!" – и все это таким густым басом, что как из бочки содит.

Княгиня и продолжают:

"Ты из хохлов, что ли?"

"Точно так, – говорит, – ваше сыятелство: я из хохлов".

"Что же ты... за что ты особенно моего мужа любил?"

"Никак нет, – говорит, – ваше сыятелство, в особину не любил".

– Этакий дурак, – хохлище безмозглый был! – обыкновенно смеясь восклицала, бывало, прерывая рассказ, Ольга Федотовна, – в службе был, а решительно никакой политики не мог сохранить, что кстати, что некстати, все, бывало, как думает, так и ляпнет!

Княгиня изволят продолжать:

"Как же так, если ты, – говорят, – особенно его не любил, то почему же ты его в очевидной смерти не бросил, когда от него все отстали?"

"Командир, – говорит, – ваше сыятелство: командира нельзя бросить, на то крест целовал".

Ну и вот грубость да откровенность его эта княгине понравилась: она ему тут головкой кивнула и ласково говорит:

"А-а, так вот ты какой! Это хорошо, честно".

А он вкратце ей по-своему отвечает:

"Точно так, ваше сыятелство!" – и что раз ответит, выкрикнет, то еще больше в струну по-полковому вытягивается, так что даже нога об ногу кожаной подшивкой на панталонах скрипит.

Княгиня изволят его благодарить.

"Ну, во всяком разе, – говорят, – ты добрый человек, что ко мне приехал".

"Никак нет, – отвечает, – я ослушаться не смел".

"Почему же ты меня не смел ослушаться?"

"Вы командирша, – говорит, – ваше сыятелство".

"А-а, – отвечает княгиня, – это хорошо! – и сами улыбаются, – ты, значит, теперь после мужа ко мне под команду поступаешь?"

"Точно так, ваше сыятелство".

"Ну так отвечай же своей командирше: много ли у тебя какого роду-племени?"

"Никого, – говорит, – у меня не осталось ни роду, ни племени: я за сиротство и в солдаты отдан".

"Ну, назови мне добрых людей, которым бы ты за их добродетель чем-нибудь пособить хотел".

79

"Никогда, – говорит, – я добрых людей, ваше сыятелство, не бачивал".

Княгиня удивились и говорят:

"Как: неужто ты во всю жизнь ни одного доброго человека не видал?"

"Точно так, – говорит, – еще никогда ни одного не видал".

"Неужели же, – говорят, – у тебя и в полку любимого товарища не было?"

"Никак нет, – отвечает, – ни одного не было: меня в полку все "хохлом" дразнили".

"Ну так хохлы-то твои, верно, тебя в деревне любили?"

"Никак нет, ваше сыятелство, – они меня, как я вернулся, стали "москалем" звать и выгнали".

"Куда же они тебя и за что выгнали?"

"Так, сказали: ступай вон, чтоб у нас здесь твоего московьского духу не было".

"Ну а кто же тебя принял?"

"Слепой Игнат принял"

"Ну так, стало быть, этот слепой Игнат был добрый человек?"

"Никак нет, ваше сыятелство, – он самый подлюга и есть: он меня пьяным напоил да хотел мне кипятком глаза выварить, чтобы вдвоем слепые петь станем, так больше подавать будут. Один господь спас, что я на ту пору проснулся, так и побил его".

Княгиня даже задумалась и потом говорят:

"Экой ты какой... ничего с тобой не сообразишь!" – и, обратясь к Патрикею Семенычу, изволили приказать, чтоб отдать их именем управителю приказание послать за этого Грайворону в его село на бедных пятьсот рублей, а в церковь, где он крещен, заказать серебряное паникадило в два пуда весу, с большим яблоком, и чтобы по этому яблоку видная надпись шла, что оно от солдата Петра Грайворона, который до смертного часа не покинул в сечи командира своего князя Льва Протозанова. "Это я, – говорят, – так хочу, чтобы в селе помнили, что под сею паникадилою был крещен честный человек, а что русские князья доблесть чествуют".

А солдатище-то, это услыхавши, весь просиял: стоит и зубы скалит. Так ему весело, что он и всю субординацию свою, дурак, позабыл: корчится от смеха и приседает да ручищами в колени хватается.

И княгиня, глядя на него, что он так киснет со смеху, и сами рассмеялися и говорят:

"Чего же ты смеешься? Верно, тебе это не нравится?"

А он отвечает:

"Это, – говорит, – ваше сыятелство, очень что прекрасно, потому что им от этого никогда в нос неучкнет, что этот паникадил для меня гореть будет, а не для праздника".

Ну тут уж и я рассмеялась, и даже Патрикей Семеныч, на что был человек серьезный, так и он тоже на грудь лицо опустил и улыбнулся. А княгиня, разумеется, изо всего этого ясно усмотрела, что она такое есть эта Грайворона, и сейчас вышли на минуту с Патрикеем в другую комнату и спрашивают:

"Что он, кажется, пьющий?"

Патрикей отвечает:

"Очень, – говорит, – ваше сиятельство, пьющий".

Княгиня пожалели.

"Экая, – изволила сказать, – жалость! Нам, я вижу, никак нельзя его навек устроить, его надо у нас дома сберечь".

Патрикей отвечает:

"Это как вашему сиятельству будет угодно".

А княгиня вышли опять в зал и говорят Грайвороне:

"Ну, слушай команду".

"Рад, – говорит, – стараться".

"Я тебе приказываю оставаться у меня"

"Рад стараться!"

"Будешь жить на всем на готовом".

"Рад стараться!"

"И платье, – говорят, – и обувь, и пищу дам, и хозяйство устрою, и по три рубля денег в месяц на табак будешь получать, – только осторожней кури и трубку куда попало с огнем не суй, а то деревню сожжешь".

Она это ему причитает, а он, точно индюк на посвист, орет: "рад стараться!"

"А водки, – княгиня спрашивает, – сколько ты любишь употреблять?"

"Не могу знать, – говорит, – ваше сыятелство. Я ее еще досыта никогда не пил".

"Ну так тебе от меня положение будет три стакана в день пить; довольно это?"

"Не могу знать, ваше сыятелство, а только я три стакана всегда могу пить".

"Ну и на здоровье".

"Всегда здоров буду, ваше сыятелство".

Княгиня опять на него посмотрела и сказала: "Экой какой", и отпустили его и сейчас же взялись все свои на его счет обещания исполнять.

В церковь его паникадил был заказан, в село бедным деньги посланы, да и еще слепому тому злому в особину на его долю десять рублей накинуто, чтобы добрей был, а Грайворону тут дома мало чуть не однодворцем посадили: дали ему и избу со светелкой, и корову, и овец с бараном, и свинью, и месячину, а водка ему всякий день из конторы в бутылке отпускалась, потому что на весь месяц нельзя было давать: всю сразу выпивал. Но все эти заботы о нем он ни во что обращал: бутылки этой, от княгини положенной, ему мало было, и он все, что мог, от себя в казенное село в кабак тащил, но во хмелю был очень смирный. Придет, бывало, домой, у своей пустой избы на порожке сядет и сидит, только как сыч глаза выпялит и водит ими, а ничего не видит. Скажут ему:

"Гляди ты, чудак, до чего ты допился: ведь у тебя уже в глазах и свету нет".

А он чуть внятно проворочает:

"А на что мне, – говорит, – в глазах свет, когда за меня паникадило светит", – и с тем копырнется и тут же и спит на пороге.

Как о нем ни заботились, чтоб отучить его от этой слабости, и Патрикей Семеныч и сама княгиня, ничего ему не помогало. Княгиня вдобавок к прежней о нем заботе стала говорить:

"Он, может быть, скучает; не женить ли его на какой доброй женщине, чтоб его берегла?"

Так он отвечал:

"Никак нет, ваше сыятелство: я к семейству неспособен. Я в себе кавалерский характер имею и всякой женщине очень скоро наскучить могу".

Ну, одним словом, никуда, болван, не годился!

Но княгиня ведь уж была такая, что если она за которого человека возьмется, чтоб его спасать, то уже тут что про него кто ей ни говори и что он сам ей худого ни сделай, она его ни за что не бросит. Так было и с этой, прости меня господи, с Грайвороной: что он, нелепый, ей ни досаждал, она все терпела и виду не показывала, что надокучил. На пьяных людей была первая ненавистница, и во всех имениях у нас это знали, и никто мало-мальски выпивши носу на улицу не смел показать, а Грайворона, бывало, идет, шатается, солдатская шапка блином на затылке, руки безобразно в карманы засунет и весь расхрыстанный. Тьфу, даже смотреть мерзко, а она, взглянув на него, только жалостно поморщится и скажет Патрикею:

"Уберите его, несчастного!"

За то же и он ее, голубушку, чуть шутя со света не убрал.

ГЛАВА ШЕСТАЯ

– Обстоятельство это было такое смешное, да не мало и страшное, – продолжала Ольга Федотовна, – а заключалось оно в том, что, храни бог, если бы тогда бабиньку господь не помиловал, так и тебя бы на свете не было, потому что это все произошло при рождении твоего отца, князя Дмитрия, всего на второй день. Бабинька лежала тогда в своей спальне, в нижнем этаже, окна в сад темно-зеленой тафтой завешены. Мы сидим – я да вторая надо мною была горничная Феклуша, – такую тишину блюдем, что даже дыхание утаиваем, а Грайворона напился пьян и, набивши порохом старый мушкет, подкрался под княгинины окна и выпалил. Сделал он это в тех целях, "чтобы, говорит, командирова новорожденного сына как должно по военному артикулу поздравить". Но так с пьяных-то глаз с излишком пороху переложил, что весь мушкет у него в руках разлетелся и ему самому всю рожу опалило и большой палец на руке оторвало. Этак он самого себя поздравил, а с княгиней от страшного перепуга долгий обморок сделался, потом же, как в себя изволили прийти, сейчас спрашивают:

"Что это такое было? чего я испугалась?"

Я говорю:

"Ничего, матушка, все, слава богу, цело и хорошо".

"Да что же такое именно?"

"Что же, – говорю, – кроме как Грайвороны глупости", – и рассказываю ей, что этот талагай сделал и с каким намерением.

А княгиня мне отвечает:

"А вот видишь, – говорят, – вы все меня уверяете, что он глуп. Вы все на него нападаете, а он верный человек. Прикажи, – говорят, – ему сейчас от меня стакан вина поднести и поблагодарить".

Все бы это тем и кончилось, но тут я-то вышла приказанье исполнить, а эта, вторая-то горничная, начала княгине на ее вопросы отвечать, да и брякнула, что Грайвороне мушкет палец оторвал и лицо опалил.

Княгиня растревожилась:

Однако к лекарю Грайворону не посылали, потому что он, проспавшись, ни за что о том слышать не хотел.

"Если я ее сыятелству моим усердием, – говорит, – потрафил, так прочее все пустяки", – и, недолго думая, взял овечьи ножницы да сам себе палец оторванный совсем прочь и отстригнул.

"А насчет рожи, что опалил, – говорит, – это совсем не замечательно: она, почитай, такая и была; опух, – говорит,– сам пройдет, а тогда она опять вся на своем месте станет".

И она у него, эта его рожа страшная, точно, сама зажила, только, припалившись еще немножечко, будто почернее стала, но пить он не перестал, а только все осведомлялся, когда княгиня встанет, и как узнал, что бабинька велела на балкон в голубой гостиной двери отворить, то он под этот день немножко вытрезвился и в печи мылся. А как княгиня сели на балконе в кресло, чтобы воздухом подышать, он прополз в большой сиреневый куст и оттуда, из самой середины, начал их, как перепел, кликать.

"Ваше сыятелство! а ваше сыятелство!"

Княгиня его голос сейчас узнала и говорит:

"Это ты, бедный Грайворона?"

"Точно так, – говорит, – ваше сыятелство, я-с!"

"Где же ты спрятан?"

"Я, ваше сыятелство, здесь, в середине, в кусте сижу".

"Явись же сюда ко мне наружу!"

"Никак нельзя, ваше сыятелство; я не в порядке".

"Чем же ты не в порядке?"

"Рожа у меня, ваше сыятелство, очень поганая".

"Рожа поганая? Ну что делать: выходи, я не пуглива".

Он и вылез... Прелести сказать, как был хорош! Сирень-то о ту пору густо цвела, и молодые эти лиловые букетики ему всю голову облепили и за ушами и в волосах везде торчат... Точно волшебный Фавна, что на картинах пишут.

Княгиня поглядела на него и говорят:

"Что ты, бедный: верно, все пьешь?"

"Точно так, – говорит, – ваше сыятелство, – пью".

"Зачем же ты не остановишься?"

"Да помилуйте, – отвечает, – когда мне уже мочи нет – жить очень хорошо. Велите мне какую-нибудь работу работать".

Княгиня его за это одобрили; но ничего ему это не помогло. Никуда не способный был человек, не тем он будь, покойничек, помянут. К разным его княгиня должностям определяли, ни одной он не мог за пьянством исполнить. В десятники его ставили, он было всех баб перебил; в конюшни определили, так как это в кавалерии соответственнее, он под лошадь попал, только, слава богу, под смирную: она так над ним всю ночь не двинулась и простояла; тогда его от этой опасности в огуменные старосты назначили, но тут он сделал княгине страшные убытки: весь скирдник, на многие тысячи хлеба, трубкой сжег. И после этого как проспался да все это понял, что наделал, так пошел с горя в казенное село, на ярмарку, да там совсем и замутился: отлепил от иконы свечку в церкви и начал при всех за обеднею трубку закуривать. Его мужики начали выводить, да и помяли. Привез его к нам на телеге один тоже чудак дворянин, Дон-Кихот Рогожонич звался, только, покойник, уже плох был и вздохнуть не мог. Княгиня ему послали бутылку нашатырного спирту, чтоб он хорошенько вытерся, а вдруг ей докладывают, что ему от этого еще хуже стало. Княгиня сами к нему пошли, а уже у него и голосу нет: все губы почернели, а изо рта нашатырь дышит.

Княгиня вдруг ударила себя пальчиком в лоб и говорят мне:

"Ах, Ольга, какие мы с тобою дуры: ведь это он, верно, нашатырь внутрь выпил". Спрашивают его:

"Скажи мне, Грайворона, как ты моим лекарством вытерся?"

А он ей просипел, что как надо, говорит, сделал – все из бутылочки выпил, а бутылочкой себя по всем местам вытер.

Значит, и снутри и снаружи себя обошел... Ну, что же тут было делать? Послали скорее за доктором, а только он его ждать не захотел и к другому утру кончился, и кончился-с так, как бы и всякий ему позавидовал: на собственных на княгининых ручках богу душу отдал. И даже как это немножко не в ожиданности вдруг пристигло, так сама же княгиня ему отходную прочитала и своими руками глаза завела. Вот какой от хорошей жены и пустому человеку за мужа почет был! – добавляла Ольга Федотовна, в рассказе которой о Грайвороне всегда звучала нота небольшой раздражительности, которую, однако, напрасно кто-нибудь принял бы за неудовольствие на этого бедного человека или за открытую нелюбовь к нему. Боже сохрани! Добрейшая старушка моя ни к кому не питала таких чувств, и в душе она очень сожалела Грайворону и даже любила его; но... Тут нужно было довольно тонкое проникновение, чтобы понять: зачем этот как бы недовольный тон, и к кому именно он относится? Ольга Федотовна никогда не могла примириться с тем, что бабушка ценила поступок Грайвороны как нечто достойное особой похвалы и благодарности, тогда как Ольга Федотовна знала, что и она сама, и Патрикей, и многие другие люди не раз, а сто раз кряду умерли бы за князя и княгиню и не помыслили бы поставить это себе в заслугу, а только считали бы это за святой долг и за блаженство.

Рассказом о смерти Грайвороны и о рождении моего отца Ольга Федотовна всегда как будто заканчивала введение в нашу семейную хронику. За этим следовало повествование об одиноком житье-бытье княгини Варвары Никаноровны до тех пор, пока ей настало время выдать замуж воспитавшуюся в Петербурге княжну Анастасию Львовну и заняться воспитанием моего отца, но я должна поступить иначе: я должна еще удержаться в этом тихом периоде раннего бабушкиного вдовства, для того чтобы показать облики ее ближайших друзей и очертить характер ее деятельности за пределами дома – в обществе.

ГЛАВА СЕДЬМАЯ

Как понятно мне то, что Данте рассказывает об одном миниатюристе XIII века, который, начав рисовать изображения в священной рукописи, чувствовал, что его опытная рука постоянно дрожит от страха, как бы не испортить миниатюрные фигуры. В эти минуты я чувствую то же самое: пока я писала о бабушке и других предках Протозановского дома, я не ощущала ничего подобного, но когда теперь мне приходится нарисовать на память ближайших бабушкиных друзей, которых княгиня избирала не по роду и общественному положению, а по их внутренним, ей одной вполне известным преимуществам, я чувствую в себе невольный трепет. Могу ли я хоть сколько-нибудь отчетливо изобразить симпатичные, умиляющею теплотой и безмерным благородством дышавшие черты этих маленьких людей?

Первыми друзьями молодого вдовства княгини были два самые скромные лица, имена которых я уже упоминала: это Патрикей Семеныч Сударичев и Ольга Федотовна, которую я девятнадцать лет кряду видела изо дня в день, но фамилия которой осталась для меня неизвестною. Я даже думаю, что она и сама ее едва ли знала. Оба эти друга княгини были существа очень добрые, честные и беззаветно ей преданные, а притом каждый из них совершенно по-своему, что зависело от различия их характеров. Патрикей Семеныч имел ум довольно глубокий и сосредоточенный, характер солидный и даже немножко важный; он по натуре был фанатик рабской преданности и твердый консерватор старых порядков. Ольга же Федотовна имела натуру более впечатлительную и нервную: она была быстрее Патрикея в своих соображениях и хотя поступала иногда немножко легкомысленно, но зато искупала этот недостаток тонким женским чутьем, с которым она открывала малейшие причины бабушкиных скорбей и умела утешать ее прежде, чем основательный Патрикей, подперши рукою свое жабо, мог до чего-нибудь додуматься. Преданность бабушке у Ольги Федотовны была такая же глубокая и страстная, как и у Патрикея, но в ней замешивалась некоторая нервная раздражительность и нетерпеливость, благодаря которой она иногда впадала в критицизм и, возмнив себя чем-нибудь обиженною, начинала плакать и дуться на княгиню. Бабушка это хорошо знала и в таких случаях обыкновенно говорила:

– Ольга Федотовна! Что это ты, мать моя, кажется, опять на меня за что-то рассердилась? Ну, прости Христа ради.

Ольга Федотовна сейчас же по такому поводу проливала слезы и становилась счастливою. Бабушка втайне от нее говаривала, что это у нее "такая пассия: захочется ей поплакать, она и начнет что-нибудь выдумывать, чтобы на меня рассердиться. Я сношу, привыкла и знаю, что она уважения стоит".

Патрикей был ортодоксальнее Ольги в своей вере в бабушку и потому никогда не согрешал против нее и не знал сладости слез Петрова покаяния.

Таковы в главных чертах основные различия характеров Патрикея и Ольги. Бабушка обоих их любила очень сильно, но тоже не совсем одинаковым образом: к Патрикею она обнаруживала больше уважения, а к Ольге Федотовне больше нежности. Княгиня считала ее легкомысленною и тарантою, что было отчасти и справедливо, но непременно любила с нею ночью поболтать и посоветоваться. При простудных же болезнях, которым очень часто подвергалась неосторожная Ольга Федотовна, бабушка сама обтирала ее согретым вином с уксусом и поила теплою малиной, хотя не забывала при этом ворчать:

— Это тебе, впрочем, и поделом, потому что ты таранта и любишь летать, куда тебе не нужно.

А Ольга Федотовна при этом целовала ручки бабушки и отвечала:

— Истинная правда: не столько я вам служу, сколько вы за мной ходите.

Патрикей был лет на двадцать старше бабушки, а Ольга Федотовна лет на восемь ее моложе. Она родилась на дворне в Протозанове и девчонкою была отвезена в Москву, где училась в модном магазине. Когда бабушка проезжала с мужем после свадьбы из деревни в Петербург, ей сделали в этом магазине платья. Ольга Федотовна бегала к бабушке "с примеркой" и, понравившись княгине за свою миловидность, была взята ею в Петербург.

— Обе мы были молоденькие, — рассказывала об этой поре Ольга Федотовна. — Княгиня в самые большие дома и во дворец выезжала и обо всем там, кажется, могли наговориться, а, бывало, чуть только вернутся, сейчас ко мне: разденутся и велят себе задорную корочку аржаного хлеба покруче крупной солью насолить и у меня на сундучке сядут, и начнем с нею про деревню говорить. А если когда князя долго нет и княгиня скучают, то положат пред собою от нетерпения часики с такою скорою стрелкой, — мы ее "тиран жизни" прозвали, — и обе вместе, чтобы не заснуть, на эту стрелку, на "тиран жизни", и смотрим.

С этих-то пор Ольга Федотовна начала "садиться при княгине", сначала только для того, чтобы прогонять вместе с нею сон, следя за неустанным движением "тирана жизни", а потом и в некоторых других случаях, когда княгиня предпочитала иметь пред собою Ольгу Федотовну более в качестве друга сердца, чем в качестве слуги.

Со вдовством бабушки отношения их с Ольгой Федотовной сделались еще короче, так как с этих пор бабушка все свое время проводила безвыездно дома. Ольга Федотовна имела светлую и уютную комнату между спальнею княгини Варвары Никаноровны и детскою, двери между которыми всегда, и днем и ночью, были открыты, так что бабушка, сидя за рабочим столиком в своей спальне, могла видеть и слышать все, что делается в детской, и свободно переговариваться с Ольгой Федотовной.

Официальное положение Ольги Федотовны всегда оставалось одно и то же: то есть она была просто бабушкина горничная, но честь ей шла от всех не в меру этого положения. Ольгу Федотовну все любили за ее хороший нрав и доброе сердце, и особенно за то, что она никогда ни про кого не сказала княгине ни одного худого слова. Несмотря на свое скромное общественное положение, которое казалось еще более незаметным от личной скромности этой превосходной женщины, она имела очень большой круг знакомства между лицами высшей общественной среды. Ольгу Федотовну не только знали и величали по имени и отчеству все небогатые дворяне, к которым княгиня от времени до времени посылала ее навестить больного или отвезти секретное пособие, но они принимали ее запанибрата и старались у нее заискивать. Это чрезвычайно смущало врожденную скромность Ольги Федотовны, и она прибегала к пособию своего тонкого такта, чтоб отстранять эти панибратства. Она садилась у помещиков только по повторенному приглашению, и то не иначе, как в детской или в какой-нибудь другой "непарадной" комнате; чаю позволяла себе выпивать из рук хозяйки не более как две чашечки, а если ее где-нибудь в чужом доме застигала ночь, то она или непременно просилась ночевать с нянюшками, или по крайней мере ложилась "на стульях". У Ольги Федотовны было убеждение, что спать на стульях гораздо деликатнее, чем лечь на кровати или хоть на диване: она это и соблюдала.

Короткие приятельские связи у Ольги Федотовны были в другом кружке, именно в духовенстве. К своим приходским священникам и к дьякону она езжала вечером в воскресенье, в гости на чашку чая, и в этом же кружке был у нее ее единственный сердечный друг и ее единственная в жизни любовь – любовь такая целомудренная и ароматная, что я не встречала ничего ей подобного ни в жизни, ни в описаниях.

ГЛАВА ВОСЬМАЯ

Сказав, что единственный друг Ольги Федотовны был на поповке, я должна оговориться, что тут нет с моей стороны никакой обмолвки насчет ее отношений к моей бабушке или к Патрикею. Бабушка считала Ольгу Федотовну своим другом, и Патрикей Семеныч, я думаю, тоже, по крайней мере это было видно во всей аттенции, с какою относился к ней этот сдержанный, солидный и самообладающий консерватор и княжедворец, но для Ольги Федотовны оба они были слишком умны и подавляли ее своим величием. Их она благоговейно чтила, а для дружбы, требующей равенства, искала существа попроще и нашла его в лице несколько старшей ее по летам дочери слепого заштатного дьякона Николая. Дьякон этот, человек превосходной жизни, давно овдовел и был очень беден, а к довершению своих несчастий он, везя летом с поля снопы, ослеп от молнии. С тех пор он уже не мог служить и получал от бабушки месячину на дворовом положении. У него было два сына и две дочери: сыновья его обучались в семинарии, а дочери росли дома и трудились. Обе они были девушки очень хорошие и хорошенькие. О старшей из них, именно о Марье Николаевне, я должна немножко распространиться, так как в ее лице буду рекомендовать третьего бабушкиного друга. Я уже сказала, что Марья Николаевна была хороша собою, но хороша тою особенною красотой, которая исключительно свойственна благообразным женщинам из нашего духовенства. Эта красота тихая, скромная, далекая от всяких притязаний на какую бы то ни было торжественность, величие и силу своего обаяния: она задумчива, трогательна, является как бы только вместилищем заключенной в ней красоты духовной. О такой красоте прекрасно говорил восторженный Савонарола, впрочем и наши искусные древние иконописцы, изображая лики святых мучениц, умели передавать в их изображениях эту мерцающую красоту. Марье Николаевне уже давно истек тот возраст, в котором девицы духовного звания делают партии, а младшая еще была в поре, удобной для замужества. Но и у этой бедняжки, несмотря на ее пышную красоту в отличном от сестры роде, женихов, однако, не предвиделось: она была бесприданница, а бедное место сельского дьякона на дьячковской части сколько-нибудь стоящего человека не привлекало. Чтоб удержать отцовское место, приходилось или одному из сыновей оставить семинарию и заступить отца, или младшей сестре выйти за неуча, который от некуда деться будет рад взять это бедное место в приданое за хорошенькою женой.

Так бы непременно и случилось, если бы у нее не было старшей сестры, Марьи Николаевны, в которой обитала какая-то необыкновенная душа. С той поры, как она впервые себя сознала, до тех пор, как сказала пред смертью: "Приими дух мой", она никогда не думала о себе и жила для других, а преимущественно, разумеется, для своей семьи. Рано потеряв мать, она буквально вынянчила обоих братьев и сестру, которые все были моложе ее. Когда братьев отвезли в училище, она тринадцатилетнею девочкой отпросилась у отца на бывшую верст за сто от них ковровую фабрику. Бог весть, как она там прожила два года в сообществе фабричных женщин, нравы которых не пользуются особенным уважением. Марью Николаевну это ничто не попортило: она училась, работала и раза два в год набегала домой, чтобы провести праздники с отцом и с братьями, которые приходили об эту пору пешком из училища, а особенно с младшей сестрой, в которой не слыхала души.

Отпраздновав несколько дней дома и наладив все, что без нее в домашнем хозяйстве приходило в расстройство, Марья Николаевна опять отправлялась пешком за сто верст на свою фабрику, пока, наконец, в конце второго года явилась оттуда веселая и счастливая, с кульком основы, узоров и шерстей, и, поставив в светлом углу бедной горницы ткацкий стан, начала дома ткать ковры уже как опытная мастерица. Этим рукомеслом она внесла в дом довольство и счастие, каких семья еще никогда не знала. Будучи прекрасною мастерицей, Марья Николаевна получала с фабрики материал и заказы и, исполняя одни работы, отвозила их и забирала новые. Дело шло прекрасно, и скоро в доме застучал другой станок, за которым в качестве ученицы села младшая сестра. И эта была такою же мастерицей, только Марья Николаевна, охраняя ее от всяких столкновений с торговыми людьми, продолжала ездить на фабрику одна и сама переносила всю тяжесть деловых отношений. Но благоденствие сестер обратило на себя внимание других девиц, приходивших к Марье Николаевне с просьбой "поучить" их: явилось соперничество, и цены заработков сбились до того, что Марья Николаевна, работая добросовестно, не находила возможным более конкурировать на фабрике; она стала работать с сестрою "на город", но излишняя конкуренция вторглась и на этот рынок. Средства бедной девушки стали скудны и недостаточны для того, чтобы поддерживать братьев, которые, переходя в высшие классы, требовали относительно больших расходов. Марья же Николаевна, будучи сама крайне чистоплотна, непременно хотела, чтоб и братья ее не ходили босиком и в халатах, а имели бы обувь, манишечки и хотя нанковые или казинетовые сюртучки и жилеты. В устройстве этого гардероба мужской портной, разумеется, не участвовал, все мужские наряды братьям Марья Николаевна кроила и шила сама с сестрою по выкройкам, взятым с сюртука Патрикея Семеныча, но все-таки это стоило денег, по скудным добыткам девушки довольно больших. Ко всему этому, как я уже сказала, старый дьякон в это время, едучи с поля, был оглушен и ослеплен молнией, а сыновьям его еще оставалось быть года по два в семинарии, и потом Марья Николаевна хотела, чтобы хота" один из них шел в академию. Марья Николаевна умела смотреть и вдаль, и во что бы то ни стало стремилась хотя одному своему брату открыть широкую дорогу. Она знала, что для этого прежде всего нужно, чтобы братьев ничто не отрывало от их научных занятий, а этому первым препятствием становилась бедность. Чтобы сколько-нибудь облегчить участь семьи, конечно, можно было пожертвовать младшей сестрой и выдать ее замуж за дьячка, который бы принял отцовское место, но Марья Николаевна с такою мыслью никак не могла помириться: она никем не хотела жертвовать, кроме себя самой, и нашлась, как это сделать. Энергическая девушка, пользуясь любовью и уважением купеческого дома, в который сбывала свои ковры, необыкновенно ловко и быстро просватала свою младшую красивую сестру за приказчика этого дома, молодого человека, который, по соображениям Марьи Николаевны, подавал добрые надежды, и не обманул их: сестра ее была за ним счастлива. Тогда Марья Николаевна чрез несколько же дней после сестриной свадьбы явилась к архиерейскому секретарю, поднесла ему в подарок ковер своего рукоделья и просила дать себе самой жениха, как единственной теперь незамужней дочери слепого дьякона. Секретарь посмотрел на нее, улыбнулся и, взяв ковер, довел ее просьбу до архиерея. Марья Николаевна представилась и владыке, который в свою очередь тоже на нее посмотрел и промолвил:

– Стара!

– Чего изволите? – переспросила, будто не расслышав, Марья Николаевна.

– Я говорю, что ты стара.

– Тридцать два года, владыко, – отвечала, не смущаясь, Марья Николаевна.

– Вона как! Это стара...

– Всего тридцать два года!

– Совсем стара!

– Ну, только воля ваша, владыко, а мне жених, как вам угодно, нужен.

– Все врешь: ни на что он тебе не нужен...

– Ей-богу, владыко, нужен.

И Марья Николаевна так основательно рассказала, зачем ей нужен жених, что архиерей стал убеждаться ее доводами и заговорил в другом роде:

– По этому судя, оно точно, он тебе по хозяйству нужен.

– По хозяйству же, владыко, по хозяйству и нужен. Явите свою милость и не откажите мне его даровать.

Архиерей был человек очень участливый и добрый.

– Гм... даровать, – заговорил он, – именно только уж надо даровать, да вот еще у меня на твое горе женихи-то все очень молоды.

– Ничего, преосвященнейший владыко, что ж, я всяким буду довольна.

– Ну-у! вот ты какая уветливая, и молодого берешь!

– Беру-с.

– Берешь? Ну так я же тебя награжу за покорность: возьму да самого молоденького тебе и дам; вы, стар да млад, скорее поладите.

– Слушаю, владыко, я полажу.

– Умна; хорошо... очень умна. Я тебе дам женишка, и очень хорошего жениха дам; он давно у меня под замечанием, да; я его давно в усмирение наказать хотел, да; вот он своего часа и дождался. Он весьма козляковат, светского нрава любитель, поскакун, и краткие сюртуки себе нарочито для плясания завел, и камзельку с стекловидными пуговками себе приобрел. Отец протопоп видел, говорит: "аки бы звезды во мраке сияют, когда он вращается", а учение бросил, – вот я его теперь за все сразу и проучу – и за краткий сюртук, и за плясание, и за камзельку с стекловидными пуговками, да... вот я его, скакуна, усмирю... да; я возьму его да на тебе и женю. Ему это вместо епитимии будет!

Марья Николаевна за все эти милости владыке в ноги, а тот сейчас же вызвал из коридора, где ждали просители, молодого белокурого семинариста и говорит:

– Ты хочешь места?

– Желаю.

– Так вот можешь получать со взятием сей себе в жены, – инако не получишь.

Семинарист встряхнул кудрявою головой и отвечал согласием, а Марья Николаевна скорее один поклон архиерею, другой – жениху, дескать "спасибо, что выручил", и выкатила с женихом, который через несколько дней стал ее мужем.

Неравенство их лет было очень заметное: Марья Николаевна, как женщина, была уже на склоне, и ее иконописная красота совсем увяла, а муж ее только расцветал. Но, замечательное дело, они жили счастливо. Что Марья Николаевна никогда не жаловалась на свою долю, это было в порядке вещей: она шла замуж совсем не для того, чтобы быть счастливой, а для того, чтобы сохранить кусок хлеба отцу и дать братьям средства окончить курс, но было несколько удивительно, что и муж ее не роптал на судьбу свою... Молодой "поскакун" оценил редкие достоинства этой чудной женщины и... полюбил ее! Такова иногда бывает власть и сила прямого добра над живою душой человека

Вся эта эпопея разыгралась еще в то время, когда бабушка жила в Петербурге, но завершилась она браком Марии Николаевны как раз к возвращению княгини в Протозаново. Ольга Федотовна, узнав как-то случайно Марью Николаевну, отрекомендовала ее в одной из своих вечерних бесед княгине, а та, имея общую коллекторам страсть к приобретению новых экземпляров, сейчас же пожелала познакомиться с "героиней". (Так она с первого слова назвала Марью Николаевну, выслушав о ней доклад Ольги Федотовны.)

Чуждая излишнего самолюбия и потому совершенно свободная от застенчивости, дьяконица тотчас же предстала княгине и, сразу приобретя ее благорасположение, получила приглашение ходить к ней запросто, а когда приедут братья, то и их ей представить.

Марья Николаевна этим не проманкировала, и как только молодые люди приехали, она их тотчас же привела к княгине.

Из них старший тогда только что окончил курс, а второй был в философском классе.

Марья Николаевна, введя богослова с философом, сама стала у порога, а те сейчас же вышли на середину комнаты и начали пред бабушкой декламировать, сначала философ по-гречески, а потом богослов по-латыни.

Бабушка, разумеется, во всем этом ни слова не понимала, но прилежно слушала, сама рассматривала молодцов, из которых один был другого краше. Особенно был хорош старший, богослов: высокого роста, с густыми косицами русых волос на висках и с нежным бархатным пухом вокруг свежих розовых щек. Большие небесного цвета глаза его так отрадно глядели из-под длинных темных ресниц, что сама бабушка залюбовалась на молодого человека и мысленно перебирала: какой прекрасный ряд разнообразных ощущений должен был теперь проходить в душе Марьи Николаевны, которой эти молодые люди всем были обязаны. Но княгиня не замечала, что в то же самое время ряд иных, и притом самых роковых, впечатлений наплывал и теснился в другую восторженную душу, именно в душу Ольги Федотовны.

Она воспылала самою нежною любовью к богослову, но, увы! не на радость ни ему, ни себе, так как в планы Марии Николаевны отнюдь не входила рановременная женитьба брата, которому ее заботливость прочила другую карьеру.

Ольга Федотовна ничего этого тогда не знала, да и к чему ей было знать что-нибудь в эти блаженные минуты. Неодолимые противоречия, в примирении которых лежала развязка этого романического случая, и без того не замедлили подвергнуть сердце бедной девушки всем испытаниям несчастной любви.

ГЛАВА ДЕВЯТАЯ

Всего "мечтания" Ольги Федотовны, так она обыкновенно называла свою любовь, было два месяца, от начала каникул до открытия академических курсов. В такое короткое время любовь эта зародилась, дошла до зенита и, совершив все свое грациозное течение, спала звездою на землю, где поросла травой забвения.

Ольге Федотовне, разумеется, нелегко было скрывать что она любит богослова; чем она тщательнее хоронила в себе эту тайну своего сердца, тем чистое чувство ее сильнее росло и крепло в этих похоронках и бунтливо рвалось наружу. Ольга Федотовна, несмотря на свое магазинное воспитание, была совершенно неопытна в любовных делах: она думала, что счастье, которое она впервые ощутила при сознании, что она любит, может оставаться полным и найдет для себя занятие в самом себе, но, увы! сердце бедной девушки начало жаждать ответа.

Ольге Федотовне томительно захотелось знать: заметит ли он ее, думает ли он об ней и что именно это за дума? Но как узнать об этом? Она имела обыкновение бегать к Марье Николаевне на минутку каждые сумерки и теперь продолжала делать это еще охотнее, потому что могла там видеть свой кумир, но она с кумиром никогда не оставалась наедине, и они не говорили ни о чем, кроме самых обыкновенных вещей Сердце страстно влюбленной только больше и больше мучилось. Всемерно заботясь о сохранении своей тайны, Ольга Федотовна, по странному противоречию, в то же время приходила в негодование, что ее не замечают. От этой истомы и волнений она занемогла и в беспрерывных думах об одном и том же выработала в себе такую чувствительную раздражительность, что глаза у нее постоянно были полны слез и она беспрестанно готова была расплакаться. Бабушка не могла придумать, что такое с ее фавориткою, и сколько ни добивалась, ничего от нее не узнала; но вскоре же вышел случай, при котором Ольга Федотовна головою себя выдала сначала Марье Николаевне, а потом и самой княгине.

Дело это вышло из того, что Марье Николаевне, которая не уставала втирать своих братьев во всеобщее расположение и щеголять их образованностью и талантами, пришло на мысль просить Ольгу Федотовну, чтобы та в свою очередь как-нибудь обиняком подбила бабушку еще раз позвать к себе богослова и поговорить с ним по-французски.

Дьяконица передала об этом Ольге Федотовне под большим секретом и с полною уверенностью, что та по дружбе своей непременно охотно за это возьмется; но, к удивлению ее, Ольга Федотовна при первом же упоминании имени Василия Николаевича (так звали богослова) вдруг вся до ушей покрылась густым румянцем и с негодованием воскликнула:

– Что это вы, Марья Николаевна... как вы это могли подумать?

– А что такое?

– Да это вы хотите, чтоб я стала говорить о Василии Николаиче... Ни за что на свете!

– Но отчего же?

– Нет, лучше и не говорите: я вам все что угодно готова сделать, но имени его пред княгиней я произнесть... не могу.

Марья Николаевна, никогда не знавшая никакой другой любви, кроме родственной и христианской, и тут не поняла, в чем дело, и спросила:

– Ах, милая Ольга Федотовна, да неужели же вам имя его так противно?

Этого наивного вопроса Ольга Федотовна уже не выдержала.

— Как! — вскрикнула она. — Вы это так, Марья Николаевна, поняли, что мне... может быть противно?

И с этим у нее на обеих ресницах задрожали слезы и она, не простившись с Марьей Николаевной, ударилась бежать домой.

Марья Николаевна более не возобновляла этого ходатайства через Ольгу Федотовну, а самолично устроила богослову французские конференции с бабушкой. Результат этих конференций был, однако, не совсем удовлетворительный, потому что княгиня, предложив семинаристу два-три вопроса на французском языке, тотчас же заговорила с ним опять по-русски, а при прощании дала ему такой совет:

— Знаете, я вам скажу, мой друг, вы это прекрасно сделали, что выучились по-французски: это в рассуждении чтения вам будет очень полезно, но только говорить вам на этом языке без нужды я не советую.

Марья Николаевна, может быть, не совсем поняла, что это значит, но, вероятно, склонна была бы этим немножко огорчиться, если бы бабушка тут же не отвлекла ее внимания одним самым неожиданным и странным замечанием: княгиня сказала дьяконице, что брат ее влюблен.

Марья Николаевна страшно переконфузилась и отвечала:

— Что вы, ваше сиятельство... разве это можно?

— Да ты напрасно этого так стыдишься.

— Нет, да как же... помилуйте: зачем же это могло... помилуйте!

— Ну, а велика ли в том польза будет, что я тебя помилую, а он все-таки влюблен!

— Да в кого же, ваше сиятельство, влюблен? Это совсем напрасно.

— А вот же и не напрасно: он в мою Ольгу влюблен!

— Как!.. в Ольгу Федотовну?! в вашем доме!.. Нет, ваше сиятельство... Не думайте, я его сама воспитывала... он не решится...

Бабушке немалого труда стоило успокоить дьяконицу, что она ничего о ее брате худого не думает и нимало на него не сердится; что "любовь это хвороба, которая не по лесу, а по людям ходит, и кто кого полюбит, в том он сам не волен".

— А в таком разе...

Марья Николаевна не договорила и тихо заплакала и на внимательные расспросы княгини о причине слез объяснила, что, во-первых, ей несносно жаль своего брата, потому что она слыхала, как любовь для сердца мучительна, а во-вторых, ей обидно, что он ей об этом ничего не сказал и прежде княгине повинился.

— Перестань, мать: не винился он мне, — отвечала княгиня, — а я сама все заметила.

— Из каких поступков?

— Из того, что они друг другу в глаза смотреть не могут... краснеют.

95

— И только-с?

— Да; глаза влюбленные.

— Это, может быть, ваше сиятельство, так просто глаза, от конфуза... Однако я Васю об этом спрошу.

— Не скажет он тебе.

— Скажет-с; я с ним к младшей сестре съезжу: она хитренькая, притворится и все у него выспросит.

На другой день Марья Николаевна действительно съездила обыденкой с братом к сестре и, вернувшись к вечеру домой, прибежала к бабушке.

— Ну что? — спросила княгиня.

— Влюблен-с, — отвечала дьяконица.

— А, вот видишь! Уж я эти влюбленные глаза знаю.

— Нет-с, уж что тут, ваше сиятельство, глаза! Он долго и сестре ничего не хотел открыть; только когда мы с нею обе пред ним на коленки стали, так тогда он открыл: "влюблен, говорит, и без нее даже жить не могу".

Если бы княгиня и дьяконица были в эти минуты поменьше заняты тем, о чем они говорили, то им бы надлежало слышать, что при последних словах двери соседней гардеробной комнаты тихо скрипнули и оттуда кто-то выкатил. Это была счастливейшая из счастливых Ольга Федотовна. Она теперь знала, что ее любят.

Затем прошла неделя ее недолговечного счастия, в продолжение которой она ни разу не ходила к Марье Николаевне и богослова не видала, а бабушка в это время все планировала, как она устроит влюбленных. Она решила, что богослов выйдет из духовного звания, женится на Ольге Федотовне и поступит на службу. Тогда семинаристы, благодаря Сперанскому, были в моде и получали ход; а бабушка уже все придумывала: как обеспечить молодых так, чтобы они не знали нужды и муж ее любимицы не погряз бы в темной доле и не марал бы рук взятками.

Все это было стройно улажено в ее голове, и она уже готовилась обрадовать этим Ольгу, но только прежде хотела знать на этот счет мнение Марьи Николаевны, которой и открыла весь план свой.

Дьяконица, к немалому удивлению бабушки, выслушала это с крайним смущением: как она ни любила Ольгу Федотовну, но женитьба на ней брата не входила в ее соображения.

— Ему рано, — отвечала она, — ваше сиятельство; и я хочу, чтоб он в академию шел и профессором был.

Профессорство это было во мнении Марьи Николаевны такое величие, что она его не желала сменять для брата ни на какую другую карьеру. Притом же она так давно об этом мечтала, так долго и так неуклонно к этому стремилась, что бабушка сразу поняла, что дело Ольги Федотовны было проиграно.

Бедная девушка получила жестокий удар не от врага, а от сердечнейшего друга, и не одна она, но и он.

Для быстролетной любви этой началась краткая, но мучительная пауза: ни бабушка, ни дьяконица ничего не говорили Ольге Федотовне, но она все знала, потому что, раз подслушав случайно разговор их, она повторила этот маневр умышленно и, услыхав, что она служит помехою карьере, которую сестра богослова считает для брата наилучшею, решилась поставить дело в такое положение, чтоб этой помехи не существовало.

ГЛАВА ДЕСЯТАЯ

Марья Николаевна, возвращаясь от бабушки вечером после описанного разговора, была страшно перепугана: ей все казалось, что, как только она сошла с крыльца, за ней кто-то следил; какая-то небольшая темная фигурка то исчезала, то показывалась и все неслась стороною, а за нею мелькала какая-то белая нить. Марья Николаевна понять не могла, что это такое, и все ускоряла свой шаг; но чуть только она опустилась в лощинку, за которою тотчас на горе стояла поповка, это темное привидение вдруг понеслось прямо на нее и за самыми ее плечами проговорило:

— Вы, Марья Николаевна, не беспокойтесь!

Марья Николаевна страшно испугалась, но, услыхав в этом голосе что-то знакомое, тотчас же ободрилась и крикнула:

— Ольга Федотовна, это вы?

Но, однако, ответа не было, а темная фигурка, легко скользя стороною дороги, опять исчезла в темноте ночи, и только по серому шару, который катился за нею, Марья Николаевна основательно убедилась, что это была она, то есть Ольга Федотовна, так как этот прыгающий серый шар был большой белый пудель Монтроз, принадлежавший Патрикею Семенычу и не ходивший никуда ни за кем, кроме своего хозяина и Ольги Федотовны.

Марья Николаевна, по женскому такту, никому об этой встрече не сказала, она думала: пусть Ольга Федотовна сделает как думает. Бабушке ровно ничего не было известно: она только замечала, что Ольга Федотовна очень оживлена и деятельна и даже три раза на неделе просилась со двора, но княгиня не приписывала это ничему особенному и ни в чем не стесняла бедную девушку, которую невдалеке ожидало такое страшное горе. Княгиня только беспокоилась: как ей открыть, что богослов никогда ее мужем не будет.

Меж тем прошла в этом неделя; в один день Ольга Федотовна ездила в соседнее село к мужику крестить ребенка, а бабушке нездоровилось, и она легла в постель, не дождавшись своей горничной, и заснула. Только в самый первый сон княгине показалось, что у нее за ширмою скребется мышь... Бабушка терпела-терпела и наконец, чтоб испугать зверька, стукнула несколько раз рукою в стену, за которою спала Ольга Федотовна.

Та явилась как лист пред травой.

— Я тебя не звала, мне показалось — мыши...

Ольга Федотовна отошла и стала лицом к образнику.

Бабушка подождала и потом окликнула:

— Ольга, что ты там делаешь?

— Лампад поправляю-с, — отвечала Ольга Федотовна, и в это же самое мгновение поплавок лампады юркнул в масло, и свет потух.

— Скора, матушка, прекрасно поправила... И главное, кто тебя об этом просил? лампада прекрасно горела, так нет...

Но в это время Ольга Федотовна подошла впотьмах к бабушкиной постели и прошептала:

— Ваше сиятельство! я пришла повиниться.

Бабушка бог знает что подумала и тревожно отвечала:

— Что такое? что такое? это ни на что не похоже... поди от меня с своею виной; я ничего не хочу знать.

— Ваше сиятельство... я самое безвредное!

Княгиня пожала плечами и молвила:

— Вот пристала!

— Теперь я Василью Николаичу не помеха: он меня любить не может.

Бабушка повернулась в постели и спросила:

— Отчего?

— Мы с ним сегодня у мужика младенца крестили.

Бабушка села в кровати и произнесла:

— Ольга, ты глупа.

— Ваше сиятельство, это так надо было-с.

— Нет, ты извини меня: я всегда думала о тебе, что ты гораздо умнее, а ты положительнейшим образом глупа: Вася мог окончить курс в академии и остаться тебе верен и тогда бы на тебе женился, а теперь вы кумовья — куму на куме никогда жениться нельзя.

— Я это знала-с, я все знала и нарочно сделала.

— Зачем, говори мне, зачем?

— Чтоб им обо мне не думалось; чтоб я... им не мешала; чтоб из памяти меня выкинули, — отвечала бедная девушка и зарыдала.

Бабушка встала с кровати, сама зажгла лампаду и, севши потом в кресло, сказала:

– Удивила ты меня, но он мне еще более тебя удивителен: как же он на это согласился? Неужели я в нем ошиблась, и он тебя мало страстно любит?!

Это словечко кольнуло самолюбие Ольги Федотовны: в ней поднялась гордость женщины, всегда готовой упиваться сознанием, что ее много любят.

– Нет-с, – отвечала она, – они меня истинно как должно любят, а это что они крестили – все через мое коварство случилось.

– А где же его голова-то была?

– Не могли-с они пред моим обольщением своею головою управлять, а после, дав мне слово, бесчестным быть не хотели, – отвечала не без гордости и не без уважения к себе Ольга Федотовна.

Не зная, как должно понимать все недомолвки этой обольстительницы злополучного богослова, бабушка, отложив всякие церемонии, сказала:

– Ты если хочешь говорить, то здесь только бог да мы двое, – так ты говори откровенно, что ты набедокурила?

– Одного этого теперь только и желаю: открыться.

– Ну и откройся.

Ольга Федотовна и начала.

Рассказав бабушке со всей откровенностью, как ей стали известны затруднения Марьи Николаевны, девушка в трагической простоте изобразила состояние своей души, которая тотчас же вся как огнем прониклась одним желанием сделать так, чтобы богослов не мог и думать на ней жениться. За этим решением последовало обдумывание плана, как это выполнить. Что могла измыслить простая, неопытная девушка? Она слыхала, что нельзя жениться на куме, и ей сейчас же пришло в голову: зачем она не кума своему возлюбленному?

– Тогда бы он не мог ко мне свататься и вышел бы в архиереи.

Так заключила Ольга Федотовна, постоянно заменяя по какой-то случайности слово "профессор" словом "архиерей". И, раз попав на эту мысль, она вдруг стала искать средств: нельзя ли это поправить? В конце концов это ей показалось хотя и довольно трудным, но сбыточным, если пустить в ход все ей известные средства. И вот Ольга Федотовна, забрав это в голову, слетала в казенное село к знакомому мужичку, у которого родился ребенок; дала там денег на крестины и назвалась в кумы, с тем чтобы кума не звали, так как она привезет своего кума. Во всем этом она, разумеется, никакого препятствия не встретила, но труднейшая часть дела оставалась впереди: надо было уговорить влюбленного жениха, чтоб он согласился продать свое счастье за чечевичное варево и, ради удовольствия постоять с любимою девушкою у купели чужою ребенка, лишить себя права стать с нею у брачного аналоя и молиться о собственных детях. Это, конечно, хоть какому уму была задача нелегкая. Но Ольга Федотовна разрешила ее блистательно.

ГЛАВА ОДИННАДЦАТАЯ

Угадывая инстинктом природу молодой страсти своего возлюбленного, Ольга Федотовна не решилась ни на какие прямые с ним откровенности. Она правильно сообразила, что этим она его не возьмет, и обратилась к хитрости, к силе своих чар и своего кокетства.

Навестив в сумерки одного дня Марью Николаевну, Ольга Федотовна нарочно у нее припоздала, а потом высказала опасение идти одной через бугор, где ночевала овечья отара, около которой бегали злые сторожевые собаки. Влюбленный студент не смел вызваться быть ее провожатым, но она сама его об этом попросила: богослов, разумеется, согласился; он выдернул из плетня большой кол, чтобы защищаться от собак, и пошел вслед за своею возлюбленною. Дорога была нехороша; днем выпал дождик, и суглинистая земля смокла и осклизла. Ольга Федотовна плохо ступала: она была, как назло, в новых башмачках, и ее маленькие ножки беспрестанно ползли назад или спотыкались.

Если она к этому прибавляла что-нибудь с намерением дать понять своему спутнику, что ей очень трудно идти одной без его поддержки, то, вероятно, делала это с большим мастерством; но тем не менее румяный богослов все-таки или не дерзал предложить ей свою руку, или же считал это не идущим к его достоинству.

Ольга Федотовна решилась прервать это затруднение.

– Василий Николаич, – сказала она, – что вы это сзади меня идете?

– А что же такое?

– Да так, нехорошо... вы точно служитель.

– Ничего-с.

– Нет, вы бы лучше рядом шли да мне бы руку дали, а то очень склизко.

– С большим моим удовольствием, – отвечал богослов.

– Или вам, может быть, со мной под руку стыдно и неприятно идти?

– Нет, отчего же... напротив, даже очень приятно.

Богослов еще раз повторил, что ему приятно, и они взялись под руки, но разговор у них прекратился, а дорога убывала. Ольга Федотовна видела, что спутник ее робок и сам ни до чего не дойдет, и снова сама заговорила:

— Вы, Василий Николаич, много учились?

— Много-с.

— И ведь трудно небось?

— Ничего-с.

— Как же... есть науки трудные.

— Есть-с.

— Ну так как же с ними?

— Преодолеваешь.

— И секут?

— Секут-с.

— И вас там секли?

— Непременно-с, как и всякого.

— И слукавить нельзя?

— Нельзя-с.

— Отчего же?

— Потому что это всегда перед начальством делается.

— Неужто начальник смотрит?

— Постоянно-с.

— Ах боже мой! а он светский или монах?

— Монах-с.

— Монах!

— Наверно так-с.

— Так это ведь как же, должно быть конфузно?

— Отчего же?

— Да при монахе-то?

— Нет-с; в молодых годах ничего, и потом больно, так уж не разбираешь.

— Видите ли! а вы сколько лет там находились?

— Тринадцать-с.

— Ах боже мой! И какое число несчастливое.

— Это предрассудок-с.

— А ведь скажите: в науках о сердце ничего не говорится?

— В каком смысле?

— Чтобы как любить должно и как мужчине с женщиной обращаться?

— Ничего-с.

И разговор снова смолк, а пути между тем осталось еще менее. Ольга Федотовна вспомнила, о чем, бывало, слыхала в магазине, и спросила:

— Вы, Василий Николаич, умеете танцевать?

— Нет-с, не умею.

— Очень жаль: в танцах кавалеры с девицами откровенно объясняются.

— Да это если ловкий кавалер, так и не в танцах можно-с.

— Например, как же?

– Стихами или задачею: что лучше – желать и не получить, или иметь и потерять; а то по цветам: что какой цвет означает – верность или измену.

– А вы к измене или к верности склонны?

– Я измены ненавижу.

– Вы неправду говорите.

– Почему же неправду?

Ольга Федотовна решительно не знала, куда она идет с этим разговором, но на ее счастье в это время они поравнялись с отарой: большое стадо овец кучно жалось на темной траве, а сторожевые псы, заслышав прохожих, залаяли. Она вздрогнула и смело прижалась к руке провожатого.

– Вы боитесь? – спросил, взмахивая колом, богослов.

– Нет, не боюсь... А вот уже и дом близко.

– Да; близко-с, – отвечал, вздохнув, богослов.

Ольга Федотовна пожала к себе его руку и, отворотясь от него в сторону, проговорила:

– Василий Николаич!

– Что вам угодно, Ольга Федотовна?

– О чем вы вздыхаете?

– Я не вздыхал-с.

– Нет, вы вздохнули.

– Может быть-с.

– Так о чем же это?

– Этого сказать нельзя-с.

– Почему же нельзя?

– Потому что вы можете обидеться.

– Ну, это, стало быть, вы меня не любите.

– Кто это?.. я вас не люблю! – вскричал богослов.

– Ах, что вы это, Василий Николаич, так громко. Это надо тише.

– Я вас так люблю-с, так люблю, – начал богослов, но Ольга Федотовна его остановила и, задыхаясь от страха, сказала:

– Позвольте, позвольте... Не говорите здесь про это.

– А где же-с?

– Вот сейчас... вот мы в сени взойдем.

Она была в положении того неопытного чародея, который, вызвав духов, не знал, как заставить их опять спрятаться. На выручку ее подоспел Монтрозка, который, завидев ее с крыльца, подбежал к ней с радостным воем. Ольга Федотовна начала ласкать Патрикеева пуделя и, быстро вскочив на крыльцо, скрылась в темных сенях.

Богослов не сробел и очутился тут же за нею.

– Ишь вы какой, Василий Николаич, хитрый, – шептала девушка, и вслед за тем громко кашлянула.

– Зачем это вы так громко?

– Чтоб узнать, нет ли тут девушек?

– Что же, их нет-с?

– Нет, – отвечала Ольга, дрожа всем телом и держа рукою за ошейник Монтрозку.

– Так вы извольте теперь услыхать про мои чувства.

– Нет, зачем же, Василий Николаич... Я вам верю... Я и сама к вам хорошие чувства, Василий Николаич, имею.

И у нее дрогнул голос.

– А в таком случае... – сказал богослов, – я от вас должен что-нибудь получить.

Ольга Федотовна чувствовала, что ей изменяют силы, но вела игру далее и прошептала:

– Что же такое получить?

Риск и соблазнительная темнота сеней еще прибавили нашему герою смелости, и он отвечал:

– Поцелуй-с!

Ольга Федотовна вздрогнула и отвечала:

– А-а, ишь вы какой, Василий Николаич, уж и поцелуй.

– Всегда так-с... объяснение, а потом и поцелуй.

– Неужели это так?

– Непременно-с!

– Ну хорошо, Василий Николаич, если это так нужно, то что же делать, я вас поцелую, но только уговор!

– Все, что вам угодно.

– Чтобы первую просьбу, которую вас попрошу, чтобы вы исполнили!

– Исполню-с.

– Честное слово?

– Все, что вам угодно.

– Извольте же! Я вам удовольствие сделаю, только вы вот идите сюда... Вот сюда, сюда, за моею рукой: здесь темнее.

И, заведя богослова в самый темный угол, она обвила одною рукой его шею и робко поцеловала его в губы, а другою выпустила ошейник Монтроза и энергически его приуськнула. Собака залаяла, и вооруженный колом богослов, только что сорвавший первый и единственный поцелуй с губок своей коварной красавицы, бросился бежать, а на другой день он, не успевши опомниться от своего вчерашнего счастия, сдерживая уже свое честное слово – не возражать против первой просьбы Ольги Федотовны, и крестил с нею мужичьего ребенка, разлучившего у своей купели два благородные и нежно друг друга любившие сердца.

Остальное пошло так, как Ольга Федотовна хотела для счастья других: с течением многих лет ее Василий Николаич, которого она притравила, как Диана Актеона, окончил курс академии, пошел в монахи и был, к удовольствию сестры, архиереем, а Ольга Федотовна так и осталась Дианою, весталкою и бабушкиною горничной.

ГЛАВА ДВЕНАДЦАТАЯ

Чтобы не оставлять от этой любви ничего недосказанного, я должна прибавить, что Ольга Федотовна, схрабровав в этот раз более, чем можно было от нее ожидать, после, однако, очень долго мучилась.

– Все у нее, бедной, корчи в сердце делались, – говорила бабушка. – Марья Николаевна в ту пору ее, бедную, даже видеть боялась, а мы с Патрикеем как могли ее развлекали Ничего ей прямо не говорили, а так все за нею ухаживали, то на перелет, то на рыбную ловлю ее брали, и тут она у меня один раз с лодки в озеро упала... Бог ее знает, как это с нею случилось, – не спрашивала, а только насилу ее в чувства привели А потом как к первым после того каникулам пришло известие, что Вася не будет домой, потому что он в Киеве в монахи постригся, она опять забеленила: все, бывало, уходит на чердак, в чулан, где у меня целебные травы сушились, и сверху в слуховое окно вдаль смотрит да поет жалким голосом:

Ты проходишь, дорогой друг, мимо кельи,
Где несчастная черница ждет в мученьи.

Черницей все сама себя воображала!.. Да и я, признаться, этим совсем недовольна была, – заключала бабушка, – молод больно был!.. Это неопытно, мог бы и не идти в монастырь, а другую судьбу себе в жизни найти, да удержать, видно, некому было.

Но, наконец, и эта "корчь сердца" стихла, и Ольга Федотовна успокоилась, она жила и старелась, никогда никому ни словом, ни намеком не выдавая: умерло или еще живо и вечно осталось живым ее чувство.

Я уже помню себя, хотя, впрочем, очень маленькою девочкою, когда бабушка один раз прислала к нам звать maman со всеми детьми, чтобы мы приехали к обедне, которую проездом с епископской кафедры на архиепископскую будет служить архиерей, этот самый брат дьяконицы Марьи Николаевны. Maman, конечно, поехала и повезла всех нас к бабушке. Помню это первое архиерейское служение, которое мне довелось видеть: оно поражало своим великолепием мои детские чувства, и мне казалось, что мы находимся в самом небе. Но сам архиерей мне не понравился: он был очень большой, тучный, с большою бородой, тяжелым, медлительным взглядом и нависшими на глаза густыми бровями. Ходил шибко, резко взмахивал рукавами, на которых гулко рокотали маленькие серебряные бубенчики, и делал нетерпеливые нервные движения головою, как бы беспрестанно старался поправлять на себе митру.

Бабушка и для архиерейского служения не переменила своего места в церкви: она стояла слева за клиросом, с ней же рядом оставалась и maman, а сзади, у ее плеча, помещался приехавший на это торжество дядя, князь Яков Львович, бывший тогда уже губернским предводителем. Нас же, маленьких детей, то есть меня с сестрою Nathalie и братьев Аркадия и Валерия, бабушка велела вывесть вперед, чтобы мы видели "церемонию".

Для надзора за нами сзади нас стояла Ольга Федотовна, тогда уже довольно старенькая, хотя, по обыкновению, свеженькая и опрятная, какою она была во всю свою жизнь.

Никто из нас, детей, разумеется, и воображения не имел, что такое наша Ольга Федотовна могла быть этому суровому старику в тяжелой золотой шапке, которою он все как будто помахивал. Мы только все дергали Ольгу Федотовну потихоньку за платье и беспрестанно докучали ей расспросами, что значит то и что значит это? На все эти вопросы она отвечала нам одно:

– Стойте смирно!

Но когда совсем облаченный архиерей, взойдя на амвон, повернулся лицом к народу и с словами "призри, виждь и посети" осенил людей пылающими свечами, скромный белый чепец Ольги Федотовны вдруг очутился вровень с нашими детскими головами. Она стояла на коленях и, скрестив на груди свои маленькие ручки, глазами ангела глядела в небо и шептала:

– Свет Христов просвещает все!

В этом как бы заключался весь ответ ее себе, нам и всякому, кто захотел бы спросить о том, что некогда было, и о том, что она нынче видит и что чувствует.

Бабушка в этот день была, по-видимому, не в таком покорном настроении духа: она как будто вспомнила что-то неприятное и за обедом, угощая у себя почетного гостя, преимущественно предоставляла занимать его дяде, князю Якову Львовичу, а сама была молчалива. Но когда архиерей, сопровождаемый громким звоном во все колокола, выехал из родного села в карете, запряженной шестериком лучших бабушкиных коней, княгиня даже выразила на него дяде и maman свою "критику".

– Напрасно, я нахожу, он здесь этакую проповедь изволил сказать, – заговорила она, – и не понимаю, что это ему вздумалось тут говорить, что "нет больше любви, если кто душу свою положит"... Это божественные слова, но только и их надо у места ставить. А тут, – она повела рукою на чайную комнату, где Марья Николаевна и Ольга Федотовна в это время бережно перемывали бывший в тот день в употреблении заветный саксонский сервиз, и добавила: – тут по любви-то у нас есть своя академия и свои профессора... Вон они у меня чайным полотенцем чашки перетирают... Ему бы достаточно и того счастья, что он мог их знать, а не то, чтобы еще их любви учить! Это неделикатно!

И, не принимая никаких услуг без вознаграждения, княгиня тотчас же послала архиерею с Патрикеем в город отрез бархата на рясу и гро-гро на подрясник. Архиерей переслал с тем же Патрикеем бархат сестре, а шелковую материю Ольге Федотовне.

– Он, значит, тебя еще не забыл, – сказала Ольге бабушка.

– Да-с, – отвечала она и тотчас же отнесла свой подарок на завесу в церковь.

Таков конец этого позднего эпизода, введенного мною здесь, может быть, не совсем кстати, но я считала его тут необходимым для того, чтобы закончить фигуру Ольги Федотовны, после которой перехожу к изображению другого важного лица придворного штата княгини – Патрикея.

ГЛАВА ТРИНАДЦАТАЯ

Патрикей Семеныч Сударичев был человек очень высокого роста и имел очень умное "дипломатическое" лицо, продолговатое, бледное, с приветливым, мягким, но в то же время внушающим почтение выражением. Одевался он всегда очень строго и опрятно в один и тот же костюм: довольно длинный суконный сюртук цвета bleu de Pruss[6], белый жилет, по которому шел бисерный часовой снурок с брелоком из оправленного в червонное золото дымчатого топаза с вензелем моего деда. Это был для него священный предмет, который он получил от княгини в память о князе. Патрикей носил высокие, туго накрахмаленные воротнички, из тех, что называли тогда "полисонами", и огромное гофрированное жабо. В торжественные дни сюртук заменялся фраком того же бле-де-прюссового сукна с гладкими золочеными пуговицами, но жилет, жабо и все прочее, не исключая даже высоких сапожков с кисточками у голенищ и с умеренным скрипом под рантом, все оставалось

---

[6] темно-синего прусского (франц.)

то же. Он и под старость ветхих лет своих, долготою которых упорно соперничал с бабушкою, всегда держался прямо и молодцевато, а в молодости, по словам Ольги Федотовны, был "просто всем на загляденье". Сама старенькая Ольга Федотовна, бывало, молодела и расцветала, начиная перечислять нам все достоинства, которыми сиял Патрикей.

– Красоту он, – говорила старушка, – имел такую, что хотя наш женский пол, бывало, и всякий день его видел, но, однако, когда у княгини бывали в залах для гостей большие столы, то все с девичьей половины через коридорные двери глядеть ходили, как он, стоя у особого стола за колоннами, будет разливать горячее. И все это не из-за чего-нибудь, потому что Патрикей Семеныч был семейный человек, а единственно ради прелести посмотреть. Да и, откровенно скажу, было на что полюбоваться: как доложит бабиньке, что все готово, и выйдет в зал, станет сам на возвышении между колонн пред чашею и стоит точно капитан на корабле, от которого все зависит. А как только гости вслед за княгинею парами в зал вступят и сядут, он молча глаз человеку сделает, тот сейчас крышку с чаши долой, а он и начнет большою ложкой разливать... Ах, как он разливал! то есть этак, я думаю, ничего на свете нельзя так красиво делать! Рука эта у него точно шея у лебедя гнется: нальет, и передает лакею тарелку, и опять возьмет: все красота

Окончив разливанье, которым так любовались художественные натуры села Протозанова, Патрикей Семеныч сходил с возвышения и становился за стулом у бабушки, и отсюда опять продолжал давать молча тон мужской прислуге и

Стоя за Варварой Никаноровной, Патрикей не смел служить ей как обыкновенный лакей. Он всегда к этому имел тяготение, но это ему давно строго-настрого было запрещено. Он дерзал только прислуживать княгине, и когда лакей подносил бабушке блюдо, Патрикей слегка поддерживал его под краек, как делают камергеры. Бабушка, говорят, много раз настаивала, чтобы Патрикей и такого участия не принимал в столовой услуге, но это запрещение служить ей так сильно его огорчало, что княгиня нашлась вынужденною ему уступить. Затем во всех обязанностях Патрикея при княгине не было ничего сближавшего его со званием комнатного слуги, хотя, впрочем, он никакого другого официального звания при доме не имел. С тех пор, как излагал последние минуты князя и, позабыв в свечном ящике свою вольную, отыскивал трубача Грайворону, он так и остался attaché, без всякого особого названия, но с полнейшим во всем полномочием. Он вел все переговоры с людьми, которых бабушка иногда почему-нибудь не могла принять; устраивал ее бесчисленных крестников и вел все безотчетные расходы по выдаче наград состоявшим на пайке губернским и уездным чиновникам.

К орудованию всякими подобного щекотливого свойства делами у него была особенная способность, которую Ольга Федотовна, может быть, не совсем неосновательно, считала врожденною.

– Что же, – говорила она, – отчего от него, бывало, какой председатель или вице-губернатор даров не возьмет? Всякий возьмет. Маленьким, тем, бывало, что нужно малые дары, управитель дает, а к старшим с большими дарами или с средними Патрикей едет, и от других будто не брали, а от него всегда брали, потому что повадку такую имел, что внушал доверие: глядел в глаза верно и ласково, улыбался улыбкой исподтихонька, одними устами поведет и опять сведет; слушать станет все это степенно, а в ответ молвит, так его слову никто не усомнится поверить. Все тайны и знал зато.

Жил Патрикей со своим семейством во флигеле, состоявшем под одною кровлей со ткацкими; а в семье у него были только жена да сын. Жена у него была такая смирная, что ее даже никто не знал: она как будто была поражена величием мужа и "шла в тенях". Всю жизнь свою она употребила на ежедневную стирку и глажение его белых галстуков и жилетов. У них был сын Николай, которого бабушка застала уже по пятнадцатому году писарем в конторе. Она его немедленно взяла оттуда и велела Патрикею отдать в училище, откуда он потом поступил в архитектурные классы и был хорошим архитектором и очень богатым человеком, с которым некто из рода нашего впоследствии вступил в соотношения, с моей точки зрения не совсем желанные. Но это все придет в свое время, а теперь я упоминаю об этом Николае Патрикеиче для того, чтобы рассказать оригинальный и смешной случай, сопровождавший выход его в благородные, причем Патрикей "оказал дикость", характеризующую его лучше всякого пространного описания.

Когда родоначальник известного ныне богатого дома, Николай Патрикеевич Сударичев, получив звание архитектора, приехал повидаться к отцу, бабушка, разумеется, пожелала, чтобы "Николашу" ей представили, и, обласкав его, она подарила ему часы, сто рублей "на пару платья" и – о ужас! – велела ему прийти к столу с нею обедать... Патрикей Семеныч нашел это ни с чем не сообразным, возмутительным и просто невозможным. Как, он, его сын, "Николашка", будет сидеть за одним столом с княгиней!.. За тем самым столом, за которым сам он, Патрикей Семеныч, так упорно присвоил себе право стоять и обходить гостей с бутылкою мадеры... И, стало быть, теперь он и к сыну, к "Николашке", должен будет подойти с обернутою салфеткою бутылкой вина и спросить: "Прикажете мадеры?" Нет, это... это было что-то такое, что помутило все понятия Патрикея и лишило его всех средств, как сообразить в этом случае свое положение. Чем он больше это обдумывал, тем больше несообразности видел в этом странном поступке княгини, и, не смея сердиться на нее, он дал волю своему гневу против сына: как он смел, молокосос, "не отпроситься". Удалясь сам в зал, Патрикей сделал подсыл за сыном в ту комнату, где тот сидел у княгини, и приготовился просто увести его куда-нибудь из покоев и скрыть на время обеда, а потом ввечеру повиниться во всем этом княгине. Но, к неожиданной досаде Патрикея, бабушка поняла его маневр и, выйдя сама к нему, сказала:

– Послушай, Патрикей Семеныч, как тебе не стыдно.

И Патрикей Семеныч понял это и смирился до того, что готов был видеть "Николашку" за столом, но бабушка приняла против этого свои меры и тут же дала ему какое-то поручение, за которым он не мог присутствовать при обеде. Но Патрикей исполнил это поручение скорее, чем княгиня ожидала, и в половине обеда явился за бабушкиным стулом: он хотел показать, что он из преданности даже и это снести может. И вот в потребное время он взял в руку бутылку мадеры и пошел вокруг, нагибаясь к каждому гостю с вопросом: "Прикажете?", но, дойдя до сына и приклонясь к нему, он не выдержал и, вместо "прикажете вина", простонал:

– Пошел вон! – и с этим, выпустив бутылку из рук, сам покачнулся и упал на руки подхватившего его сына.

Всем, я думаю, этот обед был невкусен, а особенно бедному Николаю, который теперь страшно бы рассердился, если б ему это напомнили.

Была сконфужена этим и сама бабушка, и даже до того сконфужена, что, узнав, что с Патрикеем был обморок и ему цирюльник Иван открыл кровь, она сама пошла к нему во флигель и извинялась пред ним.

Неизвестно, как именно она выражала ему свои извинения, но слова ее подействовали, и Патрикей после этого разговора просиял и утешился. Но, однако, он был за свою слабость наказан: сына его с этих пор за стол не сажали, но зато сам Патрикей, подавая бабушке ее утренний кофе, всегда получал из ее рук налитую чашку и выпивал ее сидя на стуле перед самою княгинею. В этом случае он мог доставлять себе только одно облегчение, что садился у самой двери.

Страсти у Патрикея были только две, и обе благородные: он любил охоту с ружьем и музыку. Для охоты он всегда держал пуделей, которых сам дрессировал, а ради любви к музыке имел скрипку, на которой в течение довольно многих лет, придя вечером домой, обыкновенно около часа играл что-то такое у себя под окном, но что за вещи такие он разыгрывал – этого никто разобрать не мог. Но охота ему не изменяла, а музыку он вдруг оставил по одному странному случаю: у бабушки часто гащивал, а в последнее время и совсем проживал, один преоригинальный бедный, рыжий и тощий дворянин Дормидонт Рогожин, имя которого было переделано бабушкою в Дон-Кихот Рогожин. Человек этот, которому принадлежит своя весьма симпатичная роль в нашей семейной истории, по словам бабушки, был "гол, как турецкий святой, а в душе рыцарь". Но Патрикея он оторвал от музыки не своим рыцарством, а тем, что, однажды подслушав его ночную игру на скрипке, сказал:

– Чего пиликаешь? Разве можно так скрипеть, когда теперь гудут, несясь в пространстве мировом, планеты?

Патрикей в этом сначала ничего не понял, но зато когда Дон-Кихот Рогожин нарисовал ему значки планет и, указав орбиты их движения, сказал:

– Ведь, понимаешь, каждая должна давать свой тон: вот эта меньшая, она тоненько свистит, а эта вот здоровая жужжит, как бомба, а наша тут землишка и себе альтом играет...

Патрикей не стал далее дослушивать, а обернул свою скрипку и смычок куском старой кисеи и с той поры их уже не разворачивал; время, которое он прежде употреблял на игру на скрипке, теперь он простаивал у того же окна, но только лишь смотрел на небо и старался вообразить себе ту гармонию, на которую намекнул ему рыжий дворянин Дон-Кихот Рогожин.

Охотник мечтать о дарованиях и талантах, погибших в разных русских людях от крепостного права, имел бы хорошую задачу расчислить, каких степеней и положений мог достичь Патрикей на поприще дипломатии или науки, но я не знаю, предпочел ли бы Патрикей Семеныч всякий блестящий путь тому, что считал своим призванием: быть верным слугой своей великодушной княгине.

– Ее раб, – говорил он, – и ее рабом я умру.

И он так и сделал.

В этом был его point d'honneur[7], и даже более: он чувствовал потребность быть ей предан без меры.

Я знаю, что это многим может показаться глупым или по меньшей мере странным и непонятным, но что делать? Chaque baron a sa fantaisie[8], а фантазия Патрикея была та, что он и в дряхлой старости своей, схоронив княгиню Варвару Никаноровну, не поехал в Петербург к своему разбогатевшему сыну, а оставался вольным крепостным после освобождения и жил при особе дяди князя Якова. Будучи уже очень стар, он был не в силах трудиться, но ходил по дому и постоянно кропотался на новых слуг да содержал в порядке старые чубуки и трубки, из которых никто не курил и которые для того еще и оставались в доме, чтоб у старого Патрикея было что-нибудь на руках.

Это был чтитель высоко им ценимой доблести рода, постепенное, но роковое исчезновение которой ему суждено было видеть во всеобщей захудалости потомков его влиятельной и пышной княгини.

---

[7] чувство долга, чести (франц.)

[8] У каждого барона своя фантазия (франц. поговорка)

ГЛАВА ЧЕТЫРНАДЦАТАЯ

Назвав княгиню влиятельною и пышною, я считаю необходимым показать, в чем проявлялась ее пышность и каково было ее влияние на общество людей дворянского круга, а также наметить, чем она приобрела это влияние в то время, в котором влиятельность неофициальному лицу доставалась отнюдь не легче, чем нынче, когда ее при всех льготных положениях никто более не имеет.

Надеюсь, это будет иметь здесь свое место и даже некоторый интерес.

Говоря нынешним книжным языком, я, может быть, всего удачнее выразилась бы, сказав, что бабушка ни одной из своих целей не преследовала по особому, вдаль рассчитанному плану, а достижение их пришло ей в руки органически, самым простым и самым правильным, но совершенно незаметным образом, как бы само собою.

Неожиданно овдовев, бабушка, как можно было видеть из первых страниц моих записок, не поехала искать рассеяния, как бы сделала это современная дама, а она тотчас же занялась приведением в порядок своего хозяйства, что было и весьма естественно и совершенно необходимо, потому что, пока княгиня с князем жили в Петербурге, в деревне многое шло не так, как нужно. Теперь она, оставшись одинокою, озаботилась всесторонним поднятием уровня своих экономических дел и начала это с самой живой силы крепостного права, то есть с крестьян.

Нынче очень многие думают, что при крепостном праве почти совсем не нужно было иметь уменья хорошо вести свои дела, как будто и тогда у многих и очень многих дела не были в таком отчаянно дурном положении, что умные люди уже тогда предвидели в недалеком будущем неизбежное "захудание" родового поместного дворянства. Это зависело, конечно, от разных причин, между которыми, однако, самое главное место занимало неумение понимать своей пользы иначе, как в связи с пользою всеобщею, и прежде всего с материальным и нравственным благосостоянием крестьян.

Глядя на вещи практически и просто, бабушка не отделяла нравственность от религии. Будучи сама религиозна, она человека без религии считала ни во что.

– Таковой, – по ее словам, – сколь бы умен ни был, а положиться на него нельзя, потому что у него смысл жизни потерян.

Этого для княгини было довольно, потому что у самой у нее смысл жизни был развит с удивительною последовательностью. Сама она строго содержала уставы православной церкви, но при требовании от человека религии отнюдь не ставила необходимым условием исключительного предпочтения ее веры пред всеми

Княгиня не только не боялась свободомыслия в делах веры и совести, но даже любила откровенную духовную беседу с умными людьми и рассуждала смело. Владея чуткостью религиозного смысла, она имела истинное дерзновение веры и смотрела на противоречия ей без всякого страха. Она как будто даже считала их полезными.

– Если древо не будет колеблемо, – говорила она, – то оно крепких корней не пустит, в затишье деревья слабокоренны.

Но я не хотела бы тоже, чтобы кто-нибудь подумал, что бабушка была только деисткою и индифферентною в делах веры. Опять нет: повторяю, княгиня была искреннейшая почитательница родного православия; не числилась только в нем, а крепко его содержала. Она соблюдала посты, ходила в церковь; твердо знала обиход и любила в службе стройность и благолепие; взыскивала, чтобы попы в алтаре громко не сморкались и не обтирали бород аналойными полотенцами; дьяконы чтобы не ревели, а дьячки не частили в чтении кафизм и особенно шестопсалмия, которое бабушка знала наизусть.

С этой духовной стороны она и начала свое вдовье господарство. Первым ее делом было потребовать из церквей исповедные росписи и сличить, кто из крестьян ходит и кто не ходит в церковь? От неходящих, которые принадлежали к расколу, она потребовала только чтоб они ей откровенно сознались, и заказала, чтобы их причет не смущал и не неволил к требам. Она о них говорила:

– Пусть где хотят молятся: бог один, и длиннее земли мера его.

Церковных же своих крестьян княгиня сама разделила по седмицам, чтобы каждый мог свободно говеть, не останавливая работ; следила, чтоб из числа их не было совращений – в чем, впрочем, всегда менее винила самих совращающихся, чем духовенство. О духовенстве она, по собственным ее словам, много скорбела, говоря, что "они ленивы, алчны и к делу своему небрежны, а в Писании неискусны".

Состязаться с княгинею, в чем бы то ни было касающемся церковных уставов или обихода, священники ее сел не дерзали; она была для них все: и ктитор, и консистория, и владыка, и уже у нее священник прижать мужичка при браке какою-нибудь натяжкою в степени родства не помышлял.

"Владыка", при малейшем сомнении, сама бралась за Кормчую и, рассмотрев дело, решала его так, что оставалось только исполнять, потому что решение всегда было правильно.

В том же самом духе ведены ею были и все другие отрасли ее обширного хозяйства. Бабушка в попечительных заботах о благе крестьян хотела знать все, что до них касается, и достигла этого тем, что жила совершенно доступною для каждого. Все люди без исключения могли приходить к бабушке со всякими мелочами. Десятник не пускал мужика на ярмарку продать овцу и купить лык, соли или дегтю, и мужик, если он считал себя напрасно задержанным, сейчас шел с жалобою к княгине. Она к нему непременно выходила, терпеливо его выслушивала и решала – прав он или неправ. В первом случае мужик получал удовлетворение, а в противном – брался на замечание и в случае повторения кляузничества лишался в течение определенного времени права являться на глаза княгине. Такие опальные, видя себя на все время опалы лишенными самой правдивейшей и мощной защиты, тяжело чувствовали силу справедливого гнева Варвары Никаноровны и страшились вперед навлекать его на себя.

Наказания были редки и неожесточительны, но все-таки были, и притом иногда не без ведома самой княгини, которая, правду сказать, этим не смущалась. Она говорила, что:

– Когда милосердие не действует, то строгость тоже есть милосердие.

Крестьяне к похвалам богобоязненности бабушки скоро приумножили хвалу на хвалу ее разуму и справедливости. Сёла ее богатели и процветали: крепостные ее люди покупали на стороне земли на ее имя и верили ей более, чем самим себе.

Это доверие впоследствии повлекло за собою для нее тяжелое огорчение, павшее на нее без всякой ее вины, но по вине лица, которое нам с нею было очень близко и о котором мне тяжело будет вспоминать. Но это все после.

Такими простыми мерами, какие мною описаны, княгиня без фраз достигла того, что действительно вошла в народ, или, как нынче говорят: "слилась с ним" в одном русле и стояла посреди своих людей именно как владыка, как настоящая народная княгиня и госпожа...

Такова была княгиня для своих рабов; теперь перехожу к тому, чем она успела в это время сделаться для своих свободных сограждан.

ГЛАВА ПЯТНАДЦАТАЯ

При большом внимании к хозяйству крестьян княгиня Варвара Никаноровна очень скоро привела свои собственные дела в такое блестящее состояние, что почиталась самой богатою женщиной в губернии. Она не была должна никому, а ей редко кто не был должен. При недостатке в тогдашнее время организованного местного кредита, центральный банк для всей окружности был у бабушки. К ней мог приехать всякий дворянин и даже купец и попросить у нее в ссуду денег на нужду. Степень благонадежности кредита определял непосредственный взгляд княгини на просящего и на основательность его расчетов поправиться.

Отказы были редки; но тем, кто, сделав у бабушки заем, не привозил ей в срок своего долга и не приезжал "отпроситься", княгиня сама посылала объявить, что:

— Пусть-де не беспокоится: я на нем крест положила.

И тот, чей счет бабушка в своей кабинетной книге зачеркивала крестом, уже никогда не имел у нее более кредита. Он мог получить "помощь", но не кредит.

Открыв свой стол и свой карман для помощи неимущему, княгиня, однако, основательно смотрела, чтоб этим не злоупотребляли, и выдумала много самых курьезных, но практикою оправданных приемов. Так, например, если искал помощи кредитом человек, которого благонадежность казалась ей почему-нибудь сомнительною, то такому просителю она обыкновенно сразу не сулила и не отказывала, а оставляла его у себя "погостить во флигелях, покуда она подумает". Срок этого думанья был различный, иногда он доходил даже до целого месяца, что, впрочем, всегда было в известном соотношении с расстоянием места жительства просителя от села Протозанова. Кто жил поближе к Протозанову, тот удостоивался получать решительный ответ поскорее; а кто был из мест более отдаленных, тому приходилось ожидать подольше. Во все время этого ожидания нуждающийся гость ходил к княгине обедать, и если он был ей по душе, то его приглашали к ней к вечернему чаю; а впрочем, он мог без стеснения располагать собою, как ему угодно. В его воле было и совсем не ходить к княгине, и она за это нимало не обижалась. Для занятий же приезжих было достаточное число верховых и упряжных лошадей, ружей и легавых и борзых собак, а также бильярд во флигеле и шкаф с книгами.

А между тем, пока проситель гостил у бабушки и развлекался чем мог по своему вкусу и выбору, на место его жительства, соблюдая строгое инкогнито тщательнее всякого путешествующего принца, отправлялся на конторской лошади один из "выборных", всегда расторопный, умный и честный мужик, который и собирал о просителе самые обстоятельные сведения и, не тратя времени, возвращался с докладом к княгине. Если была хотя малейшая возможность верить человеку с надеждою, что он, поправясь, со временем разочтется, то деньги давались. Если дело было даже наполовину и рискованно, то и тогда еще отказу не было. Людям честным, но сильно разоренным пособие давалось даже при полнейшем риске. От таких требовалось только одно: чтобы человек не был неблагодарен и хоть раз в год приезжал извещать Варвару Никаноровну, как идут его дела. Если дела должника поправлялись, княгиня радовалась;

а если они все еще были худы, то бабушка расспрашивала, что, как и почему? и опять помогала и деньгами и советом.

В обхождении бабушки с людьми было много милоты и прелести: в нем господствовала какая-то, ей одной свойственная, величавая и добродушная простота: княгиня держала себя совершенно одинаково со всеми. У нее были заветные друзья, но избранных гостей у нее никогда не было; в ее доме все были равны, и она ко всем была одинаково приветлива. Лжи княгиня терпеть не могла: она ни сама к ней никогда не прибегала и другим ее не спускала. У нее вообще была даже некоторая слабость сказать человеку правду в глаза; но она делала это, во-первых, всегда дружески, а во-вторых, с самою доброю целью: объясниться и не питать скрытого зла. Прощала она людей легко и охотно, и притом с поразительною снисходительностью для слабых. В этом случае правилом ее было "измерять ношу и поприще и не возлагать бремена тяжкие и неудобоносимые". В своих рассуждениях о людях княгиня была осторожна: у нее была поговорка, что "рассуждение сродни осуждению", и потому она пространно ни о ком не любила рассуждать, особенно же о тех, кто показывал ей какое-нибудь недружелюбие (хотя таких было очень мало).

Убедясь в том, что кто-нибудь ее очень злословит, она говорила:

– Не без причины же он на меня сердится: может быть, ему что-нибудь на меня наговорили или что-нибудь не так показалось, а может быть, я и впрямь чем виновата: что-нибудь грубо сказала, а он не стерпел. Что делать, мы все нетерпеливы.

Но, совершенно равнодушная к своим обидам, княгиня держалась совсем иного правила по отношению к оскорблениям ее друзей. Тут у нее было чрезвычайно строго.

Кто отдает друзей в обиду, у того у самого свет в глазах тает, – говорила она и, оберегая свои глаза, прямо и в упор устремляла их на обидчика и "поправляла" дело.

Ничто, касающееся ее друзей, не казалось ей мелким, и я сама уже помню престранные случаи, которые подавала для горячих заступничеств бабушки достаточно известная из моих записок дьяконица Марья Николаевна.

Во время моего детства дом княгини по-прежнему посещался очень многими людьми, между которыми довольно часто попадалась светская петербургская молодежь, приезжавшая к родителям на побывки, а иногда и немолодые заезжие люди, гостившие у кого-нибудь из соседей по вновь составлявшимся семейным и общественным связям. Все эти люди считали обязанностью хоть раз побывать у бабушки, и она им, разумеется, была рада, так как у нее "гость был божий посол", но тем не менее тут с этими "послами" иногда происходили прекурьезные расправы, которыми злополучная Марья Николаевна терзалась и мучилась беспримерно.

В доме такой был обычай, что Марья Николаевна, в качестве друга княгини, всегда должна была присутствовать в числе гостей и к тому же непременно занимать одно из ближайших к хозяйке мест. Этот почет немало стеснял бедную женщину, вечно жавшуюся на кресле или на диване в своем малиновом гро-гро платье и желтой французской шали с голубою башнею на спине и каймою городов по окраине. Как ни долог был срок, в течение которого бабушка ее приучала к занятию этой позиции, скромная Марья Николаевна никак к ней не могла привыкнуть и обыкновенно терялась при входе каждого нового гостя и для смелости улыбалась и окручивала свои руки в жгутик свитым носовым платочком. Если же входящий гость был не знакомый местный дворянин, которому все уставы и учреждения бабушкиного дома были известны, а лицо заезжее, то Марьей Николаевной овладевало самое критическое беспокойство. Завидев такое лицо, она вся покрывалась краской, на носу у нее крупными каплями проступал пот, и она начинала привскакивать и приседать, чтоб ее непременно заметили. Видно было, что чем это для нее мучительнее, тем усерднее она об этом старалась и успокаивалась только, когда гость, наконец, замечал ее заботы и отдавал ей поклон наравне со всеми другими; случалось, что заезжие люди, представляясь бабушке, не удостоивали внимания Марью Николаевну, которая имела вид смущенной и смешной приживалки. Неосторожный и не предупрежденный гость раскланивался с бабушкой и помещицами, а Марию Николаевну не замечал... Тогда эта скромная женщина старалась всякими смешными ужимками заставить себя заметить и раскланяться с нею, но старалась совсем не для себя. Конечно, ей это не было нужно, – но для бабушки и особенно для самого гостя, потому что она знала, какая беда не минует его, если он "пустит ее в тенях". Бабушка зорко наблюдала за тем, как он "обойдется" с ее другом, и чуть замечала, что гость Марью Николаевну "проманкировал" и идет далее, она громко называла его по имени и говорила:

– Извините, сделайте милость: остановитесь на минуточку, вы, кажется, с Марьей Николаевной не поздоровались!

Гость конфузился и, бормоча что-нибудь вроде того, что "не заметил", спешил поправить свою ошибку. Но бабушка удерживала пред собою гостя, начиная пред ним пространно извиняться:

– Вы будьте милостивы. Я... в этом случае покорнейше вас прошу меня извинить... вы ведь ее... Марью-то Николаевну, разумеется, не знаете, а Марья Николаевна мой первый друг... давнишний, знаете, старинный друг... Почтенная женщина... у нее брат архиерей, да; и это она его довела и вообще она всякого уважения заслуживает: так я сама ее почитаю и в ваше благорасположение так рекомендую.

И ух как не любили и боялись мы этих извинений: она их точно тонкую нить выпрядала, и все знавшие ее знали и то, что она делает это не без умысла.

— Извинилась, — говорили, — ну, теперь держись!

Также ревнива была княгиня к малейшему покушению гостя показать свою важность или воспитанность пред другими. Марья Николаевна, бывшая своего рода bete noire[9] во всех подобных случаях, говорила мне:

— Чуть, бывало, кто французским языком при ней обмахнется, я уже так и замру от ожидания, что она сейчас извинится и осажэ сделает, и главное, все это на мой счет повернет. Так бы вот его вскочила да и дернула: "Перестаньте". А она слушает-слушает и все морщится, да вдруг и извинится: "Позвольте, скажет, мне вас перервать: что вы это все по-французски беспокоитесь? Мы ведь здесь русские, и вот друг мой Марья Николаевна... она по-французски и не понимает, и может подумать что-нибудь на ее счет, и обидеться может..." И все говорит, бывало, этак чаще всего за меня, так что даже, право, мученье это мне было при гостях сидеть; но огорчать я ее не могла и друзей через это приобретала: кого она этак хорошо с своими извинениями отчитает, сам же после этого над собою смеется. Я, бывало, обыкновенно сейчас после обеда хожу между гостей и все отыскиваю, который пострадал, и прошу: "Батюшка мой! Христа ради меня простите, что за меня вытерпели!.. я тому ни сном, ни духом не виновата". Всякий, бывало, мне сейчас и руку подает, а иной, добрый, так даже с ним и поцелуемся и оба расхохочемся, и даже не раз из Петербурга от таких друзей поклоны получала...

Воистину дивно, что на бабушку никто за это не сердился.

Я сама уже помню, как бабушка выслала раз из гостиной одного молодого петербургского придворного, который, приехав к ней с своим отцом, резко судил о старших. Бабушка пред ним тотчас же извинилась.

— Простите меня великодушно, — сказала она ему с доброю улыбкой, — я думаю, вам с нами, стариками, здесь скучно, вы бы сделали мне одолжение в зал... к девицам... Княжны, барышни! — позвала она нас, — займите молодого гостя!

И гость нам не отказал: он, смеясь, подал руки мне и сестре Nathalie, и мы с ним, выйдя в залу, начали бегать около большого круглого стола, и, признаться сказать, превесело провели час пред обедом.

Так еще в то время было просто и так живо тогда чувствовалось взаимное снисхождение, которое после заменено сначала французским петиметрством, а потом аглицким равнодушием. Но бабушке уже и тогда

---

[9] Здесь в смысле – козел отпущения (дословно: "черный зверь", франц.)

казалось худо: она считала, что с возвращением наших войск из Парижа в обществе нашем обнаружился повсеместный недостаток взаимоуважения.

– Шамотонят как-то, – говорила она, – а настоящих чувств деликатства нет.

В заключение характеристики приведу, что говорил о бабушке простой человек, муж той, столь часто до сих пор упоминавшейся, дьяконицы Марьи Николаевны. Этот былой "поскакун" и танцор, доживший ко дням моего отрочества до глубокого престарения, сказал мне однажды о княгине так:

– Она это... была всем дворянам-то... и всей прочей околичности... все равно что столп огненный, в пустыне путеводящий, и медный змей, от напастей спасающий.

Я как сейчас помню случай, когда дряхлый дьякон изрек мне это своеобразное определение: это был один из тех тяжелых и ужасных случаев, с которыми в позднейшую эпоху не только ознакомилось, но почти не расставалось наше семейство. По болезни я одна оставалась дома: была зима и вечер; я скучала, и хлопотавшая около меня Ольга Федотовна позвала для моего рассеяния Марью Николаевну и ее мужа. Сама Ольга Федотовна была очень расстроена событием, которое совершилось в нашем семействе и грозило лечь черным пятном на наше доброе имя, поэтому она хоть и жалела меня, но не хотела со мною много разговаривать, вероятно потому, что и меня, как молоденькую девочку, считали ответственною за все грехи молодого поколения. Марья Николаевна тоже молчала, но старый дьякон Досифей Андреич был милостивее и снисходительнее.

Он сидел предо мною за самоваром в своей обширной, как облако, рясе из темно-желтой нанки и, размахивая из-под широких пол огромнейшим смазным сапогом, все говорил мне о семинарии, где учился, об архиереях и о страшных раскольниках, и потом, смахнув на воспоминания о бабушке, вдруг неожиданно сделал ей приведенное определение, которое до того удивило меня своею оригинальностью, что я не удержалась и воскликнула:

– Как, Досифей Андреич, отчего же бабушка огненный столп! Как это можно?

Тут Ольга Федотовна и вскипела, и зачастила:

– А так, матушка, так... так это и было возможно, потому что куда она как столп светила, туда и все шли, и что хотела, то и делала. Не в городе, не на губернаторском подворье тогда искали ума-то, а у нас в Протозанове: не посоветовавшись с бабинькою, ничего не делали; выборы приходили, все к ней прежде съезжались да советовались, и кого она решит выбрать, того и выбирали, а другого, хоть он какой будь, не токмо что спереду, а и с боков и сзаду расшит и выстрочен, – не надо. Где тебя строчили, там ты и гуляй, а нам не надо. И так все через своих людей в ее воле и состояло.

— Все "приидите поклонимся" пели, — поддержал дьякон, а горячая старушка опять подхватила:

— А все почему? Все потому, что она была кость от костей и плоть от плоти своей и черные и белые сотни все за собой волокла, а не особилась, как вы, шишь-мышь, пыжики, иностранцы.

И Ольга Федотовна, войдя с сими словами в азарт, вдруг позабыла даже, что я больна, а, подлетев ко мне, начала меня теребить за руку да приговаривать:

— Дутики вы, дутики, больше ничего как самые пустые дутики! Невесть вы за кем ухаживаете, невесть за что на своих людей губы дуете, а вот вам за то городничий поедет да губы-то вам и отдавит, и таки непременно отдавит. И будете вы, ох, скоро вы, голубчики, будете сами за задним столом с музыкантами сидеть, да, кому совсем не стоит, кланяться, дескать: "здравствуй, боярин, навеки!" Срам!

Разъяснения всех этих негодований и пророчеств впереди; их место далеко в хронике событий, которые я должна записать на память измельчавшим и едва ли самих себя не позабывшим потомкам древнего и доброго рода нашего. Сделав несколько несвоевременный скачок вперед, я снова возвращаюсь "во время оно", к событию, которым завершился период тихого вдовьего житья княгини с маленькими детьми в селе Протозанове и одновременно с тем открылась новая фаза течения моего светила среди окружавших его туч и туманов.

ГЛАВА ШЕСТНАДЦАТАЯ

Бабушке минуло тридцать пять лет; в это время князья Яков и Дмитрий (впоследствии мой отец) подросли, так что настала пора думать об их образовании; а старшей сестре их, княжне Анастасии Львовне, исполнилось совершеннолетие, и она оканчивала свой институтский курс. В персонале и в порядках дома должны были произойти неизбежные обновления и реформы, к которым княгиня и приготовлялась; но приготовлялась не спеша и, по-видимому, с очень малою радостью. Этому все удивлялись, но у княгини были на то свои причины.

Я считаю нужным напомнить, что княжна Анастасия поступила в институт не потому, что бабушка этого хотела, а в угоду основательнице заведения, желавшей, чтобы девицы лучших фамилий получали здесь свое воспитание. Бабушка считала эту волю для себя священною и повиновалась ей, но сердце ее не лежало к институту. Не знаю, были ли у нее какие-нибудь определенные причины для предубеждения против институтского воспитания, но только она считала, что оно не годится, и через то первый выход княжны из материнского дома под институтский кров был несчастием и для бабушки и для ребенка. Глубокая и страстная натура княгини страдала неимоверно: Ольга Федотовна рассказывала, что пред тем, как княжну везть в институт, бабушка чуть ума не решилась.

– Ни одной ночи, – говорит, – бедная, не спала: все, бывало, ходила в белый зал гулять, куда, кроме как для балов, никто и не хаживал. Выйдет, бывало, туда таково страшно, без свечи, и все ходит, или сядет у окна, в которое с улицы фонарь светит, да на портрет Марии Феодоровны смотрит, а у самой из глаз слезы текут. – Надо полагать, что она до самых последних минут колебалась, но потом преданность ее взяла верх над сердцем, и она переломила себя и с той поры словно от княжны оторвалась.

Последнее слово ее в этом рассказе мне всегда казалось почему-то очень страшным: я никогда не переставала видеть большой несправедливости в том, что бабушка оторвалась от дочери ради антипатий к воспитанию, которому так или иначе, но во всяком случае она сама ее вверила. Отвезя дочь из дому против своей воли, княгиня как будто сочла ее уже отрезанным ломтем, и не ошиблась. И она охладела к дочери, и дочь к ней. Пока княгиня жила еще в Петербурге, она часто ездила к дочери и исполняла все, что нужно, но прежней, живой связи с нею уже не чувствовала.

Отъезд бабушки в Протозаново еще более разъединил мать с дочерью: пока княгиня там, на далеких мирных пажитях, укрепляла себя во всех добрых свойствах обывательницы, княжна вырастала в стенах петербургского института, в сфере слабой науки и пылких фантазий, грезивших иною жизнью, шум и блеск которой достигали келий института и раздавались под их сводами как рокот далекой эоловой арфы. Деревенское здесь знали только как буколическое, и то из французских басен. Не было даже возможности обманываться, что с окончанием курса княжне будет приятно войти в круг "друзей" и знакомых своей матери и жить простыми их задачами...

Во все время институтского курса княгиня сама лично только раз ездила в Петербург со специальною целию навестить дочь. Такая поездка в то время была вещь нелегкая, и княгиня уже не решалась ее повторять, тем более что все, что она ни увидала в Петербурге, после двухлетнего из него отсутствия, ей казалось глубоко противно. Русский язык был в таком загоне, что ей почти не с кем было на нем обращаться, кроме прислуги, а в институте даже горничная, которой княгиня сделала подарки за услуги княжне, прося у бабушки руку для поцелуя, сказала:

– Позвольте, ваше сиятельство, вас в ручку померсикать.

Бабушка не дала ей руки и осердилась.

С тех пор два года кряду в Петербург вместо княгини ездил Патрикей. Он должен был доставлять княжне подарки и как можно более на нее насматриваться и обстоятельно, как можно подробнее, рассказывать о ней княгине. Первый год это ему удалось довольно удовлетворительно, но во второй Патрикей явился, после двухмесячного отсутствия, очень сконфуженным и сначала все что-то мямлил и говорил какой-то пустой вздор, а потом повинился и сказал, что хотя он всякий приемный день ходил в институт, но княжна вышла к нему только однажды, на минуточку, в самый первый раз, а с тех пор гостинцы через швейцара принимала, а сама от свидания отказывалась и даже прощаться с ним не вышла. Впрочем, Патрикей ручался, что княжна весела и здорова, потому что он, подкупив швейцара, постоянно прокрадывался в его будку и наблюдал оттуда княжну Анастасию, когда она с другими девицами выходила гулять.

Бабушка всем этим была немало удивлена:

– Как! такая девочка, еще подросточек, и уже из своего дома человека видеть не хочет! И какого человека! Разве она не знает, что он мне больше друг, чем слуга, или она уже все позабыла!

Прошли годы институтского учения. Княгиня была не особенно радостна с тех пор, как стала говорить о поездке в Петербург за дочерью. Она терялась. Она не знала, перевозить ли ей дочь в деревню и здесь ее переламывать по-своему или уже лучше ей самой переехать в свой петербургский дом и выдать там княжну замуж за человека, воспитания к ней более подходящего.

Между тем дни шли за днями, и пришло неотложное время ехать. Начались сборы, и невдалеке назначен день выезда; бабушка ехала до губернского города на своих подставах, а оттуда далее на сдаточных, которые тогда для неофициальных лиц были благонадежнее почтовых.

Но пока человек предполагал, бог располагал по-своему, и бабушке открывался выход неожиданный и невероятный.

ГЛАВА СЕМНАДЦАТАЯ

В то время как сборы княгини совсем уже приходили к концу, губернский город посетил новый вельможа тогдашнего времени – граф Функендорф, незадолго перед тем получивший в нашей губернии земли и приехавший с тем, чтобы обозреть их и населять свободными крестьянами. Кроме того, у него, по его высокому званию, были какие-то большие полномочия, так что он в одно и то же время и хозяйничал и миром правил.

Бабушка, к дому которой никакие вести не запаздывали, слушала об этом новом лице с каким-то недоверием и неудовольствием. Я забыла сказать, что в числе ее разных странностей было то, что она не жаловала графов. По ее правилам, в России должны быть царский род, князья, дворяне, приказные, торговые люди и пахотные, но графы... Она говорила, что у нас искони никаких графов не было, и она будто бы вовсе не знает, откуда они берутся.

— Говорят, графы стали, ну и бог с ними: они мне ни шьют, ни порют, и я им не помеха, а только отчего им это так сделалось, я не знаю.

Но что касается до графов с иностранными фамилиями, то этого она решительно и за титул не принимала.

— Пустяки, — утверждала она, — совершенные пустяки, это они и сами-то у себя это в насмешку делают, графами называются. Вон Калиостро простой итальянец был, макаронник, и по всей Европе ездил фокусы показывать да ужины с мертвецами давал, а тоже графом назывался.

При таком воззрении понятно, что бабушка не высокого была суждения и об этом графе Функендорфе, о котором ей рассказывали, как он грозен и строг и как от страха пред ним в губернском городе все власти сгибаются и трепещут.

— Что такое!.. — говорила она, — ну, положим, он и в самом деле знатный человек, я его рода не знаю, но чего же бояться-то? Не Иван Грозный, да и того сверх бога отцы наши не пугивались, а это петербургский божок схватил батожок, а у самого, — глядишь, — век кратенький... Мало ли их едет с перищем, гремит колесом, а там, смотришь, самого этого боженьку за ноженьку, да и поминай как звали. Страшен один долготерпеливый, да скромный, за того тяжко богу ответишь, а это само пройдет.

Но грозный для всех граф был отнюдь не таков по отношению к княгине; до нее один за другим доходили слухи, что он о ней очень любопытствует, и сам с

— Что ему еще до меня? — удивлялась княгиня и еще более удивилась, когда в один вечер Патрикей доложил ей о земском рассыльном, который приехал в Протозаново с письмом от губернатора.

Бабушка распечатала пакет и прочитала, что граф желает ей представиться и просит позволения к ней приехать в какой она назначит день.

Княгиня отвечала, что она всякому гостю всегда рада и дня не назначает, но только извещает, что она вскоре едет в Петербург за дочерью, и просит графа, если ему угодно у нее быть, то не замедлить.

Между тем ее, как бы по предчувствию, как-то беспокоило это посещение. Она зачастую видала у себя разных подобных "божков" из Петербурга и принимала их как и всякого другого, а этот ей был почему-то особенно неприятен.

Чуждая всякой спеси и всякой подозрительности, княгиня никогда не задавала себе вопроса: зачем к ней приедет тот или другой человек? – едет, да и только, но тут у нее этот вопрос не шел из головы.

"Что ему до меня?" – ломала она свою голову, супя свои красивые брови, и по целым часам думала об этом, глядя на играющих у ее ног на ковре маленьких князей.

"Если так думать, что он хочет у меня купить крестьян на свод, то, во-первых, я не имею никакого права продавать их, потому что они детские, да и неужто я похожа на тех, что людей на свод продают?.. Если же ему, может быть, денег надо... так этого быть не может, чтоб он у меня занимать стал!" И она опять взглядывала на детей и думала: "Не насчет ли моих детей он намерен коснуться? Только кто же посмеет в это вмешаться? Положим, у меня это случилось с девочкой, но то ведь была девочка, там я могла еще уступить: девочка в свой род не идет, она вырастет, замуж выйдет и своему дому только соседкой станет, а мальчики, сыновья... Это совсем другое дело на них все грядущее рода почиет; они должны все в своем поле созреть, один за одним Протозановы, и у всех пред глазами, на виду, честно свой век пройти, а потом, как снопы пшеницы, оспевшей во время свое, рядами лечь в скирдницу... Тут никому нельзя уступать, тут всякая ошибка в воспитании всему роду смерть".

У княгини тогда уже были зрело обдуманные мысли, как ока займется воспитанием сыновей и к чему их будет весть.

"Не дочь ли моя его, наконец, интересует?" – добиралась княгиня и пошла рассуждать, что ведь они-де, эти графы-то, любят цапнуть: они все высматривают, где за русскою женщиной поживиться хорошим приданым можно... Что же? Это дело статочное: ему, говорят, всего пятьдесят лет... По их суждениям, это нынче еще молод, а он, говорят, еще и впрямь молодец. И вдов, и здоров, и знатен... что же? Нынче такие браки с шестнадцатилетними невестами в Петербурге зауряд пошли. Гадко это, а, чего доброго, это могло ему прийти в голову".

И вдруг ей самой пришло в голову еще совершенно иное соображение; соображение, ни одного раза не приходившее ей с самого первого дня ее вдовства: она вздумала, что ей самой еще всего тридцать пять лет и что она в этой своей поре даже и краше и притом втрое богаче своей дочери... Тридцать пять и пятьдесят, это гораздо ближе одно к другому, чем пятьдесят и шестнадцать; а как притом эта комбинация для графа и

123

гораздо выгоднее, то не думает ли он, в самом деле, осчастливить ее своей декларацией?

Мысль эта показалась бабушке столь ясною и логичною, что она стала верить, как в неотразимый факт, и ждала гостя в неспокойствии, за которое сама на себя сердилась.

Чего в самом деле! Неужто она не знает, как она встретит всякий подход с этой стороны и чем на него ответить.

Между тем "божок с перищем ехал и уже недалеко гремел колесом".

ГЛАВА ВОСЕМНАДЦАТАЯ

Граф, благодаря бабушку за приглашение, прислал известить ее, что он пожалует к ней в первое следующее воскресенье вместе с губернатором, который его ей отрекомендует. Бабушке не нравилась эта помпа.

– К чему это? зачем это? что такое мне губернатор?

По независимым и оригинальным понятиям бабушки, губернатор был "старший приказный в губернии", и приказным до него было и дело, а ей никакого: вежлив он к ней и хорош для других, она его примет в дом, а нет, так она его и знать не хочет. Таковы были ее правила. Но гостей надо было принять, и день их приезда настал: день этот был погожий и светлый; дом княгини сиял, по обыкновению, полной чашей, и в нем ни на волос не было заметно движение сверх обыкновенного; только к столу было что нужно прибавлено, да Патрикей, сходив утром в каменную палатку, достал оттуда две большие серебряные передачи, круглое золоченое блюдо с чернью под желе, поднос с кариденами (queridons) да пятнадцать мест конфектного сервиза. Это всегда отбиралось с усмотрения Патрикея по числу гостей и потом опять после стола относилось на место, в безопасную от огня и от воров каменную палатку.

Из того, что конфектного сервиза было вынуто пятнадцать мест, ясно было, что, кроме графа, губернатора и самой хозяйки, за стол сядут еще двенадцать человек; но это тоже не были гости отборные, нарочно к этому случаю призванные, а так, обыкновенные люди, из соседей, которые к этому дню подъехали и остались обедать. В счету их, без всякого сомнения, была и дьяконица Марья Николаевна и Дон-Кихот Рогожин, о котором я уже несколько раз упоминала и теперь здесь непременно должна сказать несколько слов, прежде чем сведу его с графом.

Доримедонт Васильевич Рогожин, получивший прозвание Дон-

Кихота, был чудак, каких и в тогдашнее время было мало на свете, а в наш стереотипный век ни одного не отыщется.

Он был длинный, сухой и рыжий дворянин с грустными изумрудными глазами, из которых один впоследствии потерял. Рогожин своею наружностью в общем чрезвычайно напоминал всем столь известную фигуру Дон-Кихота и так же, как тот, был немножко сумасшедший. По случайной фантазии, оригинальный костюм Рогожина еще более довершал его сходство: Доримедонт Васильевич любил верхнее короткое платье вроде камзола или куртки, похожей на бедный колет рыцаря Ламанча, и туго стягивался ржавым металлическим поясом, состоявшим из продолговатых блях, соединенных между собою тоненькими крепкими цепочками, из которых, впрочем, многие были оборваны. Весь этот костюм всегда был в беспорядке, но Рогожин и не обращал на такую мелочь никакого внимания. Он, впрочем, вероятно, и не счел бы приличным иметь платье с иголочки, как у какого-нибудь горожанина. Он, как истый горец, в лохмотьях своих любил их красоту, и был прав: они ему действительно шли и сидели на нем так, как не могла сидеть никакая обнова. Чудак этот служил в Отечественную войну в войсках и был взят в плен и отведен во Францию, откуда вернулся, набравшись тогдашних либеральных идей, которые, впрочем, переработал по-своему. Он был враг всякого угнетения и друг демократии, но вместе с тем и друг изгнанного дворянства, реставрации которого тоже сильно сочувствовал, потому что любил "благородство идей" и ненавидел зазнающихся выскочек. Возвратясь домой, он потерялся: чему сочувствовать и за кого заступаться? Здесь он не скоро мог сообразить: кто кого угнетеннее и имеет более прав на его защиту? Он то порывался разбить тюрьмы или побить неправедных судей, то лютовал, слыша стоны возле господских контор, и, наконец, растерявшись, первым делом положил отпустить на волю собственных крестьян. Сказано – и сделано. У него было ничтожное именьишко, доставшееся ему от матери, бедной дворянки, обреченной в монастырь и неожиданно вышедшей замуж за его отца. Это именьице да унаследованное от матери уменье писать уставами и рисовать золотом и киноварью заставки составляли все наследие Дон-Кихота. Крестьянам своим он объявил, что они свободны и могут идти куда хотят; но крестьяне от него не пошли. Это Рогожина крайне удивило, но когда девять мужиков, составлявших всю его крепостную силу, собравшись к его соломенным хоромам на курьих ножках, растолковали ему, что они на свободе боятся исправника и всякого другого начальства, то Доримедонт Васильевич, долго шевеля в молчании губами и длинным рыжим усом, наконец махнул рукой и сказал:

– Ну так живите как знаете; только на меня не работать!

Мужики на это согласились: условия для них были довольно удобные

125

и легкие. Впоследствии эти хуторяне, сколько по великодушию, столько же от соседских насмешек, что они "живьем у себя барина заморили", накинули на себя мирское тягло в пользу Рогожина: они взялись ему убирать огород и луг для его коровы и пары кляч и перекрыли ему соломой горенку. Кроме того, как в это время Доримедонт Васильич часто должен был ездить в город, где хлопотал о пенсии за свою службу и раны, ему нужен был кучер, то мужики выбрали для услуг из своей среды мужика Зинку. Мужик Зинка, сделавшийся Санчо-Пансой нашего Дон-Кихота, кажется, был приуготовлен к этой должности самою природой. В детстве, отрясая с высокого ясеня зеленых майских жуков, которых оптовщики скупают по деревням для продажи в аптеки, Зинка сорвался с самого верха дерева и повредил себе крестец. После этого излома он так странно сросся, что вся нижняя его половина всегда точно шла на один шаг сзади верхней. С летами Зинка ободрател, но почти совсем не вырос и, по слабосилию своему, был не годен ровно ни к какой тяжелой сельской работе. Поэтому он летом обыкновенно сидел у околицы и плел из лык кошели, а зимой ходил с иглой и ножницами шить зипуны и полушубки. Благодаря долговременному сидению в одиночестве у околиц Зинка развил в себе большую сосредоточенность и склонность к размышлениям, а хождением со швецовским промыслом, при котором столь важную роль играет мастерство утягивать лоскутья, он приобрел много ловкости и лукавства, к которым вообще, вероятно, был способен и от природы.

Вот этим-то человеком рогожинские мужики и наградили своего доброго барина. Рогожин, осмотрев Зинку, почел его не неудобным для своих служб, а поговорив с ним, пришел даже в восторг от него. Зинка, далеко таскаясь со своим швецовством, бывал почти во всех деревнях всего округа, звал многих людей и не боялся неизвестных дорог, потому что умел их распытывать; к тому же он мог чинить платье неприхотливого Дон-Кихота и был не охотник сидеть долго под одною кровлею, столько же как и его барин. Кроме того, Зинка умел рассказывать разные страшные сказки и достоверные истории про домовых, водяных, а также колдунов и вообще злых людей и, что всего дороже, умел так же хороню слушать и себе на уме соглашаться со всем, что ему говорил его барин. В душе он считал Рогожина дурачком, или по крайней мере "божьим человеком". Ну, словом, Пансо был по всем статьям как на заказ для нашего Дон-Кихота выпечен, и они запутешествовали.

В своих помещичьих скарбах Доримедонт Васильич отыскал старую, ободранную рогожную кибитку, поставленную на две утлые дрожины на неокованных колесах. В этом экипаже его бедные родители отвозили его когда-то в училище, и экипаж этот назывался тарантасиком. Уцелела серая кобылица обыкновенной крестьянской породы и при ней ее нисходящее потомство: рыжий трехлетний конек да сосунок-жеребеночек. Выехать, значит, было на чем. Недоставало сбруи, но один хомутишко где-то нашелся, к нему приправили гужи, а на пристяжную свертели дома изрядную шлейку да наплели и навязали, где нужно, веревочек и лыко да мочала. Дон-Кихота помчали.

О пенсии своей Рогожин хлопотал долго и с переменным счастием: то дело его шло, то вдруг останавливалось. При малейших замедлениях Рогожин не разбирал, кто в этом виноват, а грубил всем, кому ни попало, начиная с губернатора и кончая последним писарем. Благодаря этой энергии он скоро прослыл на всю губернию чудаком, и когда он показывался в городе, за ним издали ходили разные люди, чтобы посмотреть на этого бесстрашного. Мужик Зинка этим пользовался и очень долго показывал его желающим на постоялых дворах за пироги и за мелкие деньги, но Доримедонт Васильич случайно открыл эти проделки своего Пансо и, перегнув его при всей публике через свое длинное сухое колено, отхлопал по отломанной части. Докуки Дон-Кихота имели, однако, для него и свою хорошую сторону: начальство, выйдя с ним из терпения, выхлопотало ему пенсию, что-то вроде пятисот рублей на ассигнации, чем Рогожин был, впрочем, очень доволен. Но его чрезвычайно удивило, что, прежде чем получилась эта пенсия, на него стали в изобилии поступать уголовные иски за учиненные им то одному, то другому начальствующему лицу грубости и оскорбления! Как, он сам себя считал обиженным, что его так долго томили, а тут еще на него же жалуются! Другое дело сатисфакция... Он это готов дать кому угодно, но возиться с приказными и все это писать на бумаге... Это никуда не годится!

Доримедонт Васильич опять натянул на своих Россинантов лыко и мочало и опять с тем же Зинкой и в сопровождении того же жеребенка поскакал в город предлагать всем жалобщикам свою сатисфакцию, но никто его сатисфакции не хотел принимать, и все указывали ему на уголовную палату.

Рогожин рассердился, плюнул и, наговорив заодно всем, кому мог, больших дерзостей, укатил из города неизвестно по какой дороге. Дома его напрасно разыскивали и вызывали бумагами к ответу: Доримедонт Васильич исчез и неизвестно где пропадал целые три года кряду. Во все это время, укрываясь от суда, он путешествовал по разным далеким и близким монастырям, где ему, по большей части, добрые иноки были рады. Сын монастырки, Рогожин знал монастырские порядки и умел быть не в тягость обителям, напротив, делался везде полезным человеком: он умел переплетать и подписывать пришедшие в ветхость книги; размечал оглавы киноварью и твореным золотом и вообще мастерски делал подобные мелкие работки, на которые не только по захолустьям, но и во многолюдных городах не скоро достанешь искусного художника. Рогожин, как сказано, во всем этом унаследовал от матери большую тонкость, и искусство это ему пригодилось. Можно положительно сказать, что если б и в монастырях тоже не оказывалось каких-нибудь угнетенных людей, за которых Доримедонт Васильич считал своею непременною обязанностью вступаться и через это со всеми ссорился, то его ни одна обитель не согласилась бы уступить другой, но так как заступничества и неизбежно сопряженные с ними ссоры были его неразлучными спутниками, то он частенько переменял места и наконец, заехав бог весть как далеко, попал в обитель, имевшую большой архив древних рукописей, которые ему и поручили разобрать и привесть в порядок.

Наш чудак так обрадовался этой благодати, что, закопавшись в пыльном архивном хламе, не мог даже и видеть, что вокруг него происходит: кто кого угнетает и кто от кого страждет.

Рогожин был вообще очень любознателен и довольно начитан, преимущественно в истории, но он терпеть не мог сочинений, в которых ему всегда мешал личный взгляд автора. Он любил читать по источникам, где факт излагается в жизненной простоте, как происходило событие, и что не обязывает читателя смотреть на дело с точки зрения, на которую его наводит автор книги сочиненной. Тут Доримедонту Васильичу выпала сладкая доля досыта удовлетворить своему влечению к такому чтению. Жизнь была благодатнейшая: он читал; лошадки его пахали монастырские огороды и возили сено с приписных лугов, а сломанный Зинка, которого в монастыре звали всем его крестным именем – Зиновий, подметал трапезную и растолстел, как тучный теленок, на вкусных квасах и на мягком хлебе. Лучше этой жизни ни Дон-Кихот, ни его Пансо выдумать себе не могли: ленивый к богомолению Зинка столь был им восхищен, что стал даже усердно славить бога и молиться, чтоб это как можно долее не кончилось. Если бы Вольтер знал этого нашего земляка, то он должен был бы сознаться, что не ему одному казалось удобнее молиться после обеда, чем пред обедом, но наши натуральные философы, вероятно, никогда не получат известности, постоянно предвосхищаемой у них чужеземцами.

Однако послеобеденная молитва Зинки, должно быть, точно так же мало доходила до властителя судеб человеческих, как и сытая молитва, которою хвалился Вольтер: ни тому, ни другому из этих молитвенников не сталось по их молениям.

До монастыря дошла весть, что уже с полгода тому назад по случаю какого-то торжества последовал манифест, покрывший прощением многие проступки, к категории которых относились и те, за кои скрывался в изгнании Рогожин.

Доримедонт Васильич сейчас же раскланялся с настоятелем за приют и за подаренные ему старые рукописи из числа тех, которые в монастыре показались ненужными, и, выйдя на крыльцо кельи, закричал:

– Эй, Зинобей!

Зинка знал этот крик: это был призывный, боевой клич его барина, клич не то переделанный из имени Зиновий, не то скомпонованный из сокращения двух слов: "Зинка, бей!" Так кричал Рогожин при своих рыцарских нападениях на обидчиков.

Зинка выскочил из-под крыльца пекарни, как заяц, схватил налету за пазуху добрую дольку мягкого хлеба и через десять минут подал к воротам ободранную кибитку с парой известных нам лошадок во всем их пеночном и мочальном уборе.

Дон-Кихот Рогожин появился за воротами в подаренной ему настоятелем за работу черной мантии, из которой он намеревался себе сделать плащ, но потом нашел, что она может ему служить свою службу и без переделки. Он швырнул в кибитку целый ворох переплетенных и просто в кули связанных рукописей и закричал:

– Ну, бей, Зинобей; бей! Зинка бей!

И они покатили.

Дома они застали все как было, в том же запустении, только соломенная крыша на горнице как будто немножко более поосунулась. Домашние тоже не усмотрели в них за три года никакой большой перемены: только тарантас, стоявший в монастыре под куриною поветью, немножко поприбелел сверху да с серою кобылицей прибежал новый сосунок. Последнее, впрочем, было не новость, потому что у этой загадочной лошади всякий год были новые жеребятки, и с тех пор, как с возвращением барина она попала ему в езду, ни один из этих жеребят не переживал первого года. Они обыкновенно не могли долго бежать за своею матерью и ходившим с нею на пристяжке старшим братцем и или где-нибудь отставали и терялись, или умирали на дороге от перегона; а через год Дон-Кихот опять скакал на своих удивительных лошадях, и за ним со звонким ржанием опять гнался новый жеребенок, пока где-нибудь не исчезал и этот.

Я назвала одров Рогожина удивительными, но чувствую, что это слово слишком слабо для выражения того почтения, которое они оставили по себе в самом позднем потомстве. Это были не кони, а какие-то сказочные грифы седлистые и длинные, как гусеницы, с голыми шеями и какими-то остатками перьев вместо шерсти на прочих местах, они наводили страх своими мясистыми головами, похожими скорее на головы огромных птиц, чем лошадей. Вечно они были некованые, а весьма часто и голодные, и на вид не представляли никакой благонадежности даже для самого близкого переезда. Когда они стояли в своей мочальной сбруе, казалось, что каждую из них достаточно только толкнуть, и она сейчас же повалится и будет лежать, подняв ноги, как деревянная скамейка, но это только так казалось. Что же делали эти одры, когда они слышали за собою из тарантаса сумасшедшие возгласы Дон-Кихота и визгливый фистульный крик его Пансы – это было уму непостижимо! Они, говорят, летали до ста верст в одну упряжку, и именно не бегали, а летали, как птицы. Без шуток говорю: было живое предание, что они поднимались со всем экипажем и пассажирами под облака и летели в вихре, пока наступало время пасть на землю, чтобы дать Дон-Кихоту случай защитить обиженного или самому спрятаться от суда и следствия. К чести Зинки, он отнюдь не поддерживал этого заблуждения и откровенно признавался, что одры его барина просто двужильные и страшного в них заключается только то, что после каждого этого одра непременно должны издохнуть двенадцать хороших лошадей, но ему, разумеется, не верили. Ни один обстоятельный человек никогда не соглашался положиться легкомысленно на такой рассказ, сочиненный, очевидно, для того, чтобы только людям глаза отвести. Все умные люди понимали, что лошади Дон-Кихота не могли быть обыкновенными лошадьми и, зная, что Зинка мужик лукавый, охотнее верили другому сказанию, что они, то есть Дон-Кихот и Зинка, где-то далеко, в каком-то дремучем лесу, чуть не под Киевом, сварили своих старых лошадей в котле с наговорами и причитаниями по большой книге и, повинуясь этим заклинаниям, из котла в образе прежних их лошадей предстали два духа, не стареющие и не знающие устали. Да это было и вероятнее, и я отнюдь не хочу этого оспаривать в моей хронике, где должна дать место этим таинственным зверям, которых вид, годы, сила, ум и ухватка – все превосходило средства обыкновенного человеческого понимания.

ГЛАВА ДЕВЯТНАДЦАТАЯ

Прискакав после долговременного отсутствия домой, Дон-Кихот впал в полосу долговременного штиля, какого потом не бывало уже во всю его остальную жизнь, и тут он совершил один страшный и бесповоротный шаг, о котором, вероятно, имел какое-нибудь мнение, но никогда его никому не высказывал. Покой Рогожина зависел от того, что он привез с собою из монастыря целые вороха старых книг и рукописей. От этого клада он не мог оторваться, прежде чем все ветхие бумаги были им перечитаны, сравнены и изучены, а на это требовалось целые полгода. Рогожин просидел всю осень и зиму за чтением; зимние поздние предрассветные зори часто заставали его пред нагоревшим высоким глиняным ночником, в оскудевшую плошку которого он глядел помутившимися от устали глазами и думал какие-то широкие думы. Он доходил до мысли: как освободить много, много угнетенных людей за один прием, сразу, и в пылающей голове его неслись план за планом, один другого смелее и один другого несбыточнее. В результате всего этого получилось одно, что совсем выбившийся из сна Дон-Кихот в начале Великого поста не выдержал и заболел: он сначала было закуролесил и хотел прорубить у себя в потолке окно для получения большей порции воздуха, который был нужен его горячей голове, а потом слег и впал в беспамятство, в котором все продолжал бредить о широком окне и каком-то законе троичности, который находил во всем, о чем только мог думать.

Крестьяне, послушав все это, наконец струсили, что их блажной барин может совсем сойти с ума или умереть и тогда они могут достаться в управление какому-нибудь другому лицу, у которого не будет его доброты, и им придется сказать "прощай" своему льготному житью. Они привезли к Рогожину из села священника. Дон-Кихот был на этот случай в памяти и как будто даже обрадовался гостю, с которым мог говорить о предметах, недоступных пониманию Зинки и других мужиков. Он посадил гостя на топорном стуле возле лавки, на которой лежал, и заговорил с ним о троичности, троичности во всем, в ипостасях божества, в идеях и в видимых элементах строения общества.

– И в церкви, – говорил он, – высшие власти три: митрополит, архиерей и архимандрит; ниже опять три: поп, дьякон и причетник, все три! Оттого, если все три совершают дело в строении, и нисходит благодать.

– Нисходит-с, – отвечал священник.

– Как же не быть сему в государстве?

– Надо быть-с.

– Я это и говорю! – воскликнул Дон-Кихот. – И я говорю, что этому надо быть! надо быть!

– Надо быть-с, – поддакнул священник.

– И оно... нагнитесь сюда ко мне поближе.

Священник оперся рукой о лавку и пригнулся к больному.

Дон-Кихот обнял его исхудалою рукой за шею и прошептал:

– И оно есть-с!

– Есть-с; непременно есть.

– Как! и вы понимаете, что оно есть?

– Понимаю-с.

– Вы понимаете, что есть три и они одно: они одно делают, одной стране служат, ее величие поют, только один в верхнем регистре, другой – в среднем, а третий – в низшем.

– Совершенно понимаю-с.

– Хорошо, – произнес Дон-Кихот и вдохновенно добавил: – дай руку, мы свои и будем говорить откровенно.

Они пожали друг другу руку.

– Прежде всего поверка: сверим силы как добрые союзники: откройся, как ты это понимаешь?

– Что это-с?

– Трое... Кто они, эти трое в России, без кого нельзя?

– Государь...

– Раз! это верно, продолжай.

– Второй – губернатор...

Дон-Кихот уже хотел загнуть второй палец с восклицанием "два", но вдруг заикнулся и, взглянув с удивлением на священника, протянул:

– Что-о-о-о?

– Второй – губернатор-с.

– Как, черт возьми, губернатор!.. Почему он второй?

– Потому что государь правит всем государством, а этот под ним губернию в страхе держит...

– Ну-у!

– Ну-с, а третий под ним городничий – он один город блюдет.

– Пошел вон! – нимало не медля отвечал Дон-Кихот.

Священник удивился и, недоумевая, переспросил:

– Как это?

– Так; очень просто: твое счастье, что я болен и не могу дать тебе затрещины, а бери свой треух и уходи поскорей от меня вон, потому что ты хуже всех.

И он ему с значительным самообладанием разъяснил, почему он хуже всех.

– Все, – сказал он, – меня не понимают и прямо так и говорят, что не понимают, а ты вызвался понять, и сказал мне всех хуже. Прощай!

Священник поднялся и пошел к двери.

– Однако же постой! – вернул его Дон-Кихот. – Сними мне с колка мою куртку.

Тот безгневно возвратился и исполнил требуемое.

Рогожин порылся в карманах, достал из одного из них обширный кожаный кошелек с деньгами и, позвякав бывшими там двумя серебряными целковыми, подал один из них гостю

– Возьми это и не обижайся – глупость не вина.

Тот принял и деньги и извинение.

– И вот еще что... Истина, добро и красота... Но тебе и это не понять... Пожалуйста, не говори, что поймешь, а то я рассержусь. Проще объясню: разум, воля и влечение, только нет... ты опять и этак не поймешь. Еще проще: голова, сердце и желудок, вот тройка!

И он поехал на этой тройке, пространно объясняя, как тут каждый нужен друг другу и всякому есть свое дело, для того чтобы весь человек был здрав умом, духом и телом.

– Опять тройка! понял? Или лучше молчи и слушай: ты сказал государь... это так, – голова, она должна уметь думать. Кормит все – желудок. Этот желудок – народ, он кормит; а сердце кто? Сердце это просвещенный класс – это дворянин, вот кто сердце. Понимаешь ли ты, что без просвещения быть нельзя! Теперь иди домой и все это разбери, что тебе открыл настоящий дворянин, которого пополам перервать можно, а вывернуть нельзя. Брысь!.. Не позволю! В моем уме и в душе один бог волен.

И, прочитав эту лекцию, дворянин, которого можно перервать, но нельзя вывернуть, впал в такое горячечное беспамятство, что мужики должны были сменить выбившегося при нем из сил Зинку и учредили при Рогожине бабий присмотр, так как уход за больным сердцу женщины ближе и естественнее.

Дон-Кихот долго пролежал без сознания и когда пришел в себя, то очень удивился.

Все окружающее его глядело чрезвычайно приятно, светелка его была убрана, на самом на нем была чистая мужичья рубашка, у изголовья стояла на столе золоченая луком деревянная чаша с прозрачною, как хрусталь, чистою водой, а за образником была заткнута ветвь свежей вербы.

Но это еще было не все, то был сюрприз для глаз, а был еще сюрприз и для слуха. Рогожину стало сдаваться, что невдалеке за его теменем что-то рокочет, как будто кто по одному месту ездит и подталкивает.

"Что это?" – подумал Дон-Кихот и хотел оглянуться, но у него не оказалось к тому никаких сил.

Экое горе! Вот бы позвать, да никого нет в избе. Кот один ходит прямо пред ним по припечку и лапой с горшка какую-то холщовую покрышку тянет. Хорошо лапкой работает!

И Дон-Кихот, давно ничего не видавший глазами, засмотрелся на кота и не заметил, как тот мало-помалу подвигал горшок к краю и вдруг хлоп... Горшок полетел об пол, а серый бедокур проворными скачками ускакал за трубу... Но Рогожину некогда было следить за проказником, потому что при первом громе, произведенном падением разбившейся посуды, чистый, звонкий, молодой голос крикнул: "Брысь!", и занимавший несколько минут назад больного рокот за его головою тотчас же прекратился, а к печке подбежала молодая сильная девушка в красной юбке и в белой как кипень рубахе с шитым оплечьем.

Она всплеснула над разбитым горшком руками и, быстро присев на корточки, стала бережно подбирать в передник черепья.

Во все это время она держалась к Дон-Кихоту спиной, и он только мог любоваться на ее сильный и стройный стан и черную как смоль косу, которая

Рогожину показалось, что он никогда не видал такого свежего и здорового, молодого женского тела, и он ждал, пока девушка кончит уборку и обернется к нему лицом. А она вот забрала с полу последние черепки и оборотилась... Фу ты господи, да что же это за роскошь!

Ведь вправду, мало сказать, что есть женщины, которые хороши и прекрасны, а надо сознаться так, что есть и такие, которые как на грех созданы. Вот эта и была из таких.

Как она обернулась и мимоходом повела глазами на Дон-Кихота, так он и намагнетизировался. Та смотрит на него, потому что видит его смотрящим в первый раз после долгого беспамятства, а он от нее глаз оторвать не может. Глаза большие, иссера-темные, под черною бровью дужкою, лицо горит жизнью, зубы словно перл, зерно к зерну низаны, сочные алые губы полуоткрыты, шея башенкой, на плечах – эполет клади, а могучая грудь как корабль волной перекачивает.

Больной дворянин был сражен этой красотой и, по немощи, сразу влюбился. Он только хотел удостовериться, что эта не греза, не сон, что это живая девушка, а что она крестьянка, а он дворянин – это ничего... законы осуждают, а сердце любит.

Рогожин попробовал улыбнуться и слабо выговорил:

– Умница!

– Что тебе, барин? иль полегчило? – сказала девушка и сама, улыбнувшись от доброжелательства, все вокруг себя как солнцем осветила.

Больной молчал

– Что тебя, поправить, что ли?

И, не дожидаясь ответа, она подвела ему под плечи круглую упругую руку и, поправляя другою рукою его изголовье, держала во все это время его голову у своей груди.

Запах молодого, здорового тела, смешанный с запахом чистого, но в дымной избе выкатанного белья, проник через обоняние Рогожина во всю его кровь и животворною теплотою разбежался по нервам.

– Кто ты? – произнес Дон-Кихот.

– Девка.

– А как тебя звать?

– Аксюткой звать.

– Аксиньею... Ксения!

Он произнес это имя и к нему прислушался. Ему показалось, что оно очень хорошо звучит.

– Что ты тут делала?

– Я-то? Тебя стерегла...

– Чего?

– Когда ты помрешь.

– Помру... вона!

– А что ж?

– Я теперь жить хочу, Ксения.

– Жить?.. да что же, для чего тебе не жить? Хлеб есть. Живи!

И она посмотрела в его вперенные в нее глаза и проговорила:

– Или тебя еще поправить?

– Поправь.

И опять это прикосновение руки, и опять ошибает свежий аромат легкой смолистой задыми и молодого тела.

– Будет, – прошептал Дон-Кихот, – будет: хорошо мне. Только вот что...

– Что еще?

– Сядь ко мне так, чтоб я тебя видел.

– Где сесть? тутотка?.. хорошо, сяду.

И она зашла ему за-головы и опять появилась с донцем, гребнем и размалеванною прялкою: села, утвердила гребень в гнезде донца, поставила ногу в черевичке на приверток и, посунув колесо, пустила прялку.

Опять мерная музыка заиграла тем же рокотом, а сама чародейка сидит, работает, и ни слова.

– Скажи мне что-нибудь, – попросил Дон-Кихот.

– Про что тебе рассказать? Я ничего не знаю.

– Про что ты думаешь.

– Вон кот горшок разбил!

– А что там было в горшке?

– Тесто было... калину парили.

– На что она?

– Девкам лизать.

Дон-Кихот нахмурился и спросил:

– Про каких ты девок говоришь?

– Про наших, про рогожинских, – мы ведь на смену при тебе сидеть ходим. Вот Танька уже бежит, она сичас на меня заругается, что не углядела. Прощай, барин, оздоравливай.

И прежде чем Рогожин успел ей ответить, она собрала всю свою рабочую снасть и, столкнувшись на пороге с пришедшею ей на смену другою девушкою, выбежала.

Пришедшая не выдерживала ни малейшего сравнения с удалявшеюся. Рогожин не хотел и смотреть на эту. Он опять спал и поправлялся, но бог

135

его знает, на каких тройках ездил он впросонках: кажется, что он теперь на время позабыл о добре и истине и нес уже дань одной красоте.

Но на его несчастие дела его шли так худо, что ее-то, эту чудную Ксению, он никак более и не видал. Как он ни проснется, все сидит возле него женщина, да не та, а спросить ему казалось неловко и совестно. Разве ее похвалить за красу? Но как же это мог себе позволить благородный и начитанный дворянин?

Ведь он знал, что по рыцарским обычаям и хвалить девушку без ее согласия запрещалось, а Ксения не давала ему согласия ее хвалить. И еще что об этих похвалах подумают?

"А хороша Ксения, очень хороша!"

Он решился молчать.

Но вот приходит раз мужик Архар, он был в хуторе вроде старосты, и говорит:

— Барин, а барин!

— Что тебе? – отвечал Дон-Кихот.

— А девка-то Аксютка баяла, что ты с нею баловал...

— Ну еще что скажи!

— А почто же ты с другими, кои ходят, ничего не балакаешь?

— А тебе что за дело?

— Такое дело, что она из моего двора, так если она тебе против других больше по обычаю, так чего на нее смотреть-то! мы одну к тебе посылать станем сидеть: пускай она, дурища, тебе угождает.

— Это ты про свою родную дочь так-то?

— Какая она мне дочь!

— Ну так падчерица: все равно, зачем ее дурой называть?

— Она мне и не падчерица.

— Ну племянница, что ли... Это все равно.

— И того совсем не было.

— Кто же она?.. так... чужая... приемыш, что ли? А?.. что?.. приемыш?

Сердце дворянина то замирало, то учащенно билось от необыкновенного предчувствия, а староста Архар отвечал:

— Аксютка-та?.. да она и не приемыш, а так... позабытая... богданка.

— Богданка?

— Да; она не нашенская, сирота будет... безродная.

— Где же ты ее взял?

— Чего взял, сами родители к нам на село привезли... О французовой поре можайские дворянчики все через наши края бегивали, и тут тоже пара их бегла, да споткнулись оба у нас и померли, а сиротинку бросили.

— Дворянка!.. Так как же ты говоришь, что она безродная! Продолжай! не останавливайся... продолжай!

136

– Она была тогды махонькая, и глазки у нее болели: рассказать ничего не умела!..

– Ну!

– Мы ее хотели к заседателю, а заседатель от страсти сам бежал. Мужики и говорят: "Нам, Архар Иваныч, ее куда же? такую лядащенькую; а ты, брат, промеж нас набольший, ты староста – ты и бери".

– Ты и взял?

– Да ведь что с лихом поделаешь: не в колодец ее было сунуть, – взял.

– И это она и есть?

– Она самая.

– Можайская дворянка?

– Да так у нее в бумагах писано.

– Кто читал?

– Поп читал, когда ее родителев хоронил.

– Покажи мне сейчас эти бумаги!

Архар отправился к попу, а Рогожин, сверх всякого ожидания, в одну минуту оделся и, войдя шатающимися от слабости ногами в избу Архара, прямо, держась рукою стены, прошел в угол, где сидела за своею прялкой его Дульцинея, и, поддержанный ее рукою, сел возле нее и проговорил:

– Мы будем вместе ждать решения нашей судьбы!

Та ничего не поняла, но Архар принес бумаги, и Рогожин, взглянув в них, зарделся радостью и воскликнул:

– Ксения Матвевна, вы дворянка! Вы дворянка, и пред лицом земли и неба клянусь, что я вас люблю и прошу вас быть моею женой.

Девушка смутилась и, заслонясь рукавом, ничего не отвечала. Дон-Кихот принял это за скромность и обратился к крестьянам:

– С этих пор, – сказал он, – я под всяким страхом запрещаю звать ее Аксюткой. Через день она будет моя жена, а ваша госпожа Аксиния Матвевна.

Мужики почесались и отвечали:

– Ну Аксинья, так и Аксинья.

ГЛАВА ДВАДЦАТАЯ

Рогожин свертел скоропостижную свадьбу и справлял необыкновенный медовый месяц. Женясь по живости своей и благородству восторженной фантазии безо всякого обстоятельного осведомления о характере и других свойствах своей жены, он даже не заметил, что не имел от нее определенного ответа: любит ли она его, или по крайней мере не любит ли кого-нибудь другого? Он прямо женился – исторг закинутую в грубую крестьянскую семью родовую дворянку, реставрировал ее в своем звании и тем исполнил долг совести и потребности пылавшего в нем чувства к красавице. Остальное его не касалось, да и что там еще могло быть остальное? Какие-нибудь совершенные пустяки. Он все это исчерпал менее чем в один свой медовый месяц.

Весна любви Дон-Кихота шла об руку с весною жизни природы, и потому в соломенном дворце было тепло, и светло, и для двух просторно. Когда молодая жена Рогожина утром убирала жилье, он выходил на крыльцо и, сев на порог, читал один из своих фолиантов; затем он сам ставил ей самовар; сам наливал для нее чай и непременно требовал, чтоб она сидела, а он подносил ей налитую чашку на широкой книге, заменявшей ему в этой церемонии поднос. Потом счастливые супруги вместе варили обед и, наконец, выходили вдвоем испить блаженство мечты в садике, где Рогожин среди двух берез и рябины своими руками устроил на низкой лужайке скамью из дощечек. Здесь он садился сам и, усадив рядом с собою жену, обнимал рукою ее стан и начинал ей с восторгом и декламацией говорить о боге, о просвещении и о святой независимости доброй совести и доброй воли.

Он совершенно забывал, что жена его не знает грамоте, что она выросла в крестьянской избе и ей доступен из трех известных ему регистров только самый низший, вседневный.

– Как я увидел тебя и как полюбил, – говорил он, держа одною рукой ее руку, а другою обвивая ее сильный, роскошнейший стан, – ты слушай, как я тебя увидел, в моем сердце сейчас же послышался голос, что я с тобою буду счастлив.

Та, заслышав эти всякий день повторявшиеся признания, тихо зевала и жалась виском к плечу мужа, а он в своем бреде влюбленном шептал:

– Ты послушай, послушай, что я тебе расскажу: ты знаешь, давно был герой Ярль Торгнир?.. Нет, ты не знаешь... Ну, ничего: он жил от нас за морем, в странах скандинавских... Да, и у него была жена... Прекрасная жена... Он ее очень любил и жить без нее не мог... вот все равно как я без тебя. Ну, похоронив ее, он и стал о ней тосковать. Всякий день приходил он рыдать к ней на могилу... Вот он раз сидит на могиле, а над ним летит ласточка – вот точно такая, как теперь перед нами... Погляди, моя милая, как она вьется!.. Ярль Торгнир взглянул на нее и со слезами послал птичке слово: "Утешь меня, добрая птичка!" И ласточка крылья сложила и, над его головой пролетев, уронила ему русый волос... золотой как горючий янтарь волосок, а длиною в целый рост человека... Ярль Торгнир взял волос и по тонине его понял, что высокого рода была та девица, с головки которой упал этот волос... И влюбился Ярль Торгнир по тому волоску в

138

княжну Ингигерду, поехал и отыскал ее на Руси, как и я отыскал тебя... тоже случайно... и, в объятиях сжав ее, так же как я здесь тебя обнимаю, был счастлив.

Произнося этот монолог с глазами, вперенными в небо, Рогожин был действительно счастлив, и все крепче и крепче обнимал свою подругу, и, наконец, переводя на нее в конце свой взгляд, видел, что она сладко спит у него на плече. Он сейчас же отворачивал тихо свою голову в сторону и, скрутив трубочкой губы, страстно шептал:

Дон-Кихот не мог взять на руки своей жены и перенести ее домой: он был еще слаб от болезни, а она не слишком портативна, но он зато неподвижно сидел все время, пока "душка" спала, и потом, при обнаружении ею первых признаков пробуждения, переводил ее на постель, в которой та досыпала свой первый сон, навеянный бредом влюбленного мужа, а он все смотрел на нее, все любовался ее красотою, вероятно воображая немножко самого себя Торгниром, а ее Ингигердой.

Однако все это весьма естественно кончилось тем, что супруги к исходу своего медового месяца стали изрядно скучать, и Дон-Кихот Рогожин велел Зинке запрячь своих одров в тарантас и поехал с женою в церковь к обедне. Тут он налетел на известный случай с Грайвороной, когда бедный трубач, потеряв рассудок, подошел к иконостасу и, отлепив от местной иконы свечу, начал при всех закуривать пред царскими вратами свою трубку.

Доримедонт Васильич видел, как Грайворону схватили и повлекли и как сотни рук все стремились дать ему хоть одного пинка или затрещину. В общем это выходило, по соображениям Дон-Кихота, для одного довольно много, и он вступился. Он расправил свои руки и отбил Грайворону, а потом, крикнув: "Зинобей!", примчал отбитого трубача в Протозаново и снова скрылся на своих вихрях.

Жену свою он покинул в церкви, и она возвратилась оттуда домой пешком, вместе с бабами и мужиками, как хаживала будучи крестьянкою, и, вероятно, находила это отнюдь не неприятным. Дон-Кихот же, тоже прогулявшись, хватил старины, от которой чуть не отвык, обабившись: и он и Зинка заметили, что когда они ехали в церковь с "барыней Аксюткой" (так ее звали крестьяне), то даже лошади шли понуро и сам тарантас все бочил на левую сторону, где сидела крепкотелая Ингигерда; но когда Дон-Кихот, сразившись и отбив Грайворону, крикнул: "Зинобей!" – все сразу изменилось: одры запряли ушами и полетели, тарантас запрыгал, как скорлупочка по ветру, и сами Зинка и его барин вздохнули родною жизнью.

Зинка до того всем этим увлекся, что, опьянев от удовольствия, на обратном пути сказал Дон-Кихоту:

– Эх, отец, бросим баб!

139

Рогожин отвечал ему на это пинком в спину, но не сердился. Зинка понял, что барин в душе с ним согласен и что доброе, старое кочевое время возвращается.

Бабушку в этот свой первый приезд в Протозаново наш чудак не видал: они, конечно, знали нечто друг о друге по слухам, но свидеться им не приходилось. В этот раз бабушке тоже было не до свидания с гостем, потому что княгиня занялась больным и даже не имела времени обстоятельно вникнуть, кем он спасен и доставлен. Но зато, похоронив Грайворону, она сию же минуту откомандировала Патрикея к Рогожину отблагодарить его и просить к княгине погостить и хлеба-соли откушать.

Дон-Кихот отвечал согласием. Ему это внимание, как видно, понравилось, и он на другой же день крикнул: "Зинобей!" и явился в Протозаново.

Сойдясь лицом к лицу с бабушкой, они оба, кажется, были друг другом немножко поражены и долго молчали. Бабушка, однако, первая перервала эту паузу и сказала:

– Вот ты какой!

– Да, – отвечал Рогожин, – вот этакой, я весь тут.

– Не грузен; а все воюешь.

– Да, на соколе мяса немного, на тетере его больше бывает.

– Это ты что же... меня, что ли, тетерей зовешь?

– Нет, я это просто так, к слову.

– Просто к слову, так садись до обеда и скажи мне, пожалуй, что такая за притча, что я тебя ни разу не видала. Столько времени здесь живу и, кажется, всех у себя перевидала, а тебя не видала. Слышу ото всех, что живет воин галицкий, то тут, то там является защитником, а за меня, за вдову, ни разу и заступиться не приехал... Иль чем прогневала? Так в чем застал, в том и суди.

– Что мне судить? – коротко ответил Рогожин, – дела не было, так оттого и не ехал.

– А так без дела разве нельзя, или грех по-соседски повидаться?

– Да что же... по-соседски... Какие мы соседи? Я бедный дворянин, а вы богатая княгиня, совсем не пара, и я не знал, как вы это примете, – а я горд.

– Господи мой! да довольно того – сосед и дворянин, а ты еще с достоинством носишь свое звание, чего же еще нужно?

– Да, я дворянин как надо, меня перервать можно, а вывернуть нельзя.

– Молодец!

Они подружились, и когда гость уезжал, княгиня у него осведомилась:

– Ты ведь женат?

– Женат.

— Так не обидься, пожалуйста, я тебе в бричку сослала шелковый отрез на платье... Не тебе, понимаешь, а жене твоей... на память и в благодарность, что пешком шла, когда ты мне трубача привез, — добавила княгиня, видя, что гость начал как-то необыкновенно отдуваться и хлопать себя пальцем по левой ноздре.

— Гм! жене... Ну, пускай так будет этот раз на память! — позволил Дон-Кихот, — но только... вперед этого больше не надо.

И он потом, сделавшись коротким и близким приятелем в доме княгини, никогда не принял себе от нее ничего, ни в виде займа, ни в виде подарка. Как с ним ни хитрили, чтоб обновить его костюм или помочь упряжной сбруишкой, — не решались ни к чему приступить, потому что чувствовали, что его взаправду скорее перервешь, чем вывернешь. От бабушки принимали пособие все, но Дон-Кихот никогда и ничего решительно, и княгиня высоко ценила в нем эту черту.

— Тут уже не по грамоте, а на деле дворянин, — говорила она своим близким, — богат как церковная мышь, есть нечего, а в мучной амбар салом не сманишь: "перервешь, а не выворотишь".

Эти слова Рогожина в присловье пошли, а сам он тут свою кличку получил. Бабушка сказала ему:

— Какой ты Доримедонт Рогожин, ты Дон-Кихот Рогожин!

А он отвечал:

— Я бы счастлив был, но только не в том месте родился.

Прозвание ему, однако, нравилось.

Но вместе с тем с этой же своей поездки к бабушке Дон-Кихот сразу махнул рукой на свою семейную жизнь.

— Его точно песья муха у меня укусила, — рассказывала бабушка, — так от меня и побежал на своих одрах странствовать и подарок мой жене насилу к Рождеству привез. И где он в это время был? — нечего не известно. Слышали только, что там чиновник но дороге встречный обоз в грязь гнал, на него кто-то налетел, накричал, кнутом нахлестал и уехал... По рассказам соображаем — это наш Дон-Кихот: там офицера на ярмарке проучил; там жадного попа прибил; тут злую помещицу в мешке в поле вывез — все Дон-Кихот, все он, наш сокол без мяса. К концу года, гляжу, ко мне и возвращается "Дома, говорит, день пробыл и жене гостинец отдал, а жить мне у себя нельзя: полиция ищет, под суд берут".

О доме своем он и не имел никаких забот: всем хозяйством правила "барыня Аксютка"; она продавала заезжим прасолам овец и яловиц, пеньку, холст и посконь и запивала с ними продажные сделки чайком "с подливочкой", и в той приятной жизни полнела и была счастлива.

Впрочем, о "барыне Аксютке" знали очень мало и никогда о ней в бабушкином обществе не говорили и Дон-Кихота о ней не спрашивали, за что он, вероятно, и был очень благодарен.

Бабушка находила в Рогожине очень много прекрасного и, разумеется, приобщила его к своей коллекции, но в обстоятельства его семейной жизни не входила. Она знала только одно, что он "женат глупо", и больше ничего знать не хотела.

Время свое Доримедонт Васильич препровождал самым странным и невозможным образом когда ему не угрожал суд, он исчезал на своих одрах и где-то странствовал и потом вдруг как снег на голову являлся в Протозаново.

Бабушка знала, что это значит, и обыкновенно всегда встречала его одним вопросом:

— Что, батюшка мой, верно опять победил какого-нибудь врага?

— Ну так что ж! – отвечал односложно Дон-Кихот.

— Ничего: тебе, добру молодцу, исполать, и полезай теперь скорей на полать да получше прячься.

— А меня здесь не заметят?

— Ну, где тебя заметить, ты все равно что нос на жидовской роже – незаметен.

Рогожин успокоивался и жил во флигелях у княгини, ночуя нередко в одной комнате с исправником и сидя с ним рядом за обеденным столом.

Времена и нравы теперь так переменились, что это многим, вероятно, покажется совершенно невероятным, но это было именно так, как я рассказываю. В дом княгини Варвары Никаноровны нельзя было приехать с выемкой Выборному исправнику, да и никому другому, ничто подобное никогда и в голову не могло прийти. Благодаря такому сочетанию обстоятельств Дон-Кихот преспокойно жил в Протозанове и в долгие зимние вечера служил бабушкиному обществу интересною книгой. Он развлекал всех своими рассказами, имевшими всегда своим предметом рыцарское благородство и носившими на себе особый отпечаток его взглядов и суждений. Рогожин не любил ничего говорить о себе и, вероятно, считал себя мелочью, но он, например, живообразно повествовал о честности князя Федора Юрьича Ромодановского, как тот страшные богатства царя Алексея Михайловича, о которых никто не знал, спрятал и потом, во время турецкой войны, Петру отдал; как князю Ивану Андреевичу Хованскому-Тараруую с сыном головы рубили в Воздвиженском; как у князя Василия Голицына роскошь шла до того, что дворец был медью крыт, а червонцы и серебро в погребах были ссыпаны, а потом родной внук его, Михайло Алексеич, при Анне Ивановне шутом состоял, за ее собакой ходил и за то при Белгородском мире тремя тысячами жалован, и в посмеяние "Квасником" звался, и свадьба его с Авдотьей-калмычкой в Ледяном доме справлялась... Как Салтыковы ополячились; как Василий Нарышкин с артиллериею и пехотою богача Сибирякова дом осадил и силою у него пять тысяч рублей вымогнул, а

142

потом в том же дому у него без совести бражничал. А князь Иван Васильевич Одоевский даже со столов при карточной игре у Разумовского деньги воровал.

Все гости слушали эти рассказы, и словно переживали все, что излагал пред ними Рогожин, и "страхом огораживались" от ужасавшего их захудания рода, которое, вероятно, и тогда уже предвиделось.

По крайней мере бабушка, по своей безбоязненности смотреть вперед, и тогда уже об этом говорила.

Все это были беседы бесконечные, но не бесплодные, и в них коротались дни, а когда Дон-Кихот вдруг исчезал, эти живые беседы обрывались, и тогда все чувствовали живой недостаток в Рогожине. Возвращался он, и с ним в Протозаново возвращалось веселье. Приезжал ли он избитый и израненный, что с ним случалось нередко, он все равно нимало не изменялся и точно так же читал на память повесть чьего-нибудь славного дворянского рода и пугал других захуданием или декламировал что-нибудь из рыцарских баллад, которых много знал на память.

В то время, когда бабушка ожидала к себе петербургского графа Функендорфа, Рогожин находился налицо в Протозанове: он только что возвратился откуда-то после жестокой битвы, в которой потерял глаз.

– Батюшка мой, как тебя обработали! – произнесла, увидав его, бабушка. – Ты ведь теперь кривой останешься?

– Да ничего... один глаз целый остался, – отвечал Рогожин и больше ничего не рассказывал; но люди через Зинку разузнали, что было побоище страшное, что Дон-Кихот где-то далеко "с целым народом дрался".

Вся история, сколько помню, состояла в том, что где-то на дороге у какой-то дамы в карете сломалось дышло, мужики за это деревцо запросили двадцать рублей и без того не выпускали барыню вон из деревни. Дон-Кихот попал на эту историю и сначала держал к мужикам внушительную речь, а потом, видя бессилие слов, вскочил в свой тарантас и закричал:

– Зинобей! Зинка бей! бей! бей! Зинобей!

Зинка подобрал вожжи и в свою очередь завизжал:

– Эх вы, караси! ну-ка-си! помахивай-ка-си!

И одры разлетелись, сделали с горы круг; за ними закурило и замело облако пыли, и в этом облаке, стоя на ногах посреди тарантаса, явился Рогожин в своей куртке, с развевающимся по ветру широким монашеским плащом. Все это как воздушный корабль врезалось – и тут и гик, и свист, и крик "бей", и хлопанье кнута, и, одним словом, истребление народов!

Люди сидевшей в карете дамы, воспользовавшись этою сумятицею, скорее по лошадям, и ускакали, а мужики вдруг сообразили, что Дон-Кихот один, а их много, и приняли его в переделку. Обоих путников

143

страшно избили, и они, по показанию Зинки, три дня валялись возле речки на лугу за горою. Пансо был избит совершенно понапрасну: слушая призыв "бей! Зинка бей!", он все-таки никогда никого не бил и в этом деле тоже оставался ни пред кем не повинным. Мужики этого ничего не разбирали, и от них досталось даже и коням Дон-Кихота, которых изувечили, и тарантасу, в котором изломали колесо и украли из него железный шкворень.

Несчастные бог весть как собрались с силами, вымыли у реки опустевшую орбиту выбитого глаза Дон-Кихота, подвязали изорванные мочалы упряжи и на трех колесах, при содействии деревянного шкворня, дотащились до Протозанова, где в незаметности остались ожидать, не станут ли их разыскивать.

Мужики, с которыми происходил этот последний бой, были, однако, не из сутяжливых: они, покончив дело своею расправой, ничего более не искали, и Дон-Кихот, успокоясь на этот счет и поправясь в силах и здоровье, теперь опять уже расправлял свои крылья и, нося руки фертом, водил во все стороны носом по воздуху, чтобы почуять; не несет ли откуда-нибудь обидою, за которую ему с кем-нибудь надо переведаться.

В это-то самое время у бабушкиного крыльца и застучали колеса кареты петербургского графа.

ГЛАВА ДВАДЦАТЬ ПЕРВАЯ

Княгиня обедала по-деревенски, довольно рано, в два часа. Не изменяя для архиерея своего места в церкви, она, разумеется, не нарушала и порядков своего дома ни для какого гостя. Званый гость ожидался сверх положения четверть часа, и если он в течение этой четверти часа не приезжал, то стол начинался. Гость, опоздавший и приехавший во время обеда, имел неудовольствие получать все блюда с начала и видеть, как все ради его одного сидят и ожидают, пока он вступит в очередь. Это было ему наказание за неаккуратность.

Губернатору и графу Функендорфу угрожало то же самое: в зале пробило уже два часа, а они еще не жаловали. Обладавшие аппетитом гости напрасно похаживали около окон и посматривали на открытую дорогу, на которой должен был показаться экипаж, – однако его не было. Проходила уже и отсроченная четверть часа, и княгиня готовилась привстать и подать руку Рогожину, который имел привилегию водить бабушку к столу, как вдруг кто-то крикнул: "Едут!"

Все сунулись к окнам, разумеется все, кроме княгини; бабушка, конечно, не тронулась; она сидела в углу дивана за круглым столом и удержала при себе Марью Николаевну. Любопытство княгини ограничивалось только тем, что она со своего места спросила глядевших в окно:

– Как они?

Ей отвечали:

– В четвероместной карте, ваше сиятельство.

– Гм... в четвероместной?

– Да-с, четвероместной, ваше сиятельство.

– Гм... Патрикей, слышишь! сообрази сервиз.

Патрикей поклонился и вышел прибавить сервиза; а в это время с наблюдательного поста, откуда видно было, как приезжие высаживались, подан голос, что приезжих только трое, а не четверо, и все мужчины.

– Кто же третий?.. молодой кто-нибудь... Верно, секретарек при нем?

– Нет-с, не секретарек, а это... это Иван Петрович Павлыганьев.

Бабушка наморщила лоб и переспросила:

– Кто-о?

– Павлыганьев!.. предводитель Павлыганьев!

– Быть этого не может!

– Он-с.

– Кто же у них на передней лавке сидел?

– Да он и сидел, – отвечал Дон-Кихот.

– Что ты, батюшка, вздор говоришь.

– Нет-с, не вздор, я сам видел, как карету открыли!

И Рогожин круто повернулся на каблуке и, сделав княгине гримасу и укоризненный жест рукою, прошипел с пеной у рта:

– А это всё вы-с!

– Ну, оставь это покамест, – отвечала бабушка, но Дон-Кихот был не в расположении оставлять и настойчиво продолжал:

– Вы его советовали выбрать!

– Доримедонт Васильич, умилосердись же, ради бога, оставь! Я, так и я: ведь не прежде холмов я создана и могу ошибаться, но не время теперь об этом говорить, когда люди входят.

Они действительно входили. В зале уже слышались шаги и сухой, немножко недовольный кашель, очевидно исходивший от лица, которому желалось бы, чтоб его встретили.

Дьяконица Марья Николаевна уже начала приседать и подпрыгивать, а бабушка с Дон-Кихотом перекинулась последними летучими фразами.

Она шептала:

– Бога ради, оставь!

А он отвечал:

– Ну уже это извините-с: не покорюсь!

— Прошу тебя, Доримедонт Васильич! — и бабушка, не докончив последней фразы, перевела глаза с Дон-Кихота на двери, в которые входили гусем: губернатор, за ним высокий, плотно выбритый бело-розовый граф, с орденскою звездой на фраке, и за ним опять последним Павлыганьев.

При появлении этой добродушной толстой фигуры Дон-Кихот громко щелкнул каблуками и повернулся к нему спиной... Бабушка теперь уже не могла усмирять расходившегося дворянина: она выслушивала, как губернатор репрезентовал ей заезжего гостя и потом как сам гость, на особом французском наречии, на котором говорят немцы, сказал княгине очень хитро обдуманное приветствие с комплиментами ее уму, сердцу и значению.

Все это было не в ее вкусе, но она смолчала и пригласила гостей присесть на минуту, а потом сейчас же почти встала и, подав руку графу, отправилась к столу.

В этой спешности проминули все опасности со стороны Марьи Николаевны, которая по этому случаю была очень счастлива и, подхватив под руку Дон-Кихота, просила его:

— Батюшка Доримедонт Васильич, усади ты меня, голубчик, так, чтобы меня не видно было, если он по-французски заговорит... А то я, ей-богу, со страху "вуй"[10] отвечу.

— Не бойтесь! — отвечал Рогожин, становясь с Марьей Николаевной в самую последнюю пару, и, усадив ее за столом ниже большой соли и заслонив своим локтем, добавил ей:

— Но если непременно захотите по-французски отвечать, то не забудьте, что надо сказать не просто "вуй", а "вуй, мусье".

— Это я выговорю, — ответила, успокоясь, Марья Николаевна; но только оказалось, что все ее беспокойство было совсем напрасно: граф был сильно занят разговором с княгинею, которая его слушала с очевидным вниманием и, по-видимому, не обращала ни на что более внимания. Но это только так казалось, потому что когда Рогожин спросил предводителя: не было ли ему беспокойно ехать в карете на передней лавочке, а тот ему ответил, что это случилось по необходимости, потому что его экипаж дорогою сломался, то княгиня послала Дон-Кихоту взгляд, который тот должен был понять как укоризну за свое скорое суждение.

Обед кончился благополучно: гость был разговорчив; бабушка внимательно его слушала. В словах его для княгини было много любопытного, она опознавала по ним знамения времени и духа общества в столице, в которую снаряжалась. Вопросами дня тогда был чугуевский бунт: казаки не хотели быть уланами и на все делаемые им убеждения

---

[10] да (франц. – oui)

146

отвечали, что они "воле правительства подчиняются, но своего желания не имеют". Из этого был сделан бунт. Газет тогда по деревням мало получали, но о чугуевском деле в Протозанове знали по слухам, и когда были новые слухи, ими особенно интересовались. Граф же был близок к источникам всех новостей и рассказал об ужасах усмирения, но не так подробно, как знал об этом Рогожин и как он рассказал уже ранее. Бабушка это заметила и, почесав своим белым пальцем левую бровь, молвила:

— Мы как-то немножко иначе про это слышали.

— А как же вы слышали?

Княгиня посмотрела из-под руки на Дон-Кихота и мягко проговорила:

— Говорят, Аракчеев с Клейнмихелем из Харькова совсем без сердец прикатили...

— Знаете, ваше сиятельство... здесь нельзя было спрашивать сердце!

— Спрашивать сердце всегда и везде должно.

— Это как судить...

— Как судить?.. помилуйте: сорок гробов перед экзекуциею на площади было поставлено... Разве это в христианской земле так можно?

Граф молчал.

— А скажите: правда ли, будто одна казачка, у которой двух сыновей насмерть засекли...

— Подвела внучат?

— Да, будто она еще подвела внучат?

— Правда; ужасное упорство!

— И так им и сказала: "Учитесь, хлопцы, умирать как ваши батьки"?

— Этими самыми словами.

— И ее взяли?

— Вероятно.

— А что с нею сделали?

— Этого, право, не знаю.

Бабушка задумалась и потом вздохнула и, во всю грудь положив на себя широкий крест, произнесла:

Граф, по-видимому, удивлялся: молитвенное воззвание княгини его смущало: он, очевидно, недоумевал, коего духа эта странная вдовица; а она продолжала:

— Грустно это, граф... Безбожное дело сделалось! люди были верные, семь лет назад все на видную смерть шли. Не избыть срама тем, кем не по истине это дело государю представлено.

— Сам граф представлял.

— Аракчеева не сужу, но опасаюсь, что чрез это неблагодарностью родину клепать станут, а чрез то верных род ослабеет, а лицемерные искательства возвысятся. Хотелось бы хвалить тех, кто, у престола стоя, правду говорить не разучился.

Графу это показалось положительно грубым и неуместным, и он, отведя княгиню из-за стола на ее обычное место в гостиной, хотел дать этому разговору другое направление. Он указал, что истинной верности, как хочет княгиня, можно ждать только от родовой аристократии.

Бабушку это кольнуло: она терпеть не могла этого новомодного тогда у нас слова, под которым, по ее своеобразным понятиям, пробирался в русское общество самый пустой и вредный вздор, в целях достижения которого затевали майораты.

— Что это за аристократия? Где эта аристократия? Никакой этой пустой затеи у нас в России не было и нет, да и быть не должно.

— Почему же вы так говорите? — спросил несколько сконфуженный граф.

— Говорю так потому, что так думаю, а думаю так потому, что на свою русскую природу надеюсь, ибо доброю ее почитаю и знаю, что русский человек никогда того не захочет, чтобы всех детей для одного заделить. Петр Первый этого желал и не достиг — будто как сам бог этому противился: кто заведет майорат, глядишь, и род вымирает; ясно господь глаголет: сие ему неугодное и нам не нужно. У нас есть знать, именитые роды, от знатных дел и услуг предков государству прославившиеся; вот это помнить надо, а у нас родовое-то все с Петра раскрадено да в посмех дано. Дворянство через то страдает, что прибыльщики да компанейщики не за заслуги в дворяне попадать стали, а за прислужничество; старая же знать, мало честь соблюдая, с ними мешалась. Толстой, да Меншиков, да Шафиров всем путь показали к барышничеству. Меншикову да Шафирову это не диво — оба выскочки, а Толстому стыд. Да и сам Таврический через подставных людей в откупах участвовал, а Соловой уже и прямо открыто в это дело сунулся, да за собой повел и Юрия Долгорукого и Гагарина с Куракиным. Не погнушались заодно идти с Походяшевыми, Хлюстиными, Ворожейкиными да Кондолинцевыми. И довели дело до такой наглости, что через них купец Курчанинов дерзнул правительству предложение сделать пятьдесят миллионов прирастить, чтоб ему бороды на откуп дали. Позье бриллиантщик всем, кто к нему цугом приезжал, отказывал, потому что брали, да и не платили; а Иван Васильич, князь Одоевский, тайный советник был и вотчинной коллегии президент, а до того замотался, что всех крестьян продал: крепостных музыкантов играть по дворам посылал и тем жил, а потом и этих своих кормильцев продал да стал с карточных столов деньги красть... Не раз бит... Рюриков-то потомок: помилуйте, какую отсель теперь аристократию выводить! Нет, нам эта багатель не к прибыли: нам надо помнить, что горе тому, у кого имя важнее дел его...

148

— Во всяком случае, — заметил граф, — как ни плохи иные отдельные лица, а поместное дворянство все-таки вечная сила...

— Нет, не вечная, — отвечала княгиня. — Что тут вечного: зрячий да слабый на слепого да сильного сел, да и едет. Наше крепостное владение — это слепой безногого возит. Это не вечно так будет: слепой прозрит, а зрячий совсем расслабнет, если раньше на своих ногах идти не научится... Говорят, будто правнук Головина хочет свое имение Воротынец в лотерею разыгрывать?

— Это верно.

— Господи боже мой!.. Этакого срама на Руси еще не было... Пять тысяч живых людей в лотерею пустить!

Граф уже глядел на пессимистку скучным и утомленным взглядом и, не зная, куда с ней далее повернуть, молвил:

— Вы мнительны, княгиня: в России есть прекрасные дворяне!

— Есть, — отвечала бабушка, — и я сама имею счастие многих знать с духом и с благородным сердцем, но только все они вроссыпь приходят... Склейки нет, без призвания к делу наша дворянская сила в пустоцвет идет, а заботливые люди чудаками кажутся. Вон у меня человека видите... вон тот, что у окна с предводителем стоит разговаривает... Рогожин, бедный дворянин, весьма замечательный.

— Это вон тот... рыжий, кривой, в куртке?

— Да; это у него костюм такой... Он весь оригинальный: сам золотой, а глаза были изумрудные, — теперь один остался, но он очень благороден и в чудака обратился.

— Как он худ, точно meurt de faim[11].

— Да, все с ним бывает, — отвечала бабушка, — он и голодает подчас и в горах, вертепах и в пропастях скрывается, а все в себе настоящий благородный дух бережет. Это, что я вам о захудавшей нашей знати сказала, я себе не приписываю: это я все от него знаю. Это он всё нам все эти сказания проповедует... Стыдит нас.

— С какою же целию он все это рассказывает?

— Всё заботится, чтобы "дух благородства поддержать от захудания". Надеется, видно! Я ведь вам самую малую часть его слов привела, а он ужасно много знает.

Я его так и называю свиток. Он скручен весь, а если его раскатать, то я и не знаю, как он обширен будет! Мне кажется, один своим благородством удивить свет может. Все в нем писано: и великие дела для возбуждения духа, и позорное слово для угрожения, и мои беззакония тоже в нем заключаются.

_____

[11] умирает с голода (франц.)

– Ваши беззакония! – произнес с улыбкой граф. – Это интересно: я думаю, это белая строка в свитке.

– Не скажите. Ведь я его постоянно прячу и от властей скрываю... это беззаконие.

Граф полюбопытствовал, как и отчего княгиня укрывает Дон-Кихота, а бабушка ему все это рассказала и тем до того оживила беседу, что граф начал смеяться, и шутить, и повторять рогожинское присловье: "перервать можно, а вывернуть нельзя".

– Да вам не угодно ли с ним немножко сблизиться и поговорить? Он очень интересен, – проговорила княгиня и, получив от графа звук вроде и да и нет, возвысила голос и позвала:

– Доримедонт Васильич! смею тебя побеспокоить на минутку?

Рогожин бросил предводителя и, подойдя к княгине, щелкнул, по своему обычаю, каблуком и уставил на нее свой изумрудный глаз.

– Вот, друг мой, граф желает с вами познакомиться, – и, обратясь затем к графу, она добавила: – имею честь представить вашему сиятельству, Доримедонт Васильич Рогожин, и добрый и честный дворянин, каких...

Но, не договорив этого слова, княгиня вдруг побледнела и сдвинула брови, заметив, что граф подал Рогожину два пальца.

Она была обижена за Рогожина и боялась, что тог вспылит; но Рогожин ее успокоил:

– Не обижайтесь, княгиня, – сказал он, – я бедный человек, мне его ни одного пальца не нужно. Пусть Павлыганьеву целую руку даст, тот его в собрание на обед позовет. Поезжайте, граф, меня там не будет.

Этой непредвиденной сцены никто не умел передать во всех подробностях, и я передаю ее вкратце. Знаю только, что все это случилось так, как никто не хотел и не думал. Граф действительно ехал с тем, чтобы проследить тропу к бабушкиному сердцу и состоянию; чутье княгини не ошибалось: он хотел искать ее руки; конечно, желал быть вежлив, но меж тем неожиданно обидел Рогожина и сам обиделся. Княгиня, считая графа случайным посетителем, всемерно решилась при нем себя сдерживать, чтобы не нажить врага для своей местности, и между тем не сдержалась; Рогожин тоже сделал то, чего совсем не ожидал: он хотел терзать предводителя и, отозванный бабушкой от этой работы, сорвал все зло на графе.

Словом, тут надо всеми было какое-то одержание: точно какой-то дух бурен слетел и все возмутил и все перепутал, так что никто в своем поведении не узнавал своих планов и намерений. Все до того перебуровилось, что предводитель, для которого был подан особый дормез, бросил туда одну шинель, а сам опять сел на передней лавочке, и когда граф говорил: "Это нельзя; это невозможная женщина!", то предводитель с губернатором наперерыв отвечали:

– Мы очень рады, что вы сами ее изволили видеть.

Граф тем развлек тяжесть мыслей, что стал выспрашивать губернатора насчет этого "бродяги с зеленым глазом", который так дерзко с ним обошелся. Что касается княгини, то за нее граф еще не знал, как взяться. Он имел на нее планы, при которых вредить ей не было для него выгодно: довольно было дать ей почувствовать, что сила не на ее стороне, но это гораздо благонадежнее было сделать не здесь, где она вокруг обросла на родных пажитях, а там, в Петербурге, где за ней стать будет некому.

И он не ошибался в расчете и еще раз сумел подхвалить себя за сдержанность, когда в день обеда, назначенного в его честь в дворянском собрании, туда явились только одни чиновники и самая незначительная часть дворян.

Граф слышал, как смущенный губернатор подлетел к предводителю с вопросом:

– Где же остальные?

А предводитель ему отвечал:

– У Варвары Никаноровны на прощальном обеде.

После этого губернатор напрасно тщился попасть в тон к графу. Но граф счел себя положительно обиженным и уехал, не видавшись ни с кем из ухаживавших за ним сановников. Он их считал достойными большего наказания, чем самоё княгиню, которая ему стала даже серьезно нравиться, как Гаральду презиравшая его русская дева.

Он рассчитывал стрелять по княгине из-за большой башни; а если ему и оттоле не удастся ее одолеть, то все-таки не отступить от намерения – соединить протозановские межи со своими по другому способу.

Между тем все эти последние истории продолжали быть обдержаниями или напастями невольными: так, прощальный обед, которым княгиня отвлекла почти всех дворян от обеда, данного в пустой зале собрания графу, вовсе не был ею рассчитан на какую-нибудь обиду, а совпал с этим обстоятельством совершенно случайно, или уже после того действительно нет на свете никаких случаев, а есть на все только одна неисповедимая воля, без которой не падает ни волос с головы, ни воробей с кровли.

Бабушка по крайней мере верила так и во всех случайностях видела не то напоминания, не то предуготовления к чему-то большему. Совершая путь свой в Петербург, она часто повторяла в мыслях:

"Готово сердце мое, боже, готово!"

Княгиня уехала в Петербург с маленькими детьми, с Ольгою Федотовною и с Патрикеем. Дети и Ольга помещались вместе с бабушкою в карете, а Патрикей в устроенной сзади откидной коляске, где ему было очень покойно и откуда он с высоты мог далеко вперед видеть дорогу и наблюдать за форейтором и за кучером. Они приехали так скоро, как только тогда было можно. В Протозаново от них никаких вестей еще не приходило.

Рогожин, по отъезде бабушки, заехал домой и сидел однажды у себя в сенном чулане и в одно и то же время читал какую-то книгу, ел квас со свеклою и бил ложкою по лбам налезавших на него со всех сторон ребят. В это самое время пред открытыми дверями его сеней остановилась вскачь прибежавшая лошадь, и с нее спрыгнул посол из Протозанова.

Рогожин узнал известного ему верхового мальчика и вскричал:

– Пхэ! Что у вас, мальчуган?

– У нас ничего-с, а у вас худо, – отвечал бойкий мальчик.

– Ну!

Мальчишка, комкая шапку, подошел к самому плечу Дон-Кихота и, оглянувшись, вдруг прошептал;

– Господа приехали...

– Какие господа?

– Лихо их знает... чиновники...

Ну, ты, дурак, вперед знай, что чиновники не господа, а что дальше – сказывай.

– Вас ищут... Управитель шибко скакать велел.

Дон-Кихот стоял и соображал: этого еще никогда не было, чтоб его смели искать в княгинином доме... Он видел в этом новость, в которой обсуждал не свое положение, а то, какое значение имеет это по отношению к Варваре Никаноровне. Пользуются ли тем, что ее дома нет, или уже отныне и ее не боятся и не уважают по-прежнему? Откуда это? Конечно, не от здешних: у них на это еще не хватило бы смелости... Нет; это оттуда, где она сама теперь... одна...

Рогожин, в половине этого размышления, завел палец в рот и, все туже и туже натягивая им свою щеку, при последней мысли вдруг хлопнул на воздух и в ту же минуту заорал:

– Эй! Зинобей!

Двужильные одры в лыке и мочале и Зинка в конопляном шлыке выросли как по мановению.

Дон-Кихот вскочил в экипаж и скомандовал:

– В Петербург!

Зинка хотя не знал этой дороги, но задергал и завизжал:

– Ну, караси! подергивай-ка-си!

Через три недели одры стояли у Московской заставы в Петербурге, а Дон-Кихот, высунувшись из кибитки, одною рукой заслонял какую-то пыльную кутафью, а другою, опираясь на Зинку, громко орал:

– Солдат! а солдат! где здесь Мойка?

Проходивший солдат рассказал ему, где Мойка, и Зинка опять запрял вожжами.

Одры неслись тем же аллюром, точно не они сделали в эти дни целые полторы тысячи верст.

Через час они проскакали мимо каменных львов в ворота протозановского дома и остановились у широкого, выпуклого полукруглого подъезда.

Дон-Кихот выскочил и потащил за собою пыльную кутафью, в которой теперь не трудно было узнать дьяконицу Марью Николаевну.

В минуты приезда неожиданных гостей княгиня только что вернулась из института, где на другой день назначен был выпуск, и находилась в неприятном волнении. Она встретила друзей с изумлением, и ее первым к ним словом был вопрос:

– Что с вами? Или вы погорели?

– Нет, – отвечала Марья Николаевна, – ничего... – И она, показав на Рогожина, докончила: – Он прискакал... ночью... на огород вызвал... говорит: "Княгине не беспечно: поедем". Я и поехала.

Дон-Кихот даже и этого не говорил. Он ничего не объяснял; весь серый под густым слоем насевшей на него пыли, он в подозрительном молчании обходил залу и засматривал по всем углам и заглядывал за двери, точно искал везде скрытых злодеев.

Бабушка посмотрела на него и, улыбнувшись, сказала:

– Ну, довольно тебе, перестань основу сновать: тут и так все вокруг ходит. Патрикей! ступай с ним сейчас в баню да вели, пожалуйста, чтоб ему усы расчесали и уши хорошенько мылом вымыли. Да поди-ка сюда на минутку ко мне.

Вызвав Патрикея в другую комнату, княгиня добавила свое приказание:

– Сейчас купи ему платье, чтобы хорошее, но в его вкусе, а это вели у него в бане украсть.

Патрикей все это аккуратно сделал, и через час Дон-Кихот возвратился чисто вымытый и переодетый в бархатный колет с прочими соответственными деталями и в щегольских сапогах с раструбами.

– Вот как тебя здесь сразу выворотили! – похвалила его княгиня.

– Престранный случай! – отвечал Дон-Кихот, – меня обокрали!

– Тут это вдруг! впрочем, и это платье в твоем вкусе.

– Да; оно ничего, – отвечал Дон-Кихот.

И, став перед цельным зеркалом посреди комнаты, он начал поворачиваться в своем новом костюме, любуясь собою сам и заставляя любоваться исподтишка улыбавшихся над ним княгиню, дьяконицу, Ольгу Федотовну и Патрикея...

Это была живая картина к той сказке и присказке: полусумасшедший кривой дворянин, важно позирующий в пышном уборе из костюмерной лавки, а вокруг его умная, но своенравная княгиня да два смертно ей преданные верные слуги и друг с сельской поповки. Это собралась на чужине она, отходящая, самодумная Русь; а там, за стенами дома, катилась и гремела другая жизнь, новая, оторванная от домашних преданий: люди иные, на которых страна смотрела еще как удивленная курица смотрит на выведенных ею утят.

СТАРОЕ СТАРИТСЯ – МОЛОДОЕ РАСТЕТ

ГЛАВА ПЕРВАЯ

В моей хронике, к сожалению, неизбежны некоторые пробелы, особенно в том ее периоде, к которому я приступаю. В объяснение причины многих происшествий этой поры я не имею точных указаний и могу судить о них только по соображениям и догадкам. Впрочем, я так близко знаю тех, о ком говорю, что не могу сделать грубых промахов в моем рассказе, который буду продолжать с того, как повела себя княгиня Варвара Никаноровна в Петербурге, где мы ее оставили в конце первой части моей хроники, любующеюся преобразованным по ее мысли Дон-Кихотом Рогожиным.

Напомню опять, что это было накануне дня, когда бабушка должна была принять из рук институтских воспитателей свою дочь, княжну Анастасию, с которою, как я уже прежде рассказала, взаимные отношения их были несколько расхоложены сначала взаимным отчуждением и отвычкою, а потом пренебрежительным обхождением княжны с людьми, которых посылала к ней мать.

Княгиня переживала в это время самые тяжелые ощущения: горячая душа ее не могла не мучиться от сознания, что она мало любит дочь или по крайней мере не любит ее, сколько бы хотела. Но любовь, как известно, дается и приемлется туне и если ее нет, то ее взять негде. Впрочем, я уверена, что скорбь эта была напрасна: бабушка себе сочинила, что она мало любит свою дочь, а на самом деле было иначе. Но как бы это ни было, ожидая дочь, княгиня постоянно находилась в муках недовольства собою и во все это время была мрачна и, против своего обыкновения, даже настолько неприветлива, что не обратила на дьяконицу и Дон-Кихота того внимания, каким эти люди у нее всегда пользовались и на которое они, как надо бы думать, получили еще более права после нового оригинального доказательства своей безграничной ей преданности. Варвара Никаноровна умела ценить эти вещи, но на сей раз не оценила: недовольная самою собою княгиня ограничилась тем, что, полюбовавшись преобразованным Дон-Кихотом, отослала гостей отдыхать в назначенные им комнаты, а сама опять предалась заботам о приготовлении дома ко встрече княжны. Эти хлопоты начались давно, но им не было конца и к самому последнему дню; княгине беспрестанно мерещилось, что она мало любит дочь, и, мучимая этим призраком своего воображения, она всячески старалась заменить укоряющий ее недостаток любви заботливостью о благе и внешнем счастье дочери. Она хотела окружить княжну самою нежною заботливостью и внешними ласками. Ольга Федотовна говорила, что бабушка целые дни была на ногах, а если садилась на минутку, то сейчас же задумывалась и потом тревожно спрашивала:

Ольга!.. хорошо ли?.. ты смотри, чтоб ей не показалось, что мы ее мало любим...

И княгиня опять стояла у всякого обойного шнура, у каждого гвоздика и все применяла на свой глаз, все пробовала своею рукой. В старинном доме, полном богатой утвари екатерининского времени, несколько комнат было отделано заново: покои, назначенные для княжны, были убраны скромно, как княгиня находила приличным для молодой девушки, но все это было сделано изящно и в тогдашнем новом вкусе: светлый девственный, собранный в буфы, ситец заменил здесь прежний тяжелый штоф, который сняли и снесли в кладовые; масляные картины известных старинных мастеров, на несколько пластических сюжетов, тоже были убраны и заменены дорогими гравюрами и акватинтами в легких рамах черного дерева с французскою бронзой; старинные тяжелые золоченые кронштейны уступили свое место другим, легким и веселым, из северского фарфора; вместо золоченого обруча с купидонами, который спускался с потолка и в который вставлялись свечи, повесили дорогую саксонскую люстру с прекрасно выполненными из фарфора гирляндами пестрых цветов. Словом, все обновили, даже массивный киот с дорогими отеческими иконами был перенесен в собственные бабушкины покои и заменен простым, хотя очень дорогим распятием из черного дерева и слоновой кости. Оно было повешено в слегка драпированной нише и, освещенное бледно-зеленою лампадой, напоминало о себе слегка и не сразу. Словом, все было приготовлено так, как наиболее могло нравиться девушке, получившей совсем новое воспитание и усвоившей вкус и привычки совсем не те, какие имела ее мать. Нет сомнения, что если бы княгиню не томила мысль, что она мало любит дочь, то она встретила бы княжну гораздо проще и не заботилась бы так много о всех мелочах, которые не имеют особой цены при большом благе, даруемом любовью.

Но и этого мало: не зная, чем себя успокоить, княгиня готова была для дочери и на жертвы, она старалась подавить в себе многие свои привычки и, даже преодолев все свое отвращение от столичной жизни, решилась не уезжать в Протозаново, а жить в Петербурге. Кто помнит, как сильна была в ней привычка к деревне, тот должен сознаться, что эта женщина умела себя переламывать. Но это даже была не ломка, а что-то гораздо большее: на участливый вопрос дьяконицы, где думает княгиня жить и когда возвратится в Протозаново, бабушка отвечала:

– Бог весть, я ничего не знаю... Это все будет, как Настенька захочет.

Из этого ответа можно было заключить, что княгиня как бы находила удовольствие подчинять обстоятельства желаниям дочери. Вечером, накануне приезда дочери, княгиня даже обратилась за столом к Патрикею, чтоб он простил княжне Анастасии, что она была к нему когда-то невежлива.

Старый слуга сконфузился и сквозь слезы ответил:

– Матушка, ваше сиятельство, помилуйте!..

– То-то: она тогда была молода...

И затем было в этом же роде слово к Рогожину:

– Благодарю тебя, Доримедонт Васильич, что ты не утерпел и прилетел сюда навестить меня вдалеке от гнезда, но здесь, сделай милость... Завтра моя дочь приедет: она, может быть, и не так проста, как мы с тобой, ты не ставь ее всякое лычко в строчку...

– Понимаю, – отвечал Рогожин.

– Если тебе что в моей дочери не понравится, сделай милость, снеси или прежде мне скажи.

– Да и говорить не стану, я и так снесу, – отвечал Рогожин.

– Благодарю тебя, ей надо снисходить – ведь она мало людей видела.

– Ну да, разумеется; вы не беспокойтесь, я не обижусь.

Только Ольге да Марье Николаевне не было никаких предупреждений – на них, верно, и без того полагались.

И вот после всех этих предуготовлений и предуведомлений совершился вход княжны Анастасии в родительский дом, где ее ожидала такая заботливая нежность и старание забыть прошлое и любить ее как можно более. Ольга Федотовна никогда не хотела распространяться о том, как это было.

– Привезли, – говорила она, – как должно, княжну в карете, на крыльце ее свои люди встретили, а в зале их обеих священник благословил, и только тем княжна немножко в этот день себя сконфузила, что спросила Доримедонта Васильича, какие он штуки умеет представлять? Однако и это обошлось хорошо: он свое слово княгине сдержал и не обиделся, а взял да ей на картах два фокуса показал, а потом кольцо с завязанного шнурка спустил, а после ей княгиня рассказала, что это, говорит, мой друг, дворянин и очень благородный, а совсем не фокусник.

ГЛАВА ВТОРАЯ

Решаясь не увозить только что взятую из института дочь в деревню, княгиня должна была сделать с княжною несколько визитов двоюродным сестрам своего покойного мужа и некоторым его старым светским приятелям, – те в свою очередь, разумеется, отдали бабушке эти визиты, и реставрированные таким образом знакомства в самое короткое время поставили ее дом на полуоткрытую ногу. Вначале круг этот был довольно ограничен, но одно обстоятельство его скоро раздвинуло далеко за те пределы, которых предпочитала держаться княгиня Варвара Никаноровна.

На институток тогда существовал взгляд далеко не похожий на нынешний: их считали девицами блестяще образованными и носились с ними как невесть с какими знаменитостями. Вследствие этого явилась затея списать с некоторых девиц того выпуска, к которому принадлежала княжна, большие портреты масляными красками. Это предположено было исполнить очень пышно и затейливо: портреты должны были служить вместо картин, которыми предполагалось украсить одну из зал покровительницы заведения. Портреты было поручено сделать известному автору Мариулы, изящному Кипренскому. Этот превосходный художник тогда был в большой моде и горячее чем когда-нибудь преследовал свою мысль для полного выражения жизни в портретах писать их с такою законченностью, чтобы в тщательной отделке совсем скрывать движения кисти и сливать колера красок в неуловимые переходы. Молодые лица девиц как нельзя более отвечали этой задаче, и художник взялся за эту работу со всею отличавшею его страстностью. Прежде чем начались сеансы, Кипренскому предстояло обдумать план, как выгоднее разместить изображения девиц на нескольких полотнах. Это надо было расположить сообразно их наружности и условиям искусства. Некоторых девиц предполагалось изобразить по одной, каждую порознь, а других, для придания картинам большего разнообразия, нарисовать в группах. Для того чтобы художник мог удобнее сообразить, как ему распорядиться, девиц свозили вместе в один из больших домов, где им были, так сказать, художественные смотрины, обратившиеся в своего рода довольно изящное торжество. Девицы съезжались в сопровождении своих матерей, из которых многие и сами тогда еще были довольно молоды и все принадлежали к тогдашнему большому свету. Два поколения женщин, из которых одни еще не отжили, а другие только начинали жить; роскошные туалеты первых и легкие девственные уборы вторых; богатый зал и таинственные боковые покои, где нарочно на этот случай привезенные гардеробные служанки производили, по требованиям художника, необходимые перемены в нарядах молодых красавиц, – все это придавало собранию самый живой и интересный характер. Подрумяненный, в пышной куафюре, Кипренский распоряжался всем не без аффектации, и многие сановные и важные лица в лентах и звездах искали у него чести попасть на эти смотрины. Кипренский был скуп на раздачу этих дозволений, но граф Функендорф, знавший еще отца портретиста, крепостного человека Адама Швальбе, находился здесь в числе избранных.

Бабушка, разумеется, тоже была на этих собраниях с дочерью и с Ольгою Федотовной, которая находилась в гардеробных комнатах. Результатом первого же из этих съездов было то, что княгиня совсем против желания попала в очень большой круг знакомств, имевших то необыкновенное начало, что здесь не родители знакомили детей, а дети сводили и сближали своих родителей.

Благодаря всему этому княгиня Варвара Никаноровна не успела оглянуться, как опять очутилась в свете. Свет, однако, как и можно было ожидать, бабушке не показался: с тех пор как она его оставила, свет успел несколько измениться, и, вероятно, не совсем к лучшему. По крайней мере так казалось Варваре Никаноровне. Княгине, разумеется, прежде всего не нравилось, что люди из общества ревниво особились от всего остального мира и старались как можно менее походить на русских.

– Это дело самое глупое, – говорила княгиня, – через этакое легкомыслие Нащокин при Алексее Михайловиче сам своего сына с толку сбил и Салтыковых дети ополячились. Надо свой обычай уважать и подражать не всему, а только хорошему.

Не нравилась княгине и тогдашняя воинственная заносчивость, рядом с которой и даже неразлучно с нею шло раболепство пред Аракчеевым, не нравились ей и узкие патриоты и тогдашние космополиты.

Не могли не занимать княгиню и явления религиозного свойства, которых тогда было немало. Тогдашнее высшее русское общество не равнодушествовало к религиозным вопросам, и они подвергались разбору по большей части или под влиянием французского вольтерианизма, или под веянием мистических теорий и масонства. Обсуждением самых серьезных вопросов, требовавших глубины христианского настроения и преданности делу, занимались люди самого легкого светского воспитания, и оттого неудивительно, что в результате из школы поклонников Фернейского пустынника распространялся материализм, щеголявший одними фразами, а наши франкмасоны во всем своем учении не видали ничего, кроме обрядов, из которых устраивали свою "высшую религию", на что, как известно, настоящее масонство вовсе не претендовало. Иных отношений к религии не понимали.

О вольтерианцах бабушка не полагала никакого своего мнения, потому что неверующие, по ее понятиям, были люди, "у которых смысл жизни потерян", но и масонов она не жаловала, с той точки зрения, чего-де они все секретничают? Если они любовь к ближнему имеют, так это дело не запретное: вынь из кармана, подай да иди с богом своею дорогой – вот было ее нехитрое правило.

Но всего более не нравилось княгине любопытство, с которым мистики старались засматривать за завесы великих тайн: бабушка и не верила, что они там что-нибудь видят, и сердилась.

– Можно ли-де об этом говорить? Что там от наших глаз спрятано, того не увидишь, да и не нужно: пока я в этом мире человеком живу, мне дана заповедь, как жить, а что после будет, то никому не известно. Одно полагаю, кто, человеком бывши, своего достоинства не сбережет, того хоть и ангелом сделай, он и ангельское потеряет.

Был в то время в Петербурге еще один кружок с религиозным же настроением в самом узком смысле: люди этого кружка не имели радений и не обнаруживали прозелитизма, а имели у себя "благодетельницу", к которой ревновали всех. Благодетельница эта была старая девица, графиня Антонида Петровна Хотетова, она доводилась Протозановым сродни, и бабушка ее знала и не любила. Хотетова, набожность которой развилась под влиянием одного тяжелого семейного воспоминания, любила казаться отчужденною от всех дел мира, в которых она, как говорили, ничего не понимает. Она только ездила по монастырям, на которые и тратила свое почти, можно сказать, несметное богатство. Ею было восстановлено множество обедневших обителей; много мощей ее средствами были переложены из скромных деревянных гробниц в дорогие серебряные раки, и в этом, кажется, и заключалась вся ее христианская добродетель. Живому, деятельному христианскому духу бабушки этот способ благотворения не казался наилучшим, тем более что, будучи соседкою по имениям с Хотетовою, княгиня знала, что хотетовские крестьяне находятся в большом разорении.

Бабушка находила, что "это ни с чем не сообразно", и избегала встречи с этою своею родственницей.

– Бог с ней, – рассуждала она, – она, говорят, святая, а я сама знаю, что я грешная и нетерпеливая, встречусь, чего доброго, не вытерплю и про крестьян заговорю, потому что гробы серебрить, а живых морить – это безбожно.

Но графиня Антонида, долго ждав бабушкиного визита, вдруг

возымела побуждение смирить себя пред невежливою родственницей до уничижения. Она прислала к бабушке одну из своих адъютантш в карете с просьбою отпустить к ней для свидания княжну Анастасию, или, если ей в этом будет отказано, то назначить ей время, когда она сама может приехать повидаться с племянницею.

Бабушка поняла соль этой выходки, в которой под видом смирения ей преподавался урок вежливости, она отослала карету назад и приказала сказать графине, что сама привезет к ней дочь.

ГЛАВА ТРЕТЬЯ

На другой день это было исполнено: княжна с матерью была у Хотетовой, и визит обошелся благополучно, если не считать, что на ежечасные повторения Хотетовой княжне совета "помнить бога и молиться ему" бабушка добавляла свои советы любить ближнего, быть готовым на помощь всякому требующему помощи, не гордиться, не чваниться, не превозноситься в благоприятных обстоятельствах и не падать духом в противных.

— Без добрых дел и молитва не пользует.

— Мы здесь на земле путешественники, — внушала графиня, — и живем не для наслаждений, надо себя уметь сдерживать, поститься.

— Да, — поддерживала бабушка, — умеренность большое дело: всего и счастлив только один умеренный, но надо не от мяса одного удерживаться. Это пост для глаз человеческих, а души он не пользует: лошади никогда мяса не едят, а все как они скоты, то скотами и остаются; а надо во всем быть умеренною и свою нетерпеливость и другие страсти на сердце своем приносить во всесожжение богу, а притом, самое главное, о других помнить.

— О храме божием... чтобы благолепие дух возбуждало; а то мужик в своей курной избе, он весь в грязи тонет. Надо его хоть на один час в неделю от этого оторвать. Это наша обязанность.

— О людях нуждающихся... да; это даже наша первая обязанность; Христос обещал не забыть чашу студеной воды, которую подадим, кому надо уста промочить. А Дмитрий Ростовский на жен-мироносиц всем вельможам прямо в глаза сказал, что у нас в знатных людях не найти Христа, а бедному, за нуждою тяжкою, про него совсем и вспомнить некогда. Надо бедным тяготы посбавить, а не гробы золотить и не башни строить, тогда скорее начнется Христово царствие.

— А нынче что же? — тихо и сухо заметила Хотетова.

160

— Нынче... что меня искушаешь? — проговорила бабушка и, вдруг махнув рукою, окончила:

— Нам пора домой, Настя!

Графиня посмотрела на бабушку и замолчала.

Через день Хотетова сама приехала отдать Варваре Никаноровне визит и попросила ее отпустить с нею княжну к какому-то схимнику.

Бабушка этому воспротивилась: она уважала людей с высшим призванием и сама ездила в Оптину пустынь к Макарию, которого считала прозорливым, но для молодой девушки она, вероятно, считала это рановременным.

— Всему и всякой вещи есть свое время под солнцем, — сказала она, — благочестиво должно жить во всякой поре, но в молодом веке человеку не все понятно, что искушенная жизнью опытность знает, а потому с этими вещами надо осторожно, да не горшее что прилучится от неразумия.

По этому поводу произошел разговор, после которого Хотетова стала повсюду порицать бабушку за неверие. Предоставляю всякому судить, сколько справедливого заключало в себе это порицание, но оно было отнюдь не несправедливее других порицаний, которым бабушка подверглась со стороны своих религиозных воззрений: ее знакомые вольтерьянцы называли ее "попадьей" и "московскою просвирней", а ханжи с ужасом шептали, что даже сомнительно: "верит ли она в бога".

И среди таких-то толков о самой княгине возникал вопрос: каково с нею жить ее бедной дочери, молодой девушке, еще почти ребенку, воспитанному совсем в иных понятиях?

Более всего этим занималась Хотетова ее это ближе всех касалось как родственницы и как истинной христианки; она беспрестанно твердила:

— Я ничего не могу представить ужаснее положения ребенка, которого прямо из приюта, полного страха божия, отдают ужасным матерям вроде княгини Варвары Никаноровны, у которой ни бога, ни религии и никаких правил... Я не знаю, как правительство на все это смотрит, а по-моему, я бы не отпустила дочь жить с княгинею Протозановою.

Против этого никто не возражал.

На княжну Анастасию начали смотреть с сожалением и выражать ей нежнейшую участливость, которая должна бы казаться ей обидною, если б она понимала ее смысл и значение.

Княжне старались внушить, что она несчастна, и княжна, наконец, это поняла; но она никому не жаловалась на мать: она только нежилась, когда о ней соболезновали.

Бабушка, при всей своей проницательности, этого не замечала: она была так честна, что не могла подумать, чтобы кому-нибудь могла прийти в голову сатанинская мысль вооружать дитя против матери. И из-за чего и для чего все это делалось? Кажется, единственно из-за того, что в нашем обществе всем тяжело переносить присутствие лица с умом ясным и с характером твердым и открытым

Между тем громадная разница в воспитании и взглядах матери и дочери сказывалась на каждом шагу: княжна, по самой молодости своих лет, оставалась совершенно безучастною ко всему, что занимало ее мать, и вовсе ее не понимала. Даже более: поскольку княжна сознавала разницу между своею матерью и матерями других своих сверстниц и подруг, то все эти сравнения выходили не в пользу княгини. До строгости чинный дом бабушки, ее всегда умная и обстоятельная речь, ее всегдашняя требовательность от человека ответственности за все слова и поступки и готовность к ответу за всякое свое действие делали общество матери для княжны тяжелым и скучным.

Начав замечать, что точно так же всем этим тяготятся и другие, молоденькая княжна мало-помалу утверждалась в мысли, что она права, потому что ее мнение о матери находится в согласии со всеобщим мнением о княгине.

В свете, однако, знакомством бабушки дорожили: известно, что свет в этом отношении похож на суетную женщину, которую чем меньше любят, тем легче ей нравятся. В свете знали, что княгиня ни у кого ничего не искала, и потому там ее искали и собирались есть за ее столами и потом сплетничать о ней, как о чудаке, о женщине резкой, беспокойной и, пожалуй, даже немножко опасной. Несправедливо было бы сказать, что все эти толки не имели никакого основания: княгиня в Петербурге была все та же — она продолжала и здесь иметь свои мнения, далеко не согласные с мнениями большинства, не по одним вопросам религиозного свойства. Бабушка, как я сказала еще в самом начале моей хроники, очень уважала свободу суждений, ибо находила, что "в затиши деревья слабокоренны".

— Нельзя-де, чтобы всем один порядок нравился: через многие умы свет идет, — говорила она.

Но, любя во всем основательность, княгиня не уважала мечтательных утопий и не могла оставлять без возражений легкомысленности, с какою многие тогда судили об устройстве общества под влиянием взглядов, вычитанных из нескольких иностранных книжек. Она, когда доводилось, слушала их, но неохотно, и обыкновенно спешила ставить вопрос на практическую почву.

— Что-де вы под сим заглавием прописать желаете? сладкого медку на остром ноже, либо еще что особое?

И когда ей разъясняли идеи политических комбинаций, она качала головою и отвечала, что, по ее мысли, все это "на кота широко, а на собаку узко".

— Мой згад, — говорила она, — нам прежде всего надо себя поочистить, умы просветить знанием, а сердца смягчать милосердием: надо народ освободить от ран и поношения; иначе он будет не с вами, а вы без него все, что трости ветром колеблемые, к земле падете.

И широкие планы народников она тоже не ласкала.

– Всё не то, всё не то, – говорила она, – не маните добрый народ медом на остром ноже, – ему комплименты лишнее. Проще все надо: дайте ему наесться, в бане попариться да не голому на мороз выйти. О костях да о коже его позаботитесь, а тогда он сам за ум возьмется.

Такие речи княгини, разумеется, не нравились тогдашним либералам; но не более имела она согласия и с тогдашними консерваторами: в этих кружках тогда было большое кичение дворянскими заслугами отечеству во время Наполеонова нашествия. Бабушка же находила, что дворянам этим никак не пристало кичиться.

– Свое-де дело сделали, и больше ничего; тогда ведь осе жертвовали – одни купцы наживались, а мужики больше всех пострадали.

Многих тогда щекотало чрезмерное увеличение дворянства, которое легко приобреталось самыми небольшими чинами.

– Разночинец в гору лезет, – говорили старые дворяне, указывая на некоторых людей нового дворянства, приобревших в это время силу и значение.

– Что же делать, – отвечала княгиня, – в этом вы сами виноваты: плохо учите своих детей. Хорошенько учите, чтоб они не родом славились, а сами род прославляли, так разночинец вас не одолеет, а не то одолеет.

И при этом, зная, что у всех, таким образом рассуждавших, на уме был павший Сперанский, смело добавляла:

– А ведь и разночинцы не все плохи: я, например, Михайле Михайловичу Сперанскому, хоть он из семинаристов и теперь не в милости, кланяюсь, потому что он того достоин.

У Сперанского тогда было много врагов, и упоминание его имени с таким почтением не только не могло быть приятно, но было и не безвредно для того, кто его так поминал; но для бабушки это было все равно: она привыкла к независимости своего положения и своих суждений. Уважая род как преемство известных добрых преданий, которые, по ее мнению, должны были служить для потомков побуждением беречь и по мере сил увеличивать добрую славу предков, княгиня отнюдь не была почитательницею породы и даже довольно вульгарно выражалась, что "плохого князя и телята лижут; горе тому, у кого имя важнее дел его".

В некоторых тогдашних спесивых кружках были возмущены неровным браком графа Николая Петровича Шереметева и весьма часто позволяли себе злословить графиню Прасковью Ивановну, которую бабушка знала с отличной стороны и любила со всею горячностию своей благородной натуры.

Дело заключалось в том, что граф Николай Петрович Шереметев в 1801 году женился на своей крепостной девушке Прасковье Ивановне Кузнецовой, прозвище которой переделали в "Ковалевскую" и говорили, будто она происходила из польской шляхты и была записана в крепость Шереметевых незаконно. К этому обстоятельству от нечего делать не переставали возвращаться при каждом удобном случае и достойную уважения графиню в глаза чествовали, а за глаза звали "Парашкою".

Бабушка этого решительно не могла переносить.

– Да, – говорила она, – что графиня Прасковья Ивановна польская шляхтянка и незаконно будто была в крепость Шереметевых записана, это неправда. Это вот с женою Доримедонта Рогожина так было, а Прасковья Ивановна была настоящая крестьянка, и про нее и песенка сложена: "Вечор поздно из лесочка я коров домой гнала", а что графиня Прасковья, помимо своей неоцененной красоты, умна, добра и благородна душою, а через то всякого уважения достойна – это правда. По ее мысли графом странноприимный дом в Москве выстроился и добра людям много делается. Это, воля ваша, лучше, чем породой кичиться, да joli-мордиться и все время с визитами ездить... Нет, дай бог нам побольше женщин с таким сердцем, как Прасковья Ивановна, "из лесочка".

Княгиня умела держаться скромно и благородно даже по отношению к падшим врагам своего рода: в то же самое время, когда в Петербурге злословили графиню Прасковью Ивановну Шереметеву, бывший французский посланник при русском дворе, граф Нельи, описал за границею князя Платона Зубова, к которому свекор княгини, князь Яков Протозанов, "в дом не ездил, а кланялся только для courtoisie"[12]. Граф Нельи поносил Зубова и прямо писал о нем, что "он богат как Крез, а надменен как индейский петух, но не стыдился жить во дворце на всем на готовом и так пресыщался, что стол его, да Салтыкова с Браницким, обходился казне в день четыреста рублей", что, по тогдашней цене денег, разумеется, была сумма огромная.

Бабушка, не вынесшая из всех преданий своей семьи никакого особого уважения к князю Платону, гнушалась, однако, вторить этому памфлету, а когда к ней с ним приставали, то она лениво, как бы нехотя, отвечала:

– Ну да; я знаю... Как же... Князь Платон... в большой силе был... Знаю: он был женат на Фекле Игнатьевне, только у них детей не было: одна девчоночка было родилась, да поганенькая какая-то была и умерла во младенчестве; а больше так и не было... А Нельи... я про него тоже

---

[12] вежливости (франц.)

слышала: ужасный был подлиза и пред Платоном пресмыкался. Я его книги читать не хочу: все врет, чай... из зависти, что тот вкусно ел.

Так противны были ее благородному характеру всякие заглазные злоречия о людях, которых когда-то боялись и пресмыкались пред ними те самые, что теперь над ними издевались, подплясывая под дудку развязного иностранца.

Понятно, что во всех таких речах и мнениях княгини было много неприятного для общества, которое считало всякое несогласное с ним мнение за дерзость.

ГЛАВА ЧЕТВЕРТАЯ

Говоря об отношениях моей бабушки к обществу, я должна упомянуть еще об одном светском кружке, едва ли не самом обширном и самом для нее неприятном: это были проживавшие в столице праздные люди, не имевшие никаких других задач кроме того, чтобы принадлежать к свету. Эти люди принадлежали к новому, а иногда и к старому дворянству, но не к знати: знать им в прежнее время покровительствовала, зато на равную с собою ногу не ставила. Теперь это начало мешаться: в обществе, помимо знати первой руки, образовалось новое наслоение, появлению и чрезвычайно быстрому размножению которого способствовали две причины: открытие кредитных учреждений, где дворяне получили возможность закладывать свои имения, и сокращение сроков на асессорский чин, дававший право на дворянство. Призаняв в кредитных учреждениях денег под залог своих деревнишек и приехав на зиму в город, эти "аристократы" второй руки сами, впрочем, чувствовали, что они что-то не настоящее, и увивались пред остатками старой знати. Старая же знать их, разумеется, не уважала и потихоньку отталкивала, но именно так потихоньку, чтобы те все-таки лезли: это было нужно для чванства. С тем, как, по замечанию писавшего об упадке нравов в России князя Щербатова, "у вельмож отъялась смелость изъяснять свои мысли, они учинялись не советниками государевыми, а дакальщиками любимцев". Эти люди, "имена которых были славнее их дел", любили уже и сами дакальщиков и охотно окружали себя людьми искательными.

Это теперь совсем почти позабытое слово тогда было в большом ходу: "искательность", доходившая до самого униженного пресмыкательства, ставилась в заслугу человеку и нередко открывала ему дорогу к почестям. Новая аристократия в этом преуспевала, старая знать принимала эти знаки раболепства. Тем и другим иного нечего было желать: ратного поля не было, а дома уже не сиделось. В деревнях оставались отслужившие израненные воины двенадцатого года или так называвшиеся тогда "грузинские асессоры", то есть новые дворяне, получавшие в Грузии асессорские чины по сокращенному сроку и приобретавшие затем мелкопоместные именьица. Новых больших дворянских маетностей не возникало. Жалованье населенными имениями прекратилось еще в

1801 году. Екатериною было уже почти все роздано, и ее внуку нечего было раздавать со щедростью своей бабки. Помещики средней руки охотно должали и жили не по средствам. Непривычные к расплатам, эти новые аристократы, которых тогда за глаза называли "должниками", брали взаймы, мало думая, или, лучше сказать, совсем не думая, об отдаче. На первый взгляд это казалось очень льготно, и число дворян, получивших таким образом средства жить более или менее открыто, быстро увеличилось, но это была состоятельность самая обманчивая. Вслед за сим непременно можно было предвидеть близкие разорения: так оно и пошло, обеднявшие дворяне шли в приказные; состоятельные приказные опять поднимались в дворяне: богатые сыновья прасолов и откупщиков ездили куролесить в Грузию, где дебоширили во всю ширину русской натуры и вывозили себе оттуда асессорство, дававшее право на дворянство. Российское дворянство в одно и то же время и росло, и цвело, собиралось колоситься, и... уже вяло. Столы и вечера утрачивали свой прежний несколько окаменелый, тяжелый характер; собрания становились оживленнее, но едва ли достойнее: завелось "подшучивание", которого любимыми жертвами были некоторые из попавших в аристократию прибыльщиков. Поистине трудно верить тому, что эти люди иногда переносили единственно за то, чтоб их пускали в дома знати.

Тогда в свете жили не по-нынешнему: появившиеся впоследствии времени козёры тогда или вовсе не были известны, или их попросту называли "болтунами" и держали в презрении вроде известного героя грибоедовской комедии Загорецкого. Тогда, собравшись в дом, или танцевали до упаду, или занимались так называемыми "играми", из которых многие требовали от участников и ума и некоторой образованности.

Прибыльщики обыкновенно были злополучными жертвами этих игр: один из них, например, никак не мог сказать "три правды и три неправды"; другой, обязанный указать три вещи царства растительного и три царства животного, относил к царству растительному свои волосы, потому что они растут, и т. п.

Над ними хохотали, но они обнаруживали большую терпеливость и переносили все, лишь бы только иметь право хвастать, что принадлежат к свету. Я слышала от бабушки бездну анекдотов этого рода, в которых с обстоятельностью упоминались имена "прибыльщиков", вылезших в дворяне

Так, бабушка сказывала мне, что некто из семьи, кажется, Походяшевых, стыдясь своего происхождения, упросил одного шалуна (которому давал взаймы деньги) сочинить ему историю о его будто бы коренном дворянском происхождении. Тот взялся за это дело и научил прибыльщика приписывать своей родне известное "жалованье" Дмитрия Тимофеевича Трубецкого от царя Михаила "за многия службы и за радения, и за промысл, и за правду, и за кровь". Прибыльщику это понравилось, но показалось мало, и он сам присочинил себе еще, что будто царевна София отрубила его предку голову за верность Петру Великому и что казненный взял будто свою отрубленную голову, поцеловал ее и сказал: "Отнесите ее моему законному государю".

Один из таких, по фамилии Кандолинцев, не пропускал ни одного случая втираться в светские дома и решился для этого, как говорили, "на героические подлости". Благодаря своим компанейщикам он однажды ценою немалых жертв добился того, что его пригласили участвовать в любительском спектакле с настоящими светскими людьми; но в самом этом великодушии крылась новая обида: Кандолинцеву дали самую ничтожную, выходную роль, лакея без слов.

Это, конечно, было не очень деликатно, однако искательный светский неофит от своей роли не уклонился и показывал, что он этим не обижается. Он только со всеми зашучивал, говоря, что он не знает, как ему держать себя, чтобы более походить на лакея?

– Ах, вы всего менее затрудняйтесь этим, – отвечал ему кто-то, кому он надоел с своею игривостью, – держитесь как вы есть, и вы будете совершенно то, что должны представить.

Прибыльщик обиделся и отказался от пьесы. Тогда кто-то предложил ему роль в пьесе, которая шла в тот же спектакль на французском языке.

– Нет, – отвечал обиженный, – я не хочу: я по-французски очень хорошо знаю, но только эти ле, ля, ли пред словами не люблю.

С тех пор он так и прозывался "Кандолинцев ле, ля, ли".

Но забавнее всех я помню рассказы про какого-то Хлопова: это был человек надменный, сухой, очень недалекий, но нахватавшийся вершков. Гордый своими удачами, прибыльщик этот ничего не относил к счастью, а все приписывал своим знаниям и сообразительности, которыми щеголял до того, что почти ни на один вопрос, как бы он прост ни был, не отвечал сразу, а говорил:

"Тут надо взяться за карандаш", и сейчас же, вытащив бумажник и карандаш, он и в самом деле садился что-то соображать и высчитывать. Шалуны подметили эту слабость Хлопова и принялись над ним подшучивать. Для него за играми нарочно сочинили такие вопросы: "Если судно, имея такую-то длину и вмещая столько-то тонн, сидит на такой-то глубине, то сколько лет должен иметь его капитан?" Хлопов восклицал: "тут надо взяться за карандаш" и бежал в угол делать свои вычисления. В другой раз, подсунув ему фант, спрашивали его: "Если лошадь подкована на столько-то подков, по стольку-то гвоздей в каждой, то сколько этой лошади лет?" и опять повторялась та же история. Доходило до того, что когда его раз спросили: "Если комедиант проглотит горящую свечу – с огнем или без огня она дойдет до его желудка?", то Хлопов и в этом случае обратился к своему карандашу.

Человек этот был тип тогдашнего честолюбивого прибыльщика, пробивавшего себе ход в люди; он был смел до дерзости и не пасовал ни пред чем, но зато и получал щелчки ужасные.

В то время, когда к нему уже кое-кто ездил (больше затем, чтобы занимать деньги) и его кое-где принимали, один шалун, участвуя в игре, условиями которой требовалось давать утвердительный ответ на всякий вопрос, был спрошен: знает ли он, где конец света?

– Знаю, – отвечал тот, – это у хлоповского порога.

Над Хлоповым шутила даже сама судьба, сыгравшая с ним одну очень злую шутку в передней известного "последнего могиканина" старой дворянской Москвы, князя Г – цына.

Князь Г – цын, при отличавшей его прелестной доброте, не легко открывал двери своего дома для кого попало и, ни в ком не нуждаясь, сторонился не только от "прибыльщиков", но даже и от их "компанейщиков". Проводив иного из иных Рюриковичей, он с не изменявшею ему серьезною важностью иногда хлопал три раза своими маленькими белыми ладошками и приказывал явившемуся на этот зов слуге "покурить в комнатах".

– Черт знает, – обращался он с гримасою к кому-нибудь по-французски, – у меня прегадкий нос: все ему кажется, будто взятками пахнет.

Одним словом, попасть к этому человеку было нелегко; но чем труднее Хлопову было проникнуть в дом князя, тем он упорнее этого добивался и, наконец, схватился за один случай, который ему показался благоприятным. Князь был очень озабочен каким-то общественным делом, представлявшим почему-то неодолимые трудности. Хлопов нашел средство принести этому делу пользу и, встретив где-то князя Г., сообщил ему свой план и просил позволения приехать к нему в дом, с тем чтобы развить ему свою мысль подробнее.

В плане этом, вероятно, заключалось что-нибудь дельное (так как Хлопов в деловых отношениях был дальновиднее, чем в светских), и князь, поблагодарив его, назначил ему время, когда готов был его принять, но, возвратясь домой, по своей анекдотической рассеянности позабыл сказать об этом своему камердинеру, а тот в свою очередь не отдал нужных распоряжений нижней прислуге.

И вот, когда Хлопов в урочный час приехал к князю с полною уверенностью, что его сейчас примут, швейцар объявил ему, что князь хотя и дома, но никого не велел принимать.

Хлопов счел это за хороший знак; ему показалось, что князь именно потому и велел не принимать других, что хочет на свободе поговорить с ним.

– Так, братец, так, – заговорил он, – прекрасно: я так и знал, что князь меня ждет. Доложи же, любезный, скорее его сиятельству, что приехал Хлопов... Понимаешь: Хло-по-о-в... Дмитрий Иванович Хлопо-ов!

Но швейцар отказался, сказав, что ему теперь решительно ни о ком не велено докладывать.

– Ага! прекрасно, братец, прекрасно, я вижу, ты очень аккуратный человек: ты думаешь, что я кто-нибудь другой, а я тот сам и есть, кого князь ждет: я Хлопов! Ты вспомни фамилию... она совсем не мудреная: Хлопов. Понимаешь: Хлопов!

– Понимаю-с.

– Да; фамилия довольно простая... Но только ты ее вперед, пожалуйста, не позабывай, – договорил он, доставая швейцару десятирублевую, и тот, поблагодарив его за подарок, осчастливил его следующим ответом:

– Помилуйте, как мне эту фамилию забыть: я сам Хлопов-с, но только о вас доложить не смею.

Случайно встретившиеся однофамильцы расстались оба друг другом недовольные, и Хлопов-аристократ жаловался, что ему нарочно подставили швейцара Хлопова, чтобы над ним посмеяться. Жалоба эта дошла до князя Г., который, посмеявшись над странною случайностью, поехал сам извиняться пред Хлоповым за свою рассеянность. Таким образом тот достиг более чем желал и был счастлив без меры.

Понятно, что княгиня Варвара Никаноровна, наблюдая этого нового сорта русских аристократов, не проникалась к ним уважением и не скрывала своего презрения к их пустоте, низкопоклонствам и пресмыкательствам.

Изо всего тогдашнего столичного общества княгиня находила для себя приятнее других только трех человек, из которых двое жили нелюдимыми, а в третьем она очень обманывалась. Первых двух я пока еще не буду называть, а третьего отрекомендую, как лицо нам уже знакомое: это был граф Василий Александрович Функендорф, с которым Дон-Кихот Рогожин имел оригинальное столкновение, описанное в первой части моей хроники.

169

ГЛАВА ПЯТАЯ

Граф по возвращении в Петербург не стеснялся рассказанною мною историей с Рогожиным; он, по-видимому, считал ее слишком ничтожною и делал вид, будто вовсе позабыл о ней. Как только он узнал о приезде княгини в Петербург, он один из первых сделал ей продолжительный визит, причем был необыкновенно внимателен к княгине и даже осведомился не только о детях, но и о Дон-Кихоте.

Бабушке это понравилось.

— Что же? — рассуждала она, — верно, я в графе немножко ошибалась: он, кажется, человек с хорошим о себе понятием: ни сам не шутствует и других в шуты не наряжает. Это мне нравится.

Граф начал повторять свои визиты чаще, а потом мало-помалу обратил их в дружеские посещения запросто: княгине это еще более нравилось. Любя в сношениях с людьми простоту, она находила удовольствие беседовать с графом, который был толковит, определителен, не страдал ни мистицизмом, ни материализмом и держал себя с достоинством.

Княгиня и граф во многом могли друг другу сочувствовать. И она и он предпочитали словам дело, и она и он видели, что русское общество дурно усвоивает просвещение. Разница была в том, что княгиню это глубоко огорчало, а граф смотрел на все это как чужой человек, как наблюдатель, спокойно, а может быть даже и со злорадством, которое, разумеется, скрывал от княгини.

Как истый остзеец, и потому настоящий, так сказать прирожденный аристократ, граф и в самом деле мог гордиться тем, что его дворянство не идет разгильдяйскою походкой дворянства русского, походкою, которая обличала уже все его бессилие в ту пору, когда оно, только что исполнив славное дело обороны отечества, имело, может быть, самое удобное время, чтоб обдумать свое будущее и идти к целям своего призвания. Вместо этого оно занималось вольтерианизмом, мистицизмом, госпожою Крюднер, или, еще того хуже, — лезло из кожи, чтобы слыть светом. Граф сочувственно слушал, когда бабушка, вытягивая вперед руки, как бы отстраняла от себя какое-то безобразное явление и говорила:

— Какая густая толпа людей и с громкими именами, и все без громких дел, и еще слава богу, что их поодаль от дел держат. Окромя как по гостиным эполетами трясти да шпорами звякать, ни к чему не способны... За неволю чужих возьмешь, когда свои к ставцу лицом сесть не умеют!

Больше этого графу уже никто не мог сказать приятного: он таял от слов княгини, и в то время, когда она сидела пред ним и молча думала: как ей быть с своими детьми, чтоб они, выросши, умели не только эполетами трясти и визиты делать, а могли бы и к ставцу лицом сесть, граф был уверен, что княгиня проводит мысленную параллель между им и теми, которые юродствовали да рассказывали друг про друга шутовские вести.

Графу казалось, что теперь он имел право считать княгиню сильно склонною к самым живым в его пользу чувствам. Как человек солидный, имевший дело не с девочкою, а с женщиною, которой было под сорок, он не торопил ее более ясными признаниями: он был уверен, что все это непременно придет в свое время, когда княгиня поустроится с дочерью.

Граф действительно не ошибался в том, что одною из важнейших причин раздумья княгини была ее дочь.

Бабушке очень рано стали приходить в голову мысли, что самое лучшее и для нее, и для княжны, и для молодых князьков было бы то, если бы княжна Анастасия не оставалась долго в девушках. Ее иначе нельзя было выдать замуж, как за человека подходящего ей воспитания, а такие люди в большом выборе были только в Петербурге. Понимая дочь, княгиня даже и не претендовала на то, чтоб иметь зятя по своим мыслям, и мирилась с тем, "лишь бы он хоть жену сделал счастливою". Княгиня уже давно составляла планы, как бы она щедро выделила дочь при замужестве и, устроив ее, тотчас же возвратилась бы с сыновьями к себе в Протозаново. Тогда оставалось бы только выбрать мальчикам хорошего наставника и посвятить всю жизнь тому, чтобы воспитывать их как можно лучше и серьезнее. В деревне княгиня надеялась уберечь сыновей от светской суеты и сохранить ум их целым и здравым, способным постигать действительно высокое в жизни и бегать всего низкого, расслабляющего душу. Каждый раз, как княгиня додумывалась до этой мысли, она погружалась в такую сосредоточенность, что граф не раз вставал и, не прерывая этих мечтаний, молча подходил к руке княгини и уезжал. Княгиня его не останавливала; отвечая на его поцелуй в руку поцелуем в его щеку, она только всегда тепло и искренне пожимала его руку, дескать: "не извиняюсь – мы свои".

Все эти короткости, исходившие единственно из бабушкиного прямодушия и простоты, окончательно убеждали графа, что он княгине нравится. Он был уверен, что единственная помеха ему жениться на ней была взрослая княжна, но вскоре граф убедился, что княгиня едва ли намерена много стесняться дочерью. Он, как другие, впал в общее многим заблуждение, что Варвара Никаноровна свою дочь недолюбливает.

Поводом к этому открытию послужило следующее незначительное обстоятельство: Кипренский, проложив основные планы портретов молодых девиц, продолжал свою художественную работу в большом секрете: он не хотел никого допускать в мастерскую, пока картины не будут окончены. Он поступал так потому, что не всякий может понимать незаконченную вещь, а между тем всякий может распускать о ней свои мнения и суждения, которые, расходясь в публике, имеют свое невыгодное значение. Но граф был знаком с "русским Вандиком" и в качестве светского приятеля и дилетанта в искусстве мог проникать в мастерскую. Будучи однажды допущен художником посмотреть неоконченные картины, граф расхвалил бабушке портрет княжны Анастасии. Бабушка знала, что дочь ее изображается вдвоем, рядом с очень милою и скромною девушкой, которая потом вышла замуж за одного из князей Щербатовых и оставила до сих пор по себе превосходную память. Граф рассказал княгине, что Кипренский изображает девиц в какой-то буколической сцене, что бабушку очень удивило. Сначала она не могла понять, почему наш "Вандик" из Копорья выбрал именно этот странный жанр, который, по ее мнению, всего менее шел манерной княжне Анастасии, а потом это ее встревожило. Бабушка вспомнила, что девушка, которая изображалась рядом с ее дочерью на одном полотне, далеко уступала княжне по красоте лица и по формам тела. Не было никакого сомнения, что при близком сопоставлении с княжною она должна была еще более проигрывать. Тетушка Анастасия была очень хороша: она par trait[13] напоминала самое княгиню, хотя совсем была на нее не похожа par expression[14]: в ее выражении не было той милоты, которая располагала и влекла к княгине всякого человека, ценящего в другом благородные свойства души, но тем не менее княжна была очень красива. Бабушке показалось, что Кипренский, увлекшись выгодною наружностью княжны Анастасии, ставит возле нее девушку более скромного вида нарочно, чтобы первая еще более выиграла.

— От художника-де это станется; им закон не писан, а это во всех отношениях неприятно.

Подозрение, что Кипренский хочет льстить суетности княжны, тревожило бабушку невыносимо: она хотела во что бы то ни стало видеть портрет прежде, чем он будет готов. Граф должен был уладить это дело. Кипренский сдался на усиленные просьбы, и княгиня была допущена в его мастерскую.

Большой портрет был уже почти совсем готов и стоял на мольберте: обе девушки были изображены рядом, в костюмах полуфранцузских, полушвейцарских поселянок, обе они представлены идущими; в руках у них были корзины: у тетушки с фруктами, а у ее подруги с цветами. Обе подруги были написаны мастерски и замысловато: в картине была символика и поэзия. Тетушка выдвигалась немножко вперед и была ярко освещена, меж тем как ее подруга, отстав на один шаг, шла скромно, опустив головку, отчего ее тихое, задумчивое личико оттенилось в его

---

[13] чертами лица (франц.)

[14] выражением (франц.)

верхней части широкими полями соломенной шляпы и приняло глубокое, таинственное выражение. Яркая красота выдающейся вперед княжны тотчас с первого взгляда останавливала на себе глаза зрителя, и тихая прелесть другого лица тогда оставалась как бы незаметною; но чуть вы хотели окинуть беглым взглядом аксессуар, это таинственное лицо словно встречалось с вами, оно как из ручья на вас глядело, и вы в него всматривались и не могли от него оторваться. Бабушка поняла мысль художника и осталась чрезвычайно довольна картиною.

– Превосходно, – сказала она Кипренскому: – вы всякой отдали свое: la pomme a la plus belle, la rose a la plus sage[15]. Превосходно.

Из этих слов княгини и из довольного тона, каким они были произнесены, граф вывел заключение, что Варвара Никаноровна не высокого мнения о своей дочери и, очевидно, не будет стесняться ею много. К тому же это полутаинственное посещение бабушкою мастерской Кипренского вместе с графом, с которым она приезжала в одной карете, дало повод к толкам об их большом дружестве, из которого делались произвольные выводы, все сходившиеся к тому, что княгиня, вероятно, наскучила вдовством и того и гляди выйдет за графа замуж. Графа с этим даже поздравляли...

Ольга Федотовна один раз, вся краснея и застенчиво улыбаясь, открыла мне, что и она, видя, как княгиня многим предпочитает графа Функендорфа, заподозрила, не вздумала бы она, матушка, за него замуж выйти.

– Что же, – прибавляла в свое извинение Ольга Федотовна, – он еще был молодец, и как блондин, то и седых волос почти не видно, а княгине хоть и под сорок лет было, но она еще красавица... Совсем нестаточного ничего тут и не было.

Одна княгиня, которой еще в деревне прежде всех пришло на мысль – не намерен ли граф за нее посвататься, теперь об этом вовсе не думала: зато каково же было ее удивление, когда в один прекрасный день он неожиданно сделал ей предложение.

Это случилось вскоре после их поездки к Кипренскому, именно в одну из тех пауз, о которых я рассказывала. Неудачнее подобного момента, казалось, нельзя было и выбрать: когда княгиня, совсем забывая себя, вся была в детях и напряженно сосредоточивалась, прозирая в их будущее, граф в самых почтительных выражениях представил ей свою декларацию.

Княгиня его даже не сразу поняла, а когда он ей повторил свои слова и протянул ей руку, она со вспыхнувшим от конфуза лицом быстро откинулась к спинке дивана и проговорила:

---

[15] Яблоко более красивой, а розу более умной (франц.)

– Что вы, граф!.. помилуйте... Вот никогда этого от вас не ожидала.

Граф проговорил что-то об уважении и дружбе.

– Да; это правда... мы дружны, – отвечала княгиня, – я считаю вас за очень хорошего человека и уверена, что в этом не ошибаюсь (княгиня ошиблась), но... замуж... как вам это могло на мысль прийти.

– Но почему же... вы меня извините...

– Нет, вы меня, граф, извините, – нетерпеливо перебила княгиня и, как по-писаному, прочитала ему свой взгляд на брак и на замужество.

– Я, граф, того мнения, что со стороны вдовы, имеющей детей, во второй брак вступать непростительно: материн второй брак детям первые похороны... По-моему, это одна пустая слабость, которой я никогда в других не осуждаю, но не уважаю, а в себе и подавно допустить не могу. Это хорошо в крестьянстве, когда работник в двор нужен, но в нашем положении, по моему суждению, это лишнее. Оставьте это, граф, как бы этого и разговора не было, и никогда не будем к этому возвращаться, а будем, прошу вас, по-старому друзьями.

В подкрепление этой просьбы княгиня пожала Функендорфу руку, и они расстались; а чуть только карета графа отъехала от подъезда, бабушка сейчас же позвала к себе Ольгу Федотовну и послала ее к модистке, чтобы та принесла ей "коробок самых солидных чепцов". Выбрав себе из них самый большой, с крахмальным бантом на темени, княгиня сейчас же надела на себя этот старушечий чепец и, осмотревшись пред зеркалом, велела, чтоб ей таких еще две дюжины нашли.

– В этом чепце, мне кажется, теперь гораздо пристойнее, – сказала она Ольге, – да и тебе советую тоже подлиннее мармотки нашить, мы с тобою ведь уже не молоденькие.

Ольга Федотовна не отстала от своей княгини и на другое же утро явилась ей в чепчике с такими длинными оборками, что выглядывала из них как часовая кукушка из рамки. Однако и в старушечьем чепце и в темных капотах княгиня еще долго не старелась, а, по словам Ольги Федотовны, "больше походила как бы в костюме на бал собиралась". Так она была моложава и так прочна была ее красота.

Бабушка никогда и никому не говорила о сделанном ей графом предложении, а графу, кажется, не могло прийти желания об этом рассказывать, но тем не менее Ольга Федотовна все это знала, и когда я ее спрашивала: откуда ей были известны такие тайности? она обыкновенно только сердилась и раз даже пригрозила мне, что если я еще буду ей этим докучать, то она мне больше ничего не скажет. Так как угроза была слишком страшна для моего любопытства, то я уже никогда не возобновляла моих расспросов, но по догадкам думаю, что моя милая старушка, вероятно, просто-напросто подсматривала и подслушивала за своею матушкой княгиней.

Иначе это и не могло быть, особенно потому, что Ольга Федотовна наизусть знала следующий разговор графа с княгинею, который, по ее же собственным словам, был веден бабушкою в совершенной тайности, "в особой комнате и при закрытых дверях".

Знаменитый разговор этот был через несколько дней после того, как граф сделал бабушке свое предложение.

– Граф, верно, смутился и перестал ездить, – говорила Ольга Федотовна, – то он у нас до этого случая всякий день бывал, а то вдруг и перестал. Княгиня об этом беспокоилась и все несколько раз спрашивала: "Не был ли граф?" Скажешь: "Не был-с". Она тихо плечами поведет, а, наконец, раз даже вслух проговорила: "Что это за глупость такая!" и послала к нему Патрикея узнать о его здоровье, и если он здоров, то велели просить его, чтобы заехал. Он и пожаловал... Княгиня его приветливо встретила, но все в своем большом чепце, и повела его в маленькую гостиную, куда почти никто никогда не ходил, – здесь затворились, сели и начали говорить.

– Я, – говорит, – граф, очень желала вас видеть...

Тот кланяется, а она продолжает:

– Вы на меня, пожалуйста, не сердитесь... с вашей стороны мне ничего обидного не было сделано, и я вас тоже обидеть не желала, а сказала по рассуждению.

А граф говорит:

– Поверьте, княгиня, если бы не мои чувства...

Но она его сейчас перебила:

– Нет, вы меня извините, – говорит, – это совсем не в том дело, я вас с тем пригласила, что хочу пред вами с открытою душою быть... Я хочу, чтобы вы обо мне грубо не думали. Сознаюсь вам, что я ведь любила моего мужа и люблю его до сих пор... Не смейтесь, граф, над старухой... я очень страстна в моих привязанностях: я люблю, граф, люблю его, моего друга, и до могилы любить его буду, а там встретимся или не встретимся – уж что бог даст, но пока жива, я ему верная и благодарная... Вам ведь, может быть, неизвестно, а я ему всем обязана, я вышла из бедной семьи, в их честном доме воспитана, и он меня замуж взял, и любил меня, и верил мне, и умер далеко от меня с твердою в меня верою... Скажите же, как можно это все позабыть? Нет, вы умный человек, граф, вы меня видите, и вы должны меня понять: он умер для всех, кто про него позабыл, но я минуты без него не жила, и мне... он жив, и я ему отдала всю жизнь мою и ему же отдам и мой смертный вздох. Судите как знаете, я вся тут!

И княгиня, которую никто никогда не видал плачущею, сдвинула болезненно бровями и, закрыв платком глаза, заплакала.

Глубиною этого живучего чувства был тронут даже сам граф; он бросился целовать руки бабушки и просил ее о прощении.

И она его, разумеется, простила, и как простила? – ото всего сердца, с радостью и с искреннейшим советом, чтобы он поискал себе невесту помоложе годами и как можно менее на нее похожую характером.

– Характер – это самое главное, – говорила она, – а женщина, которая привыкла всем сама править, от этих мужских занятий становится к любви неловкая: от домашних счетов да споров в нас чувства грубеют и много мужчинского в характере делается. Никому я никогда не посоветовала бы на таких жениться... Нас можно в заседатели выбирать и в старостихи ставить, но жениться на нас... не советую. Извините, грубо скажу: старая баба сам тот же мужик, – у нее все ключи любовных чувств уже иссякли. То ли дело существо молодое, в чувствах свежее, в разуме гибкое. Как вы его захотите повести, так и поведете.

– Вы забываете, что я стар для таких юных существ, – шептал, шутя, граф. – Увы! меня шестнадцатилетняя девушка готова будет звать дедушкой.

– Ну вот... зачем шестнадцати?.. Есть девушки лет в двадцать пять... ну, тридцать... Прекрасные есть девушки... с источниками живых чувств. И даже скажу, девушка вас скорее и полюбит, и ее любить приятнее.

– Почему же?

– Неопытнее они, доверчивее... это, должно быть, очень приятно, как она станет сама к вам применяться. Нет; непременно на девушке женитесь!

– Вы настойчиво требуете, чтоб я женился на девушке? Я вас послушаю.

Граф был весел и шутил, княгиня в тон ему тоже отвечала шутливо:

– Непременно, граф, на девушке, на вдове как женитесь, старый муж придет.

И гость и хозяйка расстались настоящими друзьями, а чтобы граф еще скорее забыл свое неудачное сватовство, бабушка дала ему на дорогу просьбу помочь ей отыскать детям француза.

Просьба эта не могла обижать графа, а, напротив, могла ему льстить, потому что княгиня не верила ничьим рекомендациям, когда дело шло о людях, нужных к детям.

Какой же ей нужен был француз? Совсем необыкновенный или по крайней мере отнюдь не такой, какие были тогда в моде. Княгиня отнюдь не хотела, чтобы француз ее сыновей воспитывал, это, по ее мнению, для русских детей никуда не годится. Серьезного воспитателя она хотела искать в другом месте; а француз требовался просто, чтобы как можно больше говорил, но только не вредного.

Требование было и небольшое, но в то же время и не совсем легкое; но граф услужил княгине, он достал ей такого француза, который превзошел все ее ожидания. Этот утешительный человек был французский гражданин monsieur Gigot[16], которому здесь надо дать маленькое место. Ne le renvoyez pas, je vous prie![17] Он тут нужен.

ГЛАВА ШЕСТАЯ

Француз Gigot был человек совершенно неизвестного происхождения. Сам он себя производил из дворян, обеднявших во время переворотов, но дворянского в нем ровно ничего не было. Начиная с его фамилии, которую m-r Gigot напрасно скрашивал приставкою дворянской частицы, и кончая его наружностью и манерами, дававшими ему вид неудачного приходского клерка, он всего более напоминал католического дьячка: тонкий, худой, немного запуганный, с глазами, таящими внутренний жар, и с длинными руками, постоянно стремящимися к упражнению в почтительных жестах. О происхождении его всякий имел свое мнение: так, Рогожин думал, что "эта баранья ляжка" (так он величал Жиго) был непременно дьячок, а Патрикей соображал, что Жиго из почтальонов, потому что он необыкновенно скоро бегал и любил быть на посылках; Ольга же Федотовна утверждала, что Жиго, по всем видимостям, из портных, потому что он всегда любил садиться ловко, сворачивая под себя ножки калачиком, и необыкновенно искусно штопал свое платье.

Но каково бы там ни было в самом деле его происхождение, он оказался как нельзя более отвечающим тому назначению, какое желала ему дать бабушка. Gigot был человек в некоторых отношениях удивительный: он болтал с детьми с утра и до вечера и, скоро овладев их расположением, быстро приучил их бегло говорить с собою по-французски. Кроме того, он был совершенно безвреден: в этом отношении он даже превзошел все ожидания княгини, которая, несмотря на рекомендацию графа, принимая в дом monsieur Gigot, положила себе правилом следить за всяким его словом, "чтобы не наговорил детям глупостей". Очень скоро она убедилась, что это совершенно напрасно все ее опасения в этом роде не имели никакого места. Gigot говорил целые дни, и когда он говорил, княгиня слышала какие-то слова, пожалуй, даже интересные, иногда он даже что-то объяснял, и довольно толково, но чуть только он кончал свою речь и княгине хотелось обдумать, что такое он сказал, как она уже не находила во всем им сказанном никакого содержания. Княгиня в этом затруднении не раз пыталась переспросить

---

[16] господин Жиго (франц.)

[17] Не отсылайте его, я вас прошу (франц.)

Gigot: как он понимает то, что сейчас сам объяснял? Но он, обыкновенно, не мог повторить сказанного, и бабушка с удивлением говорила:

— Преудивительного француза я себе, способного к детям, достала: так говорлив, что сам не помнит, о чем, как скворец, болтает, и выходит от него практика языка большая, а мыслей никаких, и притом вежлив и со двора без спроса не ходит.

Открыв эти неоценимые достоинства Gigot, бабушка стала, разумеется, благоволить к нему и, отпуская его по воскресеньям "погулять к компатриотам", дарила ему по синенькой бумажке на бомбошки; но непременно всякий раз наказывала, чтобы он возвращался домой к детскому ужину, и притом трезвый.

Gigot был человек очень добрый, покладливый и до того мягкий, что, хотя он и не был кутилою, но, желая доставить княгине совершенное спокойствие насчет своей трезвости, он всякий раз по возвращении от компатриотов просил бабушку "позволить ему на нее дохнуть".

Бабушка, может быть, и не считала этого нужным, но когда человек сам набивается, то она не нашла в этом ничего лишнего, дескать:

— Положим, что он и не запивает, а все-таки, для большей аккуратности, удостовериться не мешает: бог знает, другие как-нибудь подпоить могут, а этак, как он сам выдумал, это самое верное: если он пил вино, я сейчас услышу.

Позволив Gigot дохнуть перед своим лицом, княгиня говорила ему: "умник", и, дав ему поцеловать свою руку, отпускала его укладывать князей, с которыми и сам он должен был ложиться спать в одно время.

Эта обязанность сначала всего более стесняла бедного Gigot, и он тоскливо жаловался.

— Je ne suis pas dispose a dormir: je n'ai pas sommeil[18], — но потом он скоро свыкся и с этим горем и, тихо вздыхая, внушал детям:

— On n'a pas toutes ses aises dans ce monde, mes enfants![19]

Впоследствии, обсидевшись в деревне, этот Gigot сделался большим сонею, и чуть часовая стрелка вечером переходила за половину десятого, он уже начинал позевывать, и, шевеля тяготеющими веками, сам подговаривался:

— Ma foi, j'ai sommeil; il est temps d'aller coucher![20]— и с этим он вскакивал, подводил детей к княгине за получением вечернего благословения, а через полчаса уже спал в смежной с детьми комнате, и спал, по собственному его выражению, comme une marmotte[21].

---

[18] Я не расположен ко сну, я не хочу спать (франц.)

[19] В этом мире нельзя иметь все блага, мои дети (франц.)

[20] Честное слово, я хочу спать, уже время ложиться (франц.)

[21] как сурок (франц.)

Одно, к чему monsieur Gigot никогда не мог приучить себя, это был фруктовый квас. Иностранное вино за столом княгини подавалось только при гостях, и то monsieur Gigot неудобно было им лакомиться, так как никогда не пившая никакого вина княгиня находила, что и гувернеру неприлично пить вино при детях, а после стола Патрикей Семеныч имел обыкновение припечатывать все нераспитые бутылки, "чтобы люди не баловались".

Таким образом, Gigot оставалось лакомиться квасом да водицами, к которым он и вошел во вкус, но никак не мог приучить к ним своего желудка. Чуть он выпивал лишний глоток какой-нибудь шипучки, как с ним начинались корчи, и он нередко заболевал довольно серьезно.

Это, однако, имело для Gigot свою хорошую сторону, потому что чрезвычайно сблизило его с Ольгой Федотовной, которая сама была подвержена подобным припадкам и, по сочувствию, нежно соболезновала о других, кто их имеет. А бедный Gigot, по рассказам Ольги Федотовны, в начале своего житья в доме княгини, бывало, как пообедает, так и начнет морщиться.

– Уйдет в свою комнату и так там по дивану и катается, а сам, как дитя, ножка об ножку от боли так и сучит, так и сучит... И я ему всегда, бывало, сейчас рюмочку березовки да горчишник под ложечку. Как его защипит, он и вскочит, и опять благодарный кричит:

"Пуслё, шер Ольга Федот, все пуслё".

А на другой день опять не остережется. Пресмешной был человек! И так он ко мне привык и привлекся, что, бывало, чуть ему худо, он сейчас ко мне так прямо и летит, а сам шепчет: "Экскюзе, шер Ольга Федот"[22].

Я поначалу пугалась: бывало, засуечусь, спрашиваю:

"Что такое? что такое случилось?"

А он отвечает:

"Ничего... петит революция... тре петит, тре петит..."[23]– и вижу, что его уже и точно трепетит.

Один раз только мне это надо было растолковать, а уж потом сама понимать стала; он только шепнет:

"Экскюзе!"

А я уже и догадываюсь:

"Что, – говорю, – батюшка мой, опять революция?"

"Ах, – отвечает, – революция", – и сам как былинка гнется.

Такой был на этот счет дрянной, что надо ему было как можно скорей помогать, и чуть он, бывало, мне только заговорит это "экскюзе", как я уже его дальше и не слушаю, а скорее ему из кармана пузыречек и говорю:

---

[22] Извините, дорогая Ольга Федотовна (франц.)

[23] Маленькая революция... очень маленькая, очень маленькая... (франц.)

179

"На тебе лекарства, и не топочи на одном месте и бежи куда надо". Он на лету мне ручкой сделает, а сам со всех ног так и бросится. Добрый был мужчинка и очень меня уважал с удовольствием, а на других комнатных людей, которые его не понимали, бывало, рассердится, ножонками затопочет и закричит:

Этими словами monsieur Gigot стремился выразить, что непонимающие его комнатные люди достойны только того, чтобы их поставить на плот, дать им в руки валек и заставить их мыть бельё с деревенскими бабами. Слова "наплёт, валек и деревянная баба" Ольге Федотовне до того казались смешными и до того ей нравились, что она усвоила их себе в поговорку и применяла ко всякой комнатной новобранке, неискусно принимавшейся за свою новую должность. Более же всего Ольга Федотовна полюбила Gigot по какому-то безотчетному сочувствию к его сиротской доле.

– Сирота, – говорила она, – и без языка, его надо жалеть.

Отношения Gigot к другим лицам бабушкиного штата были уже далеко не те, что с Ольгою Федотовною: чинный Патрикей оказывал французу такое почтение, что Gigot даже принимал его за обиду и вообще не имел никакой надежды сколько-нибудь с Патрикеем сблизиться, и притом же он совершенно не понимал Патрикея, и все, что этот княжедворец воздавал Gigot, "для того, чтобы ему чести прибавить", сей последний истолковывал в обратную сторону.

– Oui, – лепетал он: – oui! я снай... Patrikej Semenitsch... il tranche du grand seigneur avec moi[24]...

И Gigot самодовольно распространялся, что он сам знает свет и сам умеет делать grande mine[25].

– Patrikej comme ca... так, et moi aussi... так... Avec tous les gens так, а avec Patrikej Semenitsch так[26]...

И, рассказывая это, он для большей вразумительности показывал, как он мимо всех ходит просто, а проходя мимо Патрикея, поднимает вверх голову и делает grande mine.

Патрикей знал это и, замечая эволюции Gigot, нимало не изменял своих ровных, холодно почтительных к нему отношений, какими считал себя обязанным к нему, как к гувернеру.

С дьяконицей, Марьей Николаевной, Gigot тоже никак не мог разговориться: он много раз к ней подсосеживался и много раз начинал ей

---

[24] Да, да!.. Патрикей Семенович... он разыгрывает со мной большого господина (франц.)

[25] высокомерный вид (франц.)

[26] Патрикей вот так... и я тоже... Со всеми людьми так, а с Патрикеем Семеновичем так... (франц.)

что-то объяснять и рассказывать, но та только тупо улыбалась да пожимала плечами и, наконец, однажды, увидев, что Gigot, рассказывая ей что-то, приходит в большое оживление, кричит, машет руками и, несмотря на ее улыбки и пожиманье плечами, все-таки не отстает от нее, а, напротив, еще схватил ее за угол ее шейного платка и начал его вертеть, Марья Николаевна так этого испугалась, что сбросила с себя платок и, оставив его в руках Gigot, убежала от него искать спасения.

Gigot рассердился: он принес Марье Николаевне ее платок и, гневно глядя в ее испуганные глаза, прокричал:

– Наплёт, валек и деревянная баба! – и затем быстро повернулся и убежал.

Марья Николаевна в эту критическую минуту сидела как окаменевшая, но зато когда напугавший ее Gigot скрылся, она не выдержала и жестоко разрыдалась.

Ничего не могло быть забавнее того, что ни француз не знал, чем он оскорбил дьяконицу, ни она не понимала, чего она испугалась, за что обиделась и о чем плачет.

В этом положении застала ее Ольга Федотовна и не могла от нее добиться ничего, кроме слов:

– Нет, мне пора... мне пора на свое пепелище.

Надо было призвать самоё бабушку, которая, разобрав в чем дело, призвала Gigot и сказала:

– Посмотри, как ты расстроил женщину! Вот ведь тебе за это по меньшей мере стоит уши выдрать.

– Ага!.. уши, les oreilles, – avec plaisir[27]. – И он, наклонясь головой к дьяконице, весело вскричал: – Ну, Marja Nicolaf... нишего, dechirez-vous bien![28]

Но Марья Николаевна вдруг рассмеялась и, обмахнув платком глаза, отвечала:

– Нет, мусье Жиго... уж если так, то лучше поцелуемся.

– По-ця-лю-ем-ся?.. Ага, понимай! Avec plaisir, avec plaisir, Marja Nicolaf![29]

– Но только уже вы, мусье Жиго, после этого, пожалуйста, никогда меня больше не трогайте.

– Никогда, jamais! никогда.

– И не говорите со мною по-французски.

– Jamais de ma vie![30]

---

[27] уши, – с удовольствием (франц.)

[28] Марья Николаевна... терзайте на здоровье! (франц.)

[29] С удовольствием, с удовольствием, Марья Николаевна! (франц.)

[30] Никогда в жизни! (франц.)

Они поцеловались, и вполне успокоенная Марья Николаевна, как умела, объяснила Gigot, почему именно она его просит с нею не говорить. Причина этого, по ее словам, заключалась в том, что она "в свой век много от французского языка страдала".

Самые частые соотношения Gigot имел с Рогожиным, но эти отношения нельзя было назвать приятельскими. Сначала они немножко дулись друг на друга: Gigot, увидав перед собою длинного костюмированного человека с одним изумрудным глазом, счел его сперва за сумасшедшего, но потом, видя его всегда серьезным, начал опасаться: не философ ли это, по образцу древних, и не может ли он его, господина Gigot, на чем-нибудь поймать и срезать? Дон-Кихот относился к Gigot тоже несколько подозрительно, во-первых потому, что этот человек был поставлен в дом графом Функендорфом, которому Рогожин инстинктивно не доверял, а потом и он с своей стороны тоже боялся, что Gigot, читающий или когда-нибудь читавший французские книги, большинство которых Рогожину было недоступно, мог знать то, чего наш дворянин не знает, и потому, чего доброго, при случае легко мог его оконфузить.

Они могли бы, вероятно, очень долго оставаться друг против друга на страже, но одно счастливое обстоятельство примирило их с мыслью, что каждый из них вполне равен другому и оба они друг другу не страшны. Поводом к такому благоприятному выводу была заносчивость Gigot насчет каких-то превосходств французского дворянства.

Так как разговор этот шел в гостиной при самой княгине и при посторонних людях, из которых, однако, никто не желал вступиться за честь русского дворянства, то Рогожин не вытерпел и выступил, но выступил неудачно: плохо маракуя по-французски, он не мог отразить самых несостоятельных нападений Gigot, который кричал:

– Attendez; connaissez-vous gentilhomme Obry de Mondidie?[31]

– Non[32]... нет, не знаю!

– Connaissez-vous gentilhomme Mordrele?[33]

– Non... нет, не знаю.

– Connaissez-vous gentilhomme Oblong?[34]

Рогожин должен был сознаться, что и этого жентильома он тоже не знает.

– En bien, votre critique n'est pas fondee[35], – решил торжествующий Gigot, и, широко шаркнув Дон-Кихоту ногой, он язвительно поклонился

---

[31] Подождите; знаете ли вы дворянина Обри де Мондидье? (франц.)

[32] Нет (франц.)

[33] Знаете ли вы дворянина Мордреля? (франц.)

[34] Знаете ли вы дворянина Облонга? (франц.)

[35] Итак, ваша критика неосновательна (франц.)

ему, как человеку, с которым нечего много разговаривать тому, кто читал про Обри и Мондидье, Облонгов и Мордрелей. Рогожин был смят, но он быстро и преоригинально нашелся.

– А постой-ка, постой! – воскликнул он по вдохновению и, изловив Gigot за рукав, остановил его.

– А ты боярина Захарьина знаешь? – спросил он француза.

– Non, je ne le connais pas[36].

– А Матвеева знаешь?

– Non, je ne le connais pas.

– Ага! Молодец! да ты уже, смотри-ка, и Романовых-то знаешь ли?

– Non, je ne le connais aussi[37].

– Да; так ты еще вот каков! – протянул Дон-Кихот и, шаркнув обеими ногами еще шире Жиго, с достоинством от него отвернулся.

Рогожин, к счастью своему, никогда не знал, что в этом споре все преимущества были на его стороне, ему и в ум не приходило, что Gigot называл ему не исторические лица, а спрашивал о вымышленных героях третьестепенных французских романов, иначе, конечно, он еще тверже обошелся бы с бедным французом.

Дон-Кихот, гостя в Петербурге, имел праздным все свое время, и когда уставал читать, тогда обыкновенно раскладывал из карт пасьянс. Но и это ему тоже, разумеется, могло уже надокучить, тем более что скорый Gigot умел гораздо лучше его делать пасьянсы и, по живости своего характера, всегда наскакивал на него с своими советами. Такое вмешательство до того бесило дворянина, что он в досаде смешивал карты и, стиснув их в руке, или сидел молча, пока Gigot, потеряв терпение, отходил от него прочь, или же начинал вдруг креститься и читать "Да воскреснет бог", отплевываясь от Gigot, как от черта.

Gigot не выдерживал заклинаний и отбегал, но не надолго, не проходило получаса, как он уже снова наскакивал на Рогожина с шашечной доскою и кричал:

– Gentilhomme, jouons-nous aux dames![38]

Дон-Кихот сдавался на этот призыв, и они проводили за шашками почти все время, когда молодые князьки занимались с приходящими учителями и Gigot был свободен.

И как они играли! Боже мой! Ольга Федотовна, вспоминая это, говорила о них не иначе, как о самых легкомысленных детях.

– Сядут, бывало, как и надо, будто взрослые, а потом вдруг зашумят, закричат, и смотри, уже шашки на пол летят, и бедный Жигоша плачет и

---

[36] Нет, я его не знаю (франц.)

[37] Нет, я его тоже не знаю (франц.)

[38] Дворянин, сыграем в шашки! (франц.)

жалуется, что тот, кривун, его обидел. А по правде сказать, оба были самые несносные споришки, и княгиня часто должна была сама приходить их разнимать и мирить – стыдит их, бывало, стыдит да, наконец, тем кончит, что велит Патрикею от них шашки взять и к себе в комнату отнести. Кажется бы ведь уж довольно, так нет же: Доримедонт Васильич станет за особым столиком пасьянс класть, а Жигошка и тут не утерпит. Такой был зажига, подскочит и начнет указывать, что будто не так ту или ату карту переложил, ну и пойдет опять дым коромыслом. Княгиня уже из терпения, наконец, выйдут и скажут:

"Подбери, Патрикей, с полу карты и отнеси их в мою комнату".

Впрочем, Gigot и Дон-Кихот ссорились и без игр, и всегда из-за совершенных пустяков, вроде того, например, что живой и веселый Gigot, одушевляясь разговором, любил хлопать собеседника по плечу или по коленам, а гордый Дон-Кихот находил это неуместным и решительно не мог переносить такой фамильярности: он вскакивал и как ужаленный, сверкая на Gigot гневными взглядами своего единственного глаза, кричал:

– Не смей хлопать, буржуа!.. Ты мне за это когда-нибудь дорого заплатишь!

Больше я не считаю нужным в особенности говорить о monsieur Gigot, с которым нам еще не раз придется встретиться в моей хронике, но и сказанного, я думаю, достаточно, чтобы судить, что это был за человек? Он очень шел к бабушкиной коллекции оригиналов и "людей с совестью и с сердцем", но как французский гувернер он был терпим только благодаря особенности взгляда княгини на качества лица, потребного для этой должности.

Дети, то есть оба молодые князья (мой отец и дядя Яков), очень любили Gigot и не только никогда с ним не скучали, но, напротив, скучали о нем, когда его не видели. Во время моего отрочества я слыхала похвалы Gigot даже от таких людей, которым, по-видимому, никакого и дела не могло быть до злополучного чужестранца, – Gigot хвалили дворовые и деревенские люди Протозанова, говоря в одно слово, что он был "добрый и веселый", а дядя, князь Яков Львович, вспоминая свое детство, никогда не забывал вставлять следующее:

– Брат Дмитрий, который имел блестящие способности, к сожалению до того был резок, что даже верхом на нашем французе ездил.

ГЛАВА СЕДЬМАЯ

Душевные свойства обоих князей в это время обозначались уже в весьма определенных задатках; отец мой, который был одним годом моложе дяди Якова, первенствовал над старшим братом по превосходству своих дарований, и князь Яков не продал ему права своего первородства ни за какую чечевицу, а уступил ее безмездно как "достойнейшему". Дядя Яков, бесподобнейшее лицо из всех нынче живущих Протозановых, говорят, еще с детства, с самых первых уроков, за которые он сел ранее моего отца, но в которых папа быстро его перегнал, признал превосходство брата и, приходя от него в восторг, любил выдвигать его всем на вид. Себя он всегда стушевывал и так приучил к этому весь дом, что все, и свои и чужие люди, обращали все свое внимание на князя Дмитрия, а старший его брат, Яков, шел за ним и смотрел на него не с ревностью, не с завистью, а с восторгом, в котором сказывалась благородная и поэтическая натура этого прекрасного человека, пылавшего любовью ко всему прекрасному. Отец мой, сколько я могу о нем судить не по рассказам Ольги и Патрикея и других людей, обожавших в нем своего кумира, а по словам самой бабушки, которая была очень скромна в суждении о своих сыновьях, был одарен необыкновенными способностями и чарующею красотой. Бабушка, грустно улыбаясь, называла его "своим Авессаломом". (Увы, его и участь имела много сходного с судьбою этого злополучного библейского царевича!) Он был высок ростом, гораздо выше дяди Якова, которого за его маленький рост звали "карапузиком". Лицом отец напоминал бабушку, но только не так, как тетушка Анастасия, то есть не только чертами, но и выражением, но, разумеется, все это сходство отливалось в мужской форме. Замечу мимоходом, что, кроме моего отца, в роду нашем уже никто не имел большого сходства с княгинею Варварою Никаноровной; все, и в этом числе сама она, находили большое сходство с собою во мне, но я никогда не могла освободиться от подозрения, что тут очень много пристрастия и натяжки: я напоминала ее только моим ростом да общим выражением, по которому меня с детства удостоили привилегии быть "бабушкиною внучкой", но моим чертам недоставало всего того, что я так любила в ее лице, и, по справедливости говоря, я не была так красива. Дядя же мой, князь Яков Львович, имел сходство с матерью только в глазах, а во всем остальном он шел не в бабушкин род, а в дедов, в род Протозановых, которые не отличались видным ростом и имели расположение к тучности. Дядя обнаруживал эти родовые черты с самого раннего детства: он всегда был по своим летам мал ростом, очень свеж, румян, с прекрасными глазами матери, но с очень маленьким ротиком, какие называют "сердечком". Такие крошечные рты, с немножко оттопыренными губками, нарисованы у всех Протозановых, которых портреты я с детства видела в бабушкином доме; но князь Яков Львович немножко даже утрировал эту черту: его маленький ротик придавал его лицу сходство с какою-то бойкою птичкой, отчего в семье его звали также и "чижиком". Впрочем, благодаря своей важно-комической фигурке, дядя, князь Яков никогда не был без кличек; при всем почтении, которое он умел себе заслужить в зрелые годы, он и в этом своем возрасте назывался "князь Кис-меквик", кличкою, составленною из трех английских слов: Kiss me quick[39], которые имели в приложении к дядюшке свое особенное, несколько роковое для него значение. Но об этом будет подробнее рассказано в свое время, а теперь возвращаюсь к детству моего отца и дяди.

При значительном превосходстве умственных сил, какое имел мой отец над своим братом, у отца был характер нетерпеливый и увлекающийся. Этим для меня объясняются многие несообразности и противоречия в его жизни, начиная с того, например, что, не оказывая никакого сожаления Gigot, он опасно заболел от огорчения, когда бедный француз умер. Дядя был совсем иной: если папа более брата напоминал бабушку прекрасною внешностью и умом, то дядя Яков был ее сыном по духу и характеру. Отец, которому уроки не стоили никакого труда, имел много свободного времени и нередко злоупотреблял своими досугами, наполняя их опрометчивыми шалостями, нередко в обиду ближних; но в доме, любя князя Дмитрия, все это покрывали и не доводили до княгини. Князю Якову учение давалось с большим трудом: он был почти постоянно занят и в немногие часы свободы или сидел безмолвно в креслах с важностью, которая в маленьком мальчике была довольно комична, или вместо того, чтобы шалить и бегать, он читал какую-нибудь детскую книгу. Шалостей дядя не любил: он много переносил на себе от резвостей брата, но никогда не отомщал ему своих обид. Выдающимися чертами нрава Якова были чрезвычайная скромность и искренность: он от природы был гораздо менее барин, чем джентльмен. Уважение к человеческому достоинству всех и каждого в нем было развито до того, что он никогда не позволял слуге снять с себя сапога; такая услуга его конфузила, и все, что он мог сделать без помощи другого, он так и делал. Позвать человека и заставить его сделать себе услугу, без которой можно обойтись, дяде Якову казалось "стыдно". Об искренности же его рассказывают, что он однажды явился к бабушке с просьбою наказать его за проступок, о котором никто не знал и который весь состоял в том, что дядя, сидя за уроком, имел в кармане маленькую юлу, которая ему очень нравилась и которую ему подарили за несколько минут до прихода учителя. Мать свою оба князя очень любили, но отец мой не сдерживал своей нежности, меж тем как дядя Яков, не только страстно любивший, но даже, так сказать, обожавший мать, как бы не смел дать воли своим

---

[39] Поцелуй меня скорей (англ.).

ласкам. Оттого в отношениях младшего сына к матери было более короткости, а в отношениях старшего – более почтительности. Князь Дмитрий, шутивший со всеми, с Gigot, с Дон-Кихотом, с Ольгою Федотовной, шутил и с княжною Анастасией, которая была на семь лет его старше и шуток не любила. Она была обидчива, как провинциальная барышня, и от всякой досады легко плакала.

За колкие шутки с сестрою бабушка наказывала моего отца, а княжне говорила:

– А у тебя, мой друг, глаза слишком на мокром месте: от всякого вздора ты плачешь; это значит дурной характер.

Дядя же князь Яков, не любивший никого раздражать, был чрезвычайно вежлив с сестрою, старался ей делать услуги, и если она его за чем-нибудь посылала, то он бежал со всех ног, чтоб исполнить это скорее, и, подавая княжне требуемую вещь, непременно целовал ее руку.

Княжна Анастасия тоже более оказывала сочувствия своему брату Якову, чем моему отцу, которого она, кажется, вовсе не любила; он не нравился ей своею резвостью и слишком смелыми манерами.

Манеры тогда были большим вопросом: ими у нас, к сожалению, очень много занимались, пока, к еще большему сожалению, вдруг вовсе перестали обращать на них внимание. От этого в нашем обществе на смену неприятной манерности явилось потом поразительное неумение держать себя в кругу порядочных людей, в чем отличаются даже и те, которым надо бы служить примером благовоспитанности для прочих. Бабушка и в этом случае имела меру: она знала, что дурной тон, дурная манера есть все то, что неуместно и неизящно; но она не питала уважения и к изысканности и даже смеялась над петиметрством.

– Это что такое, – говорила она, – не живой человек, а какой-то цирлих-манирлих[40], скручен, связан, по избе скачет; совсем нехорошо.

Тетушке же это "цирлих-манирлих" нравилось: она сама была манерна и не любила слишком живых проявлений каких бы то ни было чувств, а потому брат Дмитрий ей совсем был неприятен. Впрочем, между княжною и братьями было очень мало общего: они только встречались, виделись, и больше ничего.

Сама княгиня говорила, что она любит обоих сыновей совершенно одинаково, но дядя князь Яков не раз мне говорил:

– Матушка твоего отца гораздо больше меня любила, что и неудивительно, так как брат Дмитрий вполне того стоил: он был красота, и из красот красота, и всех лучших дарований полон. Его нельзя было больше всех не любить.

И я этому верю: в душе княгини Варвары Никаноровны было слишком

---

40 примерно-аккуратный, жеманный (нем. разг.)

много артистического, что, вероятно, влекло ее к даровитому сыну. Притом же, может быть, она, по дальновидности своего ума, и предусматривала с материнскою чуткостью искушения и опасности, которые были уделом моего отца. С выборами воспитателя для князей у бабушки была большая возня, составившая целый эпизод в ее жизни.

О приходящих учителях, которые были приглашены княгинею к детям в Петербурге, я не буду говорить: их выбором бабушка много не стеснялась, так как от них требовалось только, чтоб они умели преподавать. Окончив свои уроки, они уходили и особенного влияния на образование воли и характеров детей не могли иметь. Другое дело воспитатели, которых надо было принять в дом: тут обнаруживалась чрезвычайная осмотрительность, с которою, по-видимому, очень трудно было согласить выбор Gigot. Однако это только так казалось, в существе Gigot был весьма удобен, потому что, доставляя практику французского языка, он был просто дядькою, на положении, несколько повышенном для того, чтоб его можно было сажать с собою за стол.

Всякий настоящий гувернер-француз стремился бы внушать детям свои мнения и заводить какие-нибудь свои правила и порядки, а в этом они с княгинею не поладили бы. Но все-таки Gigot, каков он ни был, не разрешал собою вопроса о воспитателе. Княгиня все-таки искала человека, который мог бы один и воспитывать и обучить ее сыновей всему, что нужно знать образованным людям: но где было найти такого человека? — вот задача!

ГЛАВА ВОСЬМАЯ

В России почти нет воспитания, но воспитателей находят очень легко, а в те года, о которых идет моя речь, получали их, пожалуй, еще легче: небогатые родители брали к своим детям или плоховатых немцев, или своих русских из семинаристов, а люди более достаточные держали французов или швейцарцев. Последние более одобрялись, и действительно были несколько лучше.

Княгиня Варвара Никаноровна иностранцев не хотела брать, а семинаристов немножко боялась; они казались ей грубы и неотесанны, и притом, по ее наблюдениям, они вообще очень дурно понимали долг и обязанности человека к обществу.

По мнению Ольги Федотовны, бабушка не любила семинаристов за то, что, ходя с отцами в праздники по приходу, они ловят кур и вообще очень обижают крестьян, собирая с них без милосердия все, что взять можно. Но бабушка знала, разумеется, что и из семинаристов бывают исключения, и при этом ей опять представлялся Сперанский... Он очень занимал ее.

Княгиня с величайшим любопытством обращалась с расспросами о Сперанском ко всем, от кого ей казалось возможным узнать что-нибудь близко к нему относящееся, и благодаря этому своему любопытству познакомилась с Х. И. Лазаревым и князем Масальским, которые не прерывали своих сношений со Сперанским и состояли с ним в переписке. Встретив в княгине большое сочувствие, они давали ей читать получаемые ими от Сперанского "дружеские письма", которые бабушка собственноручно списывала себе в особую тетрадь, и один из них вздумал черкнуть что-то Сперанскому о благоговеющей пред ним княгине и о ее заботах о воспитании своих сыновей. Словцо это не осталось без ответа: Сперанский в своем ответе благодарил всех, кто его добром помнит, и, распространясь слегка о воспитании, жалел, что у нас в России хорошо воспитать юношу большая трудность. Тут шло сначала общее сравнение воспитательного дела с посевом, удача которого зависит не от одной доброты семян, почвы и обработки, но и от атмосферы, которая не в нашей воле, а потом в более частном смысле говорилось о педагогах, подготовка которых признавалась несовершенною: "они-де малосведущи, робки, низкопоклонны и мелочно придирчивы: они не любители свободы, но легко содействуют своеволию".

Но что для княгини было всего дороже – это небольшая приписочка в post-scriptum, который следовал тотчас за приведенным рассуждением. Приписка эта гласила следующее:

"А что сталося ныне с моим семинарским товарищем, Мефодием Миронычем Червевым? Мне очень бы хотелось о нем знать; он, кажется, пребывает в тех краях, где владеет ваша княгиня".

Бабушка подозревала, что этот Червев упомянут тут недаром: она видела в этом тонкий намек и указание, куда ей надлежит устремить свои взоры, и она этому последовала.

К немалой ее радости, но вместе с тем к немалому ее и удивлению, оказалось, что Червев действительно жил в уездном городе, который почти со всех сторон облегали земли княгини, и из людей, которые были с нею в Петербурге, два человека знали Червева лично: эти люди были Патрикей и Рогожин.

Сведения, полученные бабушкою о Червеве от Патрикея, заключались в том, что Мефодий Мироныч был профессором в семинарии, но "чем-то проштрафился" и, выйдя в отставку, насилу добыл себе место в частном училище в их городе. Червеву тогда было еще с небольшим лет сорок, и он был так здоров, что пришел из губернии пешком. Кроме того, он немало удивил всех тем, что совсем не нанял себе квартиры, а пристал в училище, да так там и остался: обед ему варил сторож, а спал он в классе на столах. По субботам Червев аккуратно ходил в губернский город, где оставалась его жена и сын, обучавшийся в гимназии. Им он относил все свои деньги, а на себя ничего почти не издерживал, только свеклу варил и ею одною питался. В гости Червев никогда ни к кому не хаживал: гулял он обыкновенно около часа за городом по выгону, а потом возвращался назад в училище и "списывал себе что-то из одной книги в другую". Ученики и горожане любили Червева, но особенного в нем ничего не замечали, кроме того, что многие думали, будто у него есть деньги, да он их бережет, потому что ни на что не тратил. На все он имел большое терпение, кроме того, что недели не мог провесть, не повидавшись с сыном и с женою, но и на это он опять ничего не расходовал. Как только в субботу оканчивались в училище уроки, Червев выходил с палочкою за заставу, снимал сапоги и, перекинув их на веревочке за спину, шел за тридцать верст в губернский город. О заутрени он приходил туда, спрашивал у сына уроки, изъяснял ему, чего тот не понимал, потом в этот раз обедал посытнее кушаньем, которое приготовляла жена, и о вечерни опять с тем же посошком уходил в уездный городишко к месту своего служения: в понедельник на заре, когда сторож открывал дверь, чтобы выметать классы, Червев уже ждал его, сидя на порожке. Ни грязная осень, ни морозная зима и никакая случайная непогодь и распутица не прекращали этих еженедельных прогулок. Вся разница, которую Червев допускал в своих путешествиях во внимание ко временам года, заключалась в том, что весною и летом он ходил босиком, а осенью и зимой совершал весь свой путь в лапоточках. Нрава он был, по словам Патрикея, самого благополучного, то есть Червев всегда был счастлив, а что делало его счастливым, про то знал один бог. Веселость не оставляла этого человека при самых тяжелых испытаниях. В Отечественную войну единственный его сын, окончив курс учения, не совладел с своим патриотическим чувством и стал проситься в военную службу. Червев, выслушав сына, сказал:

– Знаешь, что я тебе скажу: война – это убийство, но ты поступай как знаешь.

Он посоветовал сыну только одно: матери об этом ничего не сказывать и с нею не прощаться. Ночью он сам потихоньку выпроводил сына за город с проезжими офицерами, которые обещали записать молодого человека в полк, и потом, возвратясь к жене, открыл ей истину, горькую для ее материнского сердца. Нанеся этот удар своей подруге, Червев утешал ее, и очень успешно, тем, что мог найти в ее патриотическом чувстве, которое в ней было если не выше материнского, то по крайней мере в уровень с ним: она нашла облегчение в том, что молилась в одной молитве о сыне и о России. Россия была спасена, а сын бедной женщины убит: мать этого не снесла, и Червев кругом осиротел. Он и это свое горе снес мужественно, без слез и без жалоб, но только после этого уже не захотел оставаться на своем месте в училище, а забрал свои толстые книги, из которых, по словам Патрикея, "все из одной в другую списывал", и ушел из города.

– Куда?

На это Патрикей отвечал, что никому до этого нужды не было и потому об этом никто ничего не знает.

– А нам с тобой об этом надо будет узнать, – произнесла княгиня и дала рукой знак, чтобы Патрикей удалился.

ГЛАВА ДЕВЯТАЯ

Странное и притом не совсем приятное впечатление произвел этот рассказ на бабушку. Ей не нравилось, что во всем этом отдает каким-то чудачеством; и она усомнилась в основательности своей догадки, что имя Червева упомянуто в письме Сперанского с целью сделать ей указание на Мефодия Мироныча.

Но, подумав немножко, бабушка, однако, пожелала еще расспросить о нем Дон-Кихота.

Дворянин в это время был близко: он сидел пред княгинею и клал свой пасьянс. Бабушка тотчас же вступила с ним в разговор.

– Полно тебе шлепать своими картами! – сказала она. – Давай поговорим.

– А? Поговорим... Хорошо, извольте... О чем поговорим?

– Ты ведь, разумеется, тоже знал учителя Червева?

– Что за пустяки! Разумеется, знал.

– Мне кажется... что Патрикей мне про него что-то вздора наговорил.

– Ну, разумеется, как же может Патрикей... Разве Патрикей может его понимать? А что вы про него хотите знать?

– Все.

– Да я всего и сам не знаю.

– Ну, говори просто: что он и какого сорта человек?

– Гм!.. по-моему, он человек первого сорта.

– С какого края первого?

– Да, да; вы правы, я не так сказал: он выше первого, он го-человек.

– Что ты такое несешь?

– Я говорю, он го-человек; это, я думаю, всякому понятно, что значит.

– Ну, а вообрази, что мне это непонятно, и говори толком: чем он от других рознится?

191

— А чем рознится го-сотерн от простого сотерна: то же вино, да лучше. Он поумнее того, кто сто книг наизусть выучил.

— Кто это сто книг выучил?

— Я читал... был такой ученый... я это в книгах читал.

— Батюшка, да ведь твоих книг, кроме тебя, никто не читывал! Ты объясни проще.

— Отчего же моих книг не читать? Что они старые, так это ничего не значит; а впрочем, я вам расскажу: это было в Палестине, когда о святой троице спорили.

— Ну, вон оно куда пошло!

— Да ведь позвольте, пожалуйста, ведь это так-с... тогда ведь, знаете, в старину, какие люди бывали: учились много, а не боялись ничего.

— Ну хорошо – бывали и тогда разные люди, а ты не путай, а рассказывай: "В Палестине жил ученый, который выучил наизусть сто книг..." Продолжай дальше!

— Да; а там же, где-то в пещере, жил мудрец. Ученый и захотел показать мудрецу, что он много знает; приходит к нему в пещеру и говорит: "Я сто книг выучил", а мудрец на него посмотрел и отвечал: "Ты дурак".

— За что же он его так обидел?

— Да позвольте, вот видите, как вы поспешны: он его совсем не обидел, а хотел его ученость узнать, а ученый как только услыхал, что мудрец его дураком назвал, взял палку и начал мудреца бить.

— И троица, и науки, и палкой дерутся... Ничего не разберу.

— Да вы подождите, ведь это вдруг невозможно... Вот когда ученый мудреца отколотил, мудрец и заплакал.

— Больно, так и мудрец заплачет.

— Совсем не о том, что больно, а из сожаления.

— Ничего не понимаю.

— Слушайте: мудрец заплакал и говорит ученому: "Ах, какой ты бедный, как ты дурно учился", а тот еще хуже рассердился и говорит:

"Чем я дурно учился: я сто книг выучил".

А мудрец отвечает:

"Как же ты сто книг выучил, а одно слово неприятное услыхал, и все их вдруг позабыл и драться стал".

— Это он остро ему сказал.

— А как же? "Иди, говорит, теперь снова учись". А Червев что выучил, все постоянно помнит.

— _ А его тоже разве на такой манер экзаменовали?

— Еще бы!

— И дураком называли?

– Ну, разумеется: только ведь его кто как хочет обижай, он не обидится и своего достоинства не забудет.

– Да в чем же его достоинство?

– Постиг путь, истину и жизнь.

– Путь, истина и жизнь – это Христос.

– Он его и постиг.

Княгиня перестала расспрашивать; ее докладчики ее интересовали, но не удовлетворяли ее любопытства.

Но каково же было ее удивление, когда те, кому она передала результат своих неудачных разведок о местопребывании Червева, ответили ей, что местопребывание старика уже отыскано чрез Дмитрия Петровича Журавского, который не прерывал с Червевым сношений и знал, что этот антик теперь живет в Курске, где учит грамота детей и наслаждается дружбою "самоучного мещанина Семенова".

Княгиня слыхала и про Журавского и про "самоучного мещанина Семенова", которые оба впоследствии получили у нас оригинальную известность: первый как сотрудник Сперанского по изданию законов и потом искреннейший аболиционист, а второй как самоучка-астроном.

Имена этих двух людей, в особенности имя Дмитрия Журавского, подняли в глазах бабушки значение Червева. Какой-нибудь незначащий человек не мог быть другом страстного любителя науки Семенова, и с ним наверное не пересылался бы письмами Журавский, освободительные идеи которого, впоследствии неуспешно приложенные им в имениях графа Перовского, хотя и держались в секрете, но были немножко известны княгине. К слову о Журавском нелишним считаю сказать, что бабушка никогда не боялась "освобождения" и сама охотно толковала о том, что быт крепостных невыносимо тяжел и что "несправедливость эту надо уничтожить". Правда, княгиня Варвара Никаноровна не думала о таком освобождении крепостных, какое последовало при Александре Втором; это лучшим ее сверстникам не казалось возможным. Журавский, посвятивший крестьянскому вопросу всю свою жизнь и все свои средства, никогда в лучших своих мечтах не дерзал проектировать так, как это сделалось... Великодушный человек этот соглашался еще оставить крестьянина помещичьим работником, но только не рабом.

По крайней мере так писано в заготовленной Журавским правительству записке, которая ныне, вместе с другими бумагами покойного, хранится у того, кто пишет эти строки. Журавский не мечтал об освобождении крестьян иначе как с долговременною подготовительною полосою, доколе крестьянин и его помещик выправятся умственно и нравственно. Теперь, когда Колумбово яйцо поставлено, все эти примериванья, разумеется, могут казаться очень неудовлетворительными, но тогда и так едва смели думать. Княгиня

Варвара Никаноровна, находясь в числе строго избранных лиц небольшого кружка, в котором Журавский первый раз прочел свою записку "О крепостных людях и о средствах устроить их положение на лучших началах", слушала это сочинение с глубочайшим вниманием и по окончании чтения выразила автору полное свое сочувствие и готовность служить его заботам всем, чем она может. Журавский, однако, всех отклонял от участия в этом деле; он надеялся провести все чрез В. Перовского, от имени которого и должна была идти "записка". Но тем не менее все это настолько познакомило княгиню с Журавским, что она не затруднилась обратиться к нему за расспросами о Черцеве. Хворый Журавский, с своими длинными золотушными волосами и перевязанным черною косынкою ухом, явился к княгине по ее зову и на ее вопрос о Черцеве отвечал:

– Он человек очень ученый.

– Какого духа он? – спросила бабушка.

Собеседник княгини поежился, поправил черную перевязь на своем больном лице и отвечал:

– Слишком возвышенного.

– Извините, – молвила бабушка, – я не понимаю, как человек может быть слишком возвышен?

– Когда он, имея высокий идеал, ничего не уступает условиям времени и необходимости.

– Червев таков?

– Да, он таков.

– Чего ж он хочет?

– Всеобщего блага народного.

– Он знает ваши заботы?

– Да.

– Вы с ним советовались?.. Извините меня, бога ради, что я вас так расспрашиваю.

– Ничего-с; да, я с ним советовался, мы с ним были об этом в переписке, но теперь я это оставил.

– Почему?

Журавский опять взялся за перевязь.

– Бога ради... я вас прошу, извините мне мои вопросы, мне это очень нужно!

– Он нехорошо на меня действует, он очень благоразумен, но все, что составляет цель моей жизни, он считает утопиею... Он охлаждает меня.

– Он не расположен к этому делу?

– Нет; но у него очень сильна критика...

– В чем же он критикует вашу записку?

194

— Он вместо ответа надписал просто, что в возможность освобождения по воле владельцев не верит.

— Во что же он верит?

— В то, что это сделаем не мы.

— А кто же?

— Или сами крестьяне, или самодержавная воля с трона.

И бабушка и ее собеседник умолкли.

— Что же? — тихо молвила после паузы княгиня, — знаете, может быть, он и прав.

— Быть может.

— Наше благородное сословие... ненадежно.

— Да, в нем мало благородства, — поспешно оторвал Журавский.

— И рассудительности, — подтвердила княгиня, — но скажите мне, пожалуйста, почему этот Червев, человек, как говорите, с таким умом...

— Большим, — перебил Журавский.

— И с образованием...

— Совершенным.

— Почему он живет в таком уничижении?

Журавский бросил на бабушку недовольный взгляд.

— Извините, — сказала бабушка.

— Ничего-с; мне только странно, о чем вы спросили: "Червев в уничижении"... Что же вас в этом удивляет? Он потому и в уничижении, что он всего менее его заслуживает.

— Это превредно, что у нас быть честным так опасно и невыгодно.

— Везде так, — буркнул, подвинув свою повязку, Журавский.

— Нет; у нас особенно не любят людей, которых уважать надо: они нам как бы укором служат, и мы, русские, на этот счет всех хуже; но все-таки... неужто же этот Червев так во всю жизнь нигде не мог места занять?

— Он был профессором.

— Я это слышала, но что же... с чем он там не управился?

— Читал историю, и не годился.

— Почему?

— Хотел ее читать как должно...

— Что выдумал!.. Его отставили?

— Сменили; он взял другой предмет, стал преподавать философию, его совсем отставили. Он ушел.

— Зачем же?

— Нашел, что лучше учить азбуке как должно, чем истории и философии как не надобно.

— И с тех пор бедствует?

— Бедствует?.. Не знаю, он ни на что не жалуется.

— Это удивительный человек.

– Да, он – человек.

– Что вы думаете, если я попрошу его взяться за воспитание моих детей?

– Я думаю, что вы не можете сделать лучшего выбора, если только...

– Что?.. Вы мне скажите откровенно.

– Если вы не хотите сделать из ваших сыновей ни офицеров...

– Нет.

– Ни царедворцев...

– О нет, нет, нет, – и бабушка окрестила перед собою на три стороны воздух.

– А если вы желаете видеть в них людей...

– Да, да; простых, добрых и честных людей, людей с познаниями, с религией и с прямою душою.

– Тогда Червев вам клад, но...

– Что еще?

– Червев христианин.

Говорившие переглянулись и помолчали.

– Это остро, – произнесла тихо княгиня.

– Да, – еще тише согласился Журавский.

– Настоящий христианин?

– Желаю доверить ему моих детей.

– Я напишу ему.

ГЛАВА ДЕСЯТАЯ

Занятая призванием Червева, княгиня не замечала многого, на что во всякое другое время она, наверно, обратила бы свое внимание. Упущения этого рода особенно выражались по отношению к княжне Анастасии, которая, не входя в интересы матери и не понимая ее хлопот и нетерпения, находила в это время свой дом особенно скучным. На свет, конечно, нельзя было жаловаться, свет не отрекался от княгини и посещал ее, но княжне этого было мало: ей хотелось предаться ему всем своим существом.

Семнадцатилетняя княжна решила как можно скорее оставить материн дом. Выход представлялся один – замужество. Княжна Анастасия никого не любила, ей даже никто не нравился, ей было все равно, за кого бы ее судьба ни вынесла, лишь бы поскорее, лишь бы заставить завидовать себе своих подруг, уехать за границу, а возвратясь оттуда, жить открытым домом и делать то же, что делают другие, то есть "выезжать в свет", к чему бабушка была решительно неспособна и откровенно в этом сознавалась, говоря, что:

– Я в карете не могу жить.

Словом, требования княжны в отношении брака были самые несложные, и если бы выбор жениха зависел от нее самой, то трудно решить, кого бы она выбрала, но за нее выбирала благочестивая и благопомощная графиня Хотетова.

В доме графини давно вздыхали о княжне Анастасии, "терзавшейся в руках безверной матери", вздыхала "об этой мученице" сама хозяйка, вздыхали ее гости, и, наконец, кому-то из них пришла гениальная мысль вырвать княжну у матери и выдать ее замуж, нимало не медля.

Сначала это представлялось как будто затруднительным, но недаром, видно, сказано, что "в России невозможности нет": когда графине была представлена опасность, которая заключалась в том, что мать может выдать неопытную княжну за человека без веры, графиня ввиду этого страха решилась на смелую меру и восторжествовала. Жалуясь на княгиню целому свету и стараясь, чтобы жалобы эти ни в каком угле не застряли, а взмывали все выше и выше, графиня Антонида получила право рассчитывать на тонкое, но могущественное содействие такого лица, которому, как она неложно верила, в России никто отказать не в силах. По сведениям, которые она особенным образом получала от княжны Анастасии, она знала, что "бедное дитя" так измучено, что готово выйти замуж за кого угодно, но притом она так благоразумна и покорна, что считает лучшим для себя женихом того, кого ей изберет благочестивая графиня Антонида.

Теперь этой "святой женщине" предстояло только избрать жениха княжне, но это ей было не трудно: жених уже был готов, он сам избрал себя в это звание, и ему же принадлежал и весь объясненный мною план, который графиня считала своим только по самообольщению. Жених этот был не кто иной, как давно нам знакомый граф Василий Александрович Функендорф, ни за что не желавший расстаться с протозановскими маетностями. Потеряв надежду жениться на матери, граф устремил свои взоры на дочь; эта затея представляла немало трудностей, но зато она казалась вполне достижимою: путь, на который граф навел богомольную графиню, был верен, а выбор ее не мог пасть ни на кого другого. Графиня была им заинтересована, и притом с самой важной для нее стороны: она знала графа за человека наилучших правил; за ним не было слышно никаких интриг, и он был очень религиозен. Несмотря на то, что он исповедовал лютеранскую веру, графиня сама видела его в православной церкви. Граф даже признался ей, что он тяготится сухостью лютеранизма и высоко ставит превосходную теплоту восточного богослужения; чувствует молитвенное настроение только в русской церкви и не верит возможности умолить бога без посредства святых, из которых особенно чтит святого Николая.

Графиня Антонида заказала известному тогда иконописцу Озерову образ Мирликийского святителя, убрала его ризу бирюзой и бриллиантами и послала графу. Вместе с иконою была препровождена и дорогая серебряная лампада. Граф в слезах прилетел благодарить графиню. Они оба плакали от умиления. Потом вскоре граф заболел и не хотел лечиться: слухи об этом достигли графини, и она сама поехала навестить "друга". Друг встретил ее снова в слезах и повел показывать "свою убогую келью". Тут графиня увидала свою икону в высоком киоте, пред которым стоял аналой и горела подаренная графинею лампада. Графиня Антонида была взволнована, а граф еще более ее растрогал, сказав, что он никому не дозволяет касаться этой лампады и зажигает ее сам... Мало этого, говорят, будто старый греховодник, прося снисхождения своему чудачеству, открыл графине, что святитель Николай есть единственный его врач, а горящая пред иконою святого лампада единственная аптека.

— Друг мой! — воскликнула со слезами графиня, — разве это чудачество? Вот это только и есть вера и награда!

Графиня Антонида всегда соединяла "веру с наградой", и это в такой степени прямо относилось к главным заботам ее жизни, что она даже хлопотала об учреждении в России особого знака отличия за веру и удивлялась холодности, с какою в высших инстанциях отклоняли ее представления об ордене верных.

С тех пор, как граф явил ей веру свою во всем блеске, графиня только и думала о том, чтобы наградить его и в то же время спасти его драгоценную душу присоединением ее от ереси Лютера ко греко-восточному православию. С этой целью графиня возила его в пустынь св. Сергия за Петербургом, и к чудотворцам Великого Новгорода, и даже на Валаам... Граф всюду ездил и везде усердно молился, и блюл в присутствии графини посты, от которых был свободен по уставам своей церкви, и даже, соревнуя другим фаворитам графини, начинал обличать замечательное для тогдашнего времени знакомство с византизмом. Будучи немножко музыкант, он скоро научился отличать настоящие восточные напевы от бесстильных нововведений Сарти, которыми незадолго перед тем так основательно была перепорчена наша церковная музыка и выправлением которых в это время занимался Бортнянский. Граф даже сам написал трехголосную "Херувимскую", модуляции которой развивались из анакреонтических напевов, сохранившихся по преданию в песнях Пасхального канона. Злые языки уверяли, будто граф заказал эту "Херувимскую" какому-то музыкальному еврею в Вене, но никто точных справок об этом не наводил, да они и не требовались, а весьма недурно подделанная венским евреем "Херувимская" прекрасно исполнялась петербургскими певчими на клиросе домовой церкви графини Антониды... Словом, хотя при графине Антониде всякий старался если не быть, то казаться богомольным и верующим, чтобы "хватить ее благодати" (как это говорили тогдашние циники), но никому не удавалось "хватить" так, как графу Василью Александровичу: он был всех верующее и потому был всех ближе и всех дороже графине. Отсюда легко понять, как больно ей было, что душа этого человека все-таки будет мучиться в аде, так как графиня по своей вере знала, что лютеран непременно сгонят в ад и в другое место мешаться не пустят.

Граф ничего не приводил в опровержение этого мнения: он, по-видимому, и сам разделял опасение попасть в ад, но только он не мог переменить веры, потому что имел такой взгляд, что честный человек обязан жить и умереть в той религии, в какой он родился. Этим честный человек будто бы оказывает достаточное уважение религии своих отцов, которой затем он может в сущности не держаться и даже издеваться над теми, кто ее держит... Выходила известная бестолковщина, которую, впрочем, люди равнодушные к вопросам совести называют "правилами".

Отступление от этих правил граф считал позволительным только в том единственном случае, когда для человека возникают новые обязательства к существам, с которыми он должен искать полного единения, для которых человек обязан "оставить отца и мать". Такое существо, разумеется, жена. Высоко ставя принцип семейный, граф говорил, что он считает в высшей степени вредным, чтобы члены одной и той же семьи держались разных религиозных взглядов и принадлежали к разным церквам.

Было ясно, что для приобретения этого человека существовало одно средство – женить его на православной девушке; но, к сожалению, граф находил эту мысль уже слишком для себя запоздалою, так как он был вдов и ему было уже около пятидесяти лет.

Сколько раз ни наводила графиня Антонида разговор с графом на эту тему, он был непреклонен и с серьезною скромностью указывал на то, что его сын от первого брака готовился надеть эполеты.

Свое ухаживанье за княгиней Варварой Никаноровной, а тем более свое неудачное сватовство к ней, граф, разумеется, хранил в глубочайшем секрете – об этом никто не знал, кроме бабушки, а та была скромна не менее самого графа. Да притом, может быть, если бы княгиня об этом и проговорилась, то ей едва ли бы поверили. В тот раз, при покушении на руку твердой и самостоятельной княгини, граф не мог иметь никаких пособников: там он должен был действовать сам, но теперь он держался иной, более безопасной тактики. Граф предоставлял до всего додуматься графине Антониде и ей же дарил весь почин дела: она должна была вызнать мысли княжны, внушить ей симпатию к этому плану; забрать ее на свою сторону и, уверясь, что княжна в случае решительного вопроса даст решительный же ответ в желанном духе, граф предоставлял Хотетовой упросить и уговорить его на этот брак; а ему тогда останется только согласиться или не согласиться.

ГЛАВА ОДИННАДЦАТАЯ

План оказался верен во всех деталях, а исполнители его своею смелостью и тактом превзошли все ожидания прозорливого графа. О княгине во все звоны звонили как о женщине тяжелой, злой и даже вольнодумке: положение ее дочери представлялось страдальческим и взывающим к защите... Сам граф во весь этот промежуток, по-видимому, был так далек от всей затеи, как только можно было себе представить: он даже реже, чем прежде, бывал теперь у Хотетовой, но зато чаще посещал княгиню Варвару Никаноровну, которая с пылким восторгом поверяла ему свои радости, заключавшиеся в открытии ею Червева.

Граф, к чести его сказать, умел слушать и умел понимать, что интересует человека. Княгиня находила удовольствие говорить с ним о своих надеждах на Червева, а он не разрушал этих надежд и даже частью укреплял их. Я уверена, что он в этом случае был совершенно искренен. Как немец, он мог интриговать во всем, что касается обихода, но в деле воспитания он не сказал бы лживого слова.

Словом, княгиня во все это время находилась с графом в лучших отношениях, а меж тем вокруг ее широко облегала ловкая интрига, которой бабушка решительно не замечала. Но зато каково же было ее изумление и негодование, когда все это перестало таиться и вдруг выступило на нее в атаку.

Бабушка была взята врасплох: это случилось на большом званом вечере, где были и княгиня и ее дочь. Сват, о котором в доме Хотетовой было сказано, что "ему никто не отказывает", подошел к княгине с улыбкой и сказал:

— Я к вам сватом, княгиня, — чтобы смягчить значение этих слов, он добавил известную простонародную фразу: — у вас товар, у меня купец.

Княгиня была поражена этою неожиданностью. Дочери возле нее в эту минуту не было: она танцевала в залах.

Княгиня, стоя перед тем, кто говорил с нею, глядела в его лицо и читала по его глазам, что ему на нее что-то наговорено: в ласковых и немного скучающих глазах чуть заметно блестели известные холодные блики.

Бабушка отвечала тою же простонародною речью:

— По засылу судя, гость товара достойнее; но живой товар должен сам говорить.

— Дочь ваша согласна: попросите сюда княжну.

Взволнованная резвым танцем княжна предстала; ее спросили: она была согласна. Кто же был жених? Княгиня видела Функендорфа и не верила своим глазам. Ей казалось, что ее обманывают разом все ее чувства, что все это не действительность, а какой-то нелепый сон, в котором и она бредила и теперь бредят все, спеша приносить свои поздравления ей, княжне и Функендорфу.

Но это не был сон: это была самая существенная действительность, всю силу и все значение которой княгиня вполне ощутила только тогда, когда, измученная своею ролью в продолжение вечера, она села в карету и, обхватив руками голову дочери, прижала ее к своей груди и зарыдала.

Княжна была гораздо покойнее, — это и было понятно: бабушка искала во всем, что случилось, своей вины, а княжна не видала в случившемся ничего, кроме торжества своей правоты и окончания своего житья в доме, которого все порядки не нравились ей, утомили ее и впереди не обещали ей ничего, кроме того же недовольства. Княгиня видела в неожиданном сегодняшнем происшествии страшное коварство, которое не пощадило ничего, а княжна видела во всем этом благородное заступничество за ее тяжелую долю; княгине был эстетически противен поступок человека, который метался с своею рукой от нее к дочери; княжна этого обстоятельства даже не подозревала и притом не могла и оценить всей важности шага, на который дала свое бесповоротное согласие.

— Настя! друг мой! — проговорила княгиня, сжимая дочь в своих объятиях, — нас разлучают...

Княжна тихо заплакала.

— Тебя обманули, Настя... меня обманули, нас всех обманули!

— Кто, maman? — прошептала княжна.

— Не знаю, не знаю кто; но обманули.

И княгиня, выпустив голову дочери, закрыла руками лицо и снова зарыдала в платок.

— Не знаю кто, — продолжала она, немножко успокоясь, через минуту, — тебе это, может быть, больше известно.

С этими словами княгиня вдруг круто оборотилась в сторону дочери: та сидела, прижавшись в углу кареты, и после некоторой паузы тихо выговорила:

— Я ничего не знаю.

В тоне этого ответа не было никакой искренности, – он звучал фальшью.

– Ты жаловалась на меня кому-нибудь?

– Нет. – Может быть, тетке... графине Антониде Петровне?

– Нет, maman, – я ничего не говорила графине.

Бабушка снова привлекла к себе княжну и, вздохнув, поцеловала ее в лоб, в глаза и в губы и перекрестила: она как нельзя яснее слышала, что дочь лжет, но ни о чем ее более не расспрашивала.

Карета остановилась у подъезда, и они вошли в пространное entree[41] и рядом поднялись на лестницу.

Перейдя зал и гостиные комнаты, княгиня остановилась у дверей своей спальни и спросила:

– Ты устала, Настя?

– Да, maman.

– Так прощай; иди в свою комнату.

– Перекрестите же меня.

– Ах, да: прости меня.

Она подошла к своему образнику, вынула оттуда небольшой серебряный складень и, благословив им невесту, сказала:

– Возьми это к себе: перед этим складнем отец твой молился за час до смерти, молись и ты – молитва очищает сердце.

С этим бабушка благословила дочь образом, поцеловала ее в голову и, отколов белую розу с ее груди, поместила цветок в образнике на место, откуда был снят складень.

У княжны снова блеснули слезы: она обняла мать и, поцеловав ее, вышла, держа в одной руке зажженную свечу, а в другой складень.

Княгиня все молча стояла и все глядела на дверь, в которую вышла дочь.

Душевное состояние бабушки было, вероятно, очень тяжело, – она о нем никому ничего не говорила, но о нем можно было судить по целому ряду не совсем правильных и вовсе необдуманных нервных действий, выразившихся в следующем.

Княгиня, во-первых, по словам Ольги Федотовны, долго стояла на том самом месте, на котором перекрестила дочь и отдала ей складень. Во все это время она была как в столбняке: она не сводила глаз с двери и не слыхала, как Ольга Федотовна два раза предлагала ей раздеваться.

Потом она без всякой видимой причины вдруг сильно вздрогнула, так что даже покачнулась на месте, и, заметив при этом Ольгу, окинула ее строгим взглядом и сказала:

– Что ты здесь... подсматриваешь, что ли, за мною?

---

[41] вход, прихожая (франц.)

– Я жду раздеть вас.

– Хорошо; я разденусь.

И когда Ольга Федотовна приступила делать бабушкин ночной туалет, та, стоя к ней спиною, всплеснула руками и, сжав их у себя на темени, громко воскликнула:

– Тяжело, господи, пощади! – и с этим опустилась в кресло.

Через минуту она, совсем раздетая, перешла комнату и, упав в постель, велела унести свечу. Но чуть Ольга вышла, бабушка постучала ей в стену. Ольга возвратилась и стала в ногах кровати. Княгиня, не оборачиваясь от стены, проговорила:

– Ты знаешь новость?

– Никак нет, ваше сиятельство.

– Наша княжна выходит замуж.

Ольга Федотовна не спросила, кто жених, но бабушка сама ей это пояснила:

– Княжна выходит за графа Функендорфа. Слышишь?

– Слышу-с.

– Нравится тебе это?

Ольга молчала.

– Старому коту молоденькая мышка... Знать, и старые коты ловки.

Ольга мне рассказывала:

– Я после этого так потихоньку и вышла, но и я всю ночь не спала и слышала, что и она ни на минуту не заснула и утром раньше меня встала, и пресердитая. Я знала, что с ней в это время нельзя было разговаривать, и побежала к княжне, чтобы узнать, что сталося? А княжна тоже, как были вчера одеты, так только платье сбросили, так и спят на кроватке. Я, здесь ничего не узнавши, да бегу к Патрикею Семенычу, чтобы с его умом посоветоваться, да как раз в угольной наскочила, что княгиня, – чего никогда не бывало, – в утреннем капоте стоят, а перед ними бедный Жигошка и на коленях вертится, и ручонки ломает, и к небу таращится, и сам плачет.

"Экскюзе муа! – кричит, – экскюзе!"

Я, разумеется, догадалась, что тут уже не насчет здоровья, а что-нибудь поважнее, – взяла да за дверь спряталась, а как она Жигошу отпустила, я его в коридорчике и изловила за рукав и говорю:

"Что ты, шальной, сделал?"

"Ах, – говорит, – шер Ольга Федот, я сам теперь наплёт, валек и деревянна баба: я письмо носил".

"Какое ты письмо, куда носил?"

"Много, много письма носил".

"Да куда, от кого, бестолковая голова?"

"От пренсесс..."

Я рассердилась.

"Ах, – говорю, – ты, шелапут! Недаром, – говорю, – видно, Патрикей Семеныч говорил, что ты почтальон, – вот так и вышло! Да как же, – говорю, – ты это посмел сделать? Ведь тебя за это сейчас со двора долой, да еще псом приуськнуть. Разве это можно, чтоб от девицы к мужчине письма переносить?"

Но он забожился:

"Нет, нет, нет, – говорит, – шер Ольга Федот, не к мужчине, а к графинь".

Я догадалась, что это к Хотетовше, и стала спокойнее, – только спросила его:

"Простила ли тебя княгиня?"

Он говорит:

"Простила, но только, – говорит, – я теперь после такой революций, – экскюзе".

"Ну, мол, беги скорее да поменьше нынче с детьми-то у ней на глазах вертись, – нынче здесь еще много грому будет".

Он залопотал: "Все понимай, все понимай, экскюзе!" и убежал.

ГЛАВА ДВЕНАДЦАТАЯ

Ольга Федотовна была хороший барометр для определения домашней атмосферы: она как нельзя более основательно предсказывала грозу и напрасно старалась отвести ее своими отводами, вроде советов, данных ею Gigot, и увещаний "не сердить княгиню", нашептанных по всему дому. Бабушка, сознавшаяся вчера с вечера самому богу, что ей очень тяжело, была слишком наэлектризована вчерашним происшествием и не могла не разразиться. Утрешнее признание, которое она вырвала у Gigot, еще более увеличило заряд: Gigot сознался, что он каждое воскресенье, уходя к компатриотам, носил какие-то письма от княжны к Хотетовой. Что он делал это не из интриганства, не из корысти и вообще не из каких-нибудь других дурных побуждений, a par la pitie[42]. Этому княгиня вполне верила, и это действительно так и было, но тем не менее она открыла, что за нею в ее собственном доме было устроено систематическое шпионство, и кому же оно понадобилось? ее собственной дочери... Как это ни принимай, а не могло же это не оскорблять ее... Она верно сообразила, чьи пружины могли тут действовать, и потому-то прямо взяла утром на допрос

---

[42] из жалости (франц.)

поставленного к ней в дом графом m-r Gigot, а не кого бы то ни было другого. Во всех других она была уверена, и подобное дело par la pitie мог сделать по своему безрассудству только один Gigot.

Княгиня и в эти минуты высшего раздражения нашла в себе столько справедливости, что, взвесив поступок бедного француза, простила его и даже запретила ему представлять доказательство, кем он был склонен к этому. Но зато тот, кто всему этому был причиною, мог ожидать себе хорошей встречи, и он ее таки и дождался.

Княжна Анастасия в этот день долго не выходила из своей комнаты. Она поздно проснулась и не совсем хорошо себя чувствовала. Бабушка навестила дочь в ее комнатах и, найдя, что у княжны что-то вроде лихорадки, посоветовала ей не выходить до обеда, а если захочет, то и весь день провести у себя.

Княжна очень этого хотела и потому с радостью воспользовалась материнским дозволением остаться сама с собою. Ей было о чем подумать, но, впрочем, о чем она думала, это теперь все равно.

Княгиня вышла в приемные комнаты одна и села, по обыкновению, с своею работою. Без работы она никогда не оставалась, и потому, в тоне или не в тоне было работать при гостях, это ее не озабочивало. Итак, княгиня сидела тихо, задумчиво, работала молча и, по-видимому, была даже покойна. Она приняла несколько человек, приехавших ее поздравить, и ко всем она была ласкова и приветлива, так что прием ее дышал даже особенною тихостью и теплотою; она, по-видимому, ни в чьих словах не слыхала никакой иронии и насмешки и всех только сдерживала на сокращении благожеланий:

– Будет, будет, – верю... благодарю, – отвечала она, усаживая гостя.

Но все это было только тишина перед бурею. Чуть только в длинной анфиладе открытых комнат показалась импозантная фигура графа Функендорфа, по лицу бабушки заходили розовые пятна, – однако она и на этот раз себя сдержала и отвечала графу поцелуем в щеку на его поцелуй ее руки, шутливо молвив:

– Я, любезный зять, вас раньше ждала, – и она прикусила слегка нижнюю губу и внимательно слушала, пока Функендорф извинялся, что его утром звали в кабинет по важному делу.

– Я пошутила: вы человек деловой, – отвечала, оборачиваясь к другим, княгиня.

Она не верила слышанной отговорке и мысленно искала настоящей причины, для чего граф, сыграв с ней вчерашнюю шутку, не приехал к ней ранее всех утром, чтобы объясниться без свидетелей, а, напротив, оттянул свидание? Но причина эта не замедлила объясниться: вслед за графом вдали той же анфилады показалась графиня Антонида Петровна. Бабушка догадалась, что граф и графиня условились съехаться... Конечно, граф хотел держаться за графинею, как за ширмою, и только немножко неосторожно опередил ее, или та, против уговора, замешкалась.

Варвара Никаноровна, заметив гостью, встала и сделала несколько шагов ей навстречу.

Графиня Антонида была чинна, и от нее холодком так и повевало; впрочем, в общем всегда мало изменявшийся вид ее имел в себе на этот раз нечто торжественное: ее коски на висках были словно круче, одутловатые щечки под смуглою кожею горели румяным подсветом, изумительной чистоты руки сверкали от гладкости, а каленое платье погромыхивало. Графиня шла не одна: за нею сзади двигались две покровительствуемые дамы из ее придворного штата: они несли большую и, по-видимому, довольно тяжелую роскошную корзину, покрытую широким куском белого батиста.

Бабушка поняла, что эти дамы, при участии которых подносится подарок, тоже здесь для ширм, для того, чтобы всем этим многолюдством защититься от бабушкиной резкости. Княгине это даже стало смешно, и бродившие у нее по лицу розовые пятна перестали двигаться и стали на месте. Теперь она сходилась лицом к лицу с этой женщиной, которая нанесла ей такой нестерпимый удар.

Та первая подала бабушке руку, но взглянула ей не в лицо, а через плечо, далее. Она, очевидно, искала глазами княжну, но, не видя ее, должна была начать разговор с княгинею:

— Извини... я думала для таких минут... ты не осердишься...

Княгине, кроме мужа и родителей да крестьян, никто не говорил ты, — это была первая попытка ввести такую форму в обращении с бабушкою, и бабушка это снесла и отвечала графине Антониде с вы.

— Сердиться? мне?.. за что? Я рада...

— Что дочь? — продолжала Хотетова, небрежно роняя слова и осматривая присутствующих, — я, извини меня... хотела вас поздравить...

— Я вас благодарю, и снова...

— Да; не беспокойся... я утром съездила к обедне... помолилась... смотрела вас по церкви, да не видала... Неужто не были? Потом заехала, взяла... тут кой-какие безделушки... для невесты... Позволишь?

— Сколько вам угодно.

— Но где же она? княжна-то?

— Она там... у себя.

— Что, нездорова?

— Да.

— Так я туда. Надеюсь, можно?

— О, конечно.

Графиня тронулась в сопровождении своих ассистенток и бабушки;

гости, видя недосуг хозяйки, окружили графа с поздравлениями, которые тот с этой поры позволил приносить себе.

Эти гости были здесь так оживлены и веселы, что им показалось, будто княгиня Варвара Никаноровна просидела со своею гостьею у дочери всего одну минуту, но зато при возвращении их никто бы не узнал: ни эту хозяйку, ни эту гостью, – даже ассистентки графини сморщились, как сморчки, и летели за графинею, которая пронеслась стремглав и, выкатив за порог гостиной, обернулась, обшаркала о ковер подошву и сказала:

– Я отряхаю прах.

Затем она снова повернулась и вышла.

Княгиня ее не провожала: она молча сидела в углу дивана и тяжело дышала, теребя в руках веер.

Гости переглянулись и один по одному тихо вышли. Княгиня их не удерживала. Она осталась вдвоем с графом, который тоже не совсем был доволен своим положением и не знал, что делать с разгневанной княгиней. Он, я думаю, был только очень рад, что женится не на ней, а на ее дочери.

– Что случилось? – прошептал он мягким и вкрадчивым шепотом.

Княгиня не отвечала и продолжала обмахиваться веером.

Граф, переждав минуту, повторил вопрос.

– Случилась вещь простая, – отвечала бабушка, – я не люблю, чтобы меня унижали, когда я этого не желаю...

– Вас унижать... кто это может?

– Вот... графиня...

– Графиня!

– Да; она благочестива... я не спорю: я грешница и не сужу людей... Она мне здесь ни слова не сказала, что свадьбу надо скоро... Ваш сват вас хочет сам благословить?

Граф самодовольно покраснел и поклонился.

– Что же? к его отъезду у меня все будет готово; но графине и этого казалось мало... за меня решать и всем распоряжаться... она при дочери мне стала говорить, что я должна б сегодня ехать в церковь... Она была, а я...

– Зачем это ей?

– Не знаю, право... но я мать: зачем меня ронять при детях? Я ей ответила, что тоже утром занималась: она молилась за Настеньку и вклад монастырю дала, а я писала управителю, чтобы он голодным хотетовским мужикам бесплатно по четверти хлеба на семена роздал за Настино здоровье... всякий, значит, свое сделал...

– И вы ей это сказали?

– Да; а что же: разве это обидно?

– Гм... нет... разумеется: но ей это всегда неприятно про голодных...

207

— Очень верю, граф... голодные мужики очень неприятны, но и мне, граф, тоже многое очень неприятно...

Тот склонил голову и пожал плечами.

— Очень, очень, граф, неприятно, но я стараюсь все перенести; и я отдаю вам, граф, мою дочь; и я дам, граф, моей дочери не только все, что ей

Граф склонился еще ниже и прильнул губами к рукам княгини.

— Все, все дам, граф; много дам: все вам к одной меже... Именья хорошие... земля как бархат, угодья водяные, леса и мужики исправные, в зажитье...

Говоря это свободным и громким голосом, княгиня все крепче и крепче сжимала руки графа и при последних словах еще усилила это пожатие и, понизив тон, добавила:

— Но если, граф, ваша слишком молоденькая для вас жена когда-нибудь вами наскучит и в другую сторону взглянет, то уж тогда я вам помочь буду не в силах, а вы к графине Хотетовой обратитесь, – пусть она о вас помолится.

С последним словом бабушка презрительно выбросила руки графа и, оставив его посреди гостиной, ушла во внутренние покои.

ГЛАВА ТРИНАДЦАТАЯ

Этим взрывом княгиня облегчила свою обиду и весь остальной день просидела в гораздо более спокойном состоянии, а вечером в доме произошла история, которая ее даже заставила рассмеяться: дело в том, что Gigot имел неосторожность рассказать о своем проступке Рогожину, а тот начал делать ему внушения, окончившиеся тем, что они подрались. Бабушка вбежала на страшный крик в столовую и застала, что француз и Дон-Кихот, вооруженные медными прутьями из оконных штор, с страшным криком гонялись друг за другом вокруг обеденного стола. Взглянув на эту катавасию, сейчас же можно было понять, что Рогожин нападает, а Gigot от него спасается: Рогожин, делая аршинные шаги и сверкая глазами, хрипел: "Шпион! шпион!" а Gigot, весь красный, катился вперед, как шар, и орал отчаянным голосом: "Исво-о-ощи-к!"

Увидев вошедшую в столовую княгиню, Gigot тотчас же бросился под ее защиту.

Бабушка рассмеялась и, скрыв Gigot у себя за спиною, огородила его своими руками и сказала Рогожину:

— Не стыдно ли тебе: за что ты его душишь? Дон-Кихот, ничего не отвечая, только тяжело дышал, сверкая своим изумрудным глазом, а Gigot весь трясся и держался дрожащими руками за бабушкино платье.

— Помиритесь сейчас! — сказала княгиня. — Слышите? сейчас помиритесь: я этого требую.

При слове "требую" Gigot выступил вперед и, восклицая: "A la bonne heure"[43], кинулся с объятиями к Рогожину, но тот отодвинулся назад и, высоко подняв голову, прошипел:

— Я с шпионами не мирюсь.

Княгиня насилу убедила Рогожина, что Gigot в известном происшествии отнюдь не был подкупной шпион, а только играл глупую роль, и заставила врагов поцеловаться. Gigot исполнил это охотно, но Рогожин только едва подставил ему сухо свою щеку. После всего этого бабушка велела их проводить каждого в свою комнату, и Патрикей свел Дон-Кихота, а Ольга отвела Gigot.

Однако тем дело не кончилось. Доримедонт Васильич, убедясь, что "с бараньей ляжки" взыскивать нечего, считал себя призванным отмстить графине Антониде и графу, и он привел это в исполнение. Первой он написал "памфлет" и принудил того же Gigot доставить этот памфлет в запечатанном конверте самой графине. Он это поставил французу необходимым условием для его целости, без чего грозился в удобное время отдуть его, когда княгини не будет дома.

— Ты знай, — говорил он, — что если ты и половину шпион, или три четверти шпион, а может быть, и целый, но все-таки честный человек тебя может бить.

Gigot был вынужден исполнить требование Рогожина и доставил графине конверт, который та и распечатала, ожидая найти в нем письмо от княжны.

В конверте было следующее шестистишие, посвященное не то графине Хотетовой, не то ее большому голодавшему селу Хотетову:

> Хоть этого
> Хотетова
> Давно я не видал,
> Но энтого
> Хотетова
> Несчастней я не знал.

Подписано: "Сочинил дворянин Доримедонт Рогожин".

Графиня Антонида страшно оскорбилась произведением Дон-Кихотовой музы: напоминание о бедственном положении ее мужиков, о

---

[43] В добрый час (франц.)

котором она никогда не желала слушать и которым ей в последнее время так часто досаждала княгиня Варвара Никаноровна, привело ее в ярость, под влиянием которой она немедленно же отослала письмо Рогожина к начальнику столицы с просьбою защитить ее от "нестерпимого нахала", а вместе с тем позвала графа и принесла ему горячую жалобу на его тещу.

Граф, желая примирить враждующие стороны, явился к бабушке и застал ее в кабинете сильно занятою: сидя за кучею бумаг, она составляла проект выдела княжны Анастасии. Выдел был действительно самый щедрый: бабушка, действуя как опекунша в пределах предоставленной ей законом власти, выбирала дочери законную часть в таких местах, что часть эта, отвечая законным размерам по объему земли и численности душ, далеко превосходила эти размеры действительною стоимостью. Княгиня выбирала в приданое дочери самое лучшее и как можно ближе подходившее к новым владениям графа: лучшие земли с бечевником по берегам судоходной реки, старые плодовитые сады, мельницы, толчеи и крупорушки, озера и заводи, конский завод в Разновилье и барский дом в Шахове. Мужики в обоих селах все состоятельные, у которых, кроме нарезных помещичьих земель, бывших в их обработке, были еще значительные собственные земли, купленные ими на имя княгини, амбары в базарных селах и даже дома в городах. Сыновей княгиня этим выделом не боялась обидеть, потому что, по ее мнению, им и так доставалось против сестры очень много, а к тому же княгиня рассчитывала добрым хозяйством увеличить их состояние к тому времени, когда они придут в совершенный возраст. Кроме того, княгиня посягнула для "нелюбимой дочери" на свою собственную часть: чтобы соединить выделяемые ей поля, бабушка решила просить собственного выдела, с тем чтоб при новой нарезке соединить интервалы дочерних полей на счет своей вдовьей части.

Граф, препожаловав с жалобою графини Антониды на Дон-Кихота, застал бабушку уже при конце ее работы, которую оставалось только оформить актуальным порядком, для чего тут перед княгинею и стояли землемер и чиновник. А потому, когда княгине доложили о графе, она велела просить его в кабинет и встретила его словами:

– Вы кстати, граф, взгляните, что я отделяю Настеньке из отцова и моего состояния.

И она положила перед графом реестры и планы с проведенными на последних линиями проектированного надела.

Граф, разумеется, не имел времени рассмотреть все в подробности, но линии, проведенные на планах, убедили его, что он получает за женою много, так много, как он не ожидал и сколько ни в каком случае не мог бы взять, если бы женился не на княжне, а на самой княгине.

Он опять повторил свои благодарности и поцеловал руку тещи, а княгиня дала знак чиновнику и землемеру взять бумаги и сделать, как сказано. Когда те вышли, она спросила:

– Довольны ли вы мною, граф?

– О, княгиня!..

– Право, не знаю, но мне кажется, что я своей дочери не обидела?

– Нет, боже мой! кто говорит, чтобы вы кого-нибудь могли обидеть...

– Отчего же?.. человек как все... могу и я грешить и ошибаться, но только я не люблю быть долго виноватою и, если кого обижу, люблю поскорей поправиться: прошу прощения.

– Княгиня, вы меня радуете.

– Радую!

– Да, княгиня... я не знал, как с вами заговорить, а вы мне это облегчили.

– Что такое? о чем вы со мною не знали как заговорить?

Граф оглянулся и прошептал:

– Мы одни, княгиня?

– Никто чужой нас не слышит, – говорите.

– Графиня Антонида Петровна... Вот чуть я ее назвал, вы уже, кажется, и сердитесь?

– Нимало нет.

– Графиня Антонида Петровна ужасно обижена... и... право, я не знаю, как вам про это рассказать...

– Да говорите просто: она обижена; ну кто ее обидел: я?

– Не вы, но... Вы, верно, слышали, на нее написан скверный пашквиль...

– Фуй! Нет, я ничего ни про какие пашквили не хочу знать.

– Но досадно то, что пашквиль вышел отсюда... – Откудова, граф?

– Из вашего дома, княгиня.

Бабушка помахала, по своему обыкновению, отрицательно пальцем и, в глубокой уверенности в своей правоте, отвечала:

– Нет, граф, это неправда, этого быть не может.

Но граф вместо ответа вынул из кармана и подал бабушке копию с известного нам стихотворения Рогожина.

Княгиня пробежала бумажку и, насупив брови, еще раз перечитала ее вслух:

– "Хоть этого Хотетова, но энтого Хотетова", – Державин острей писал. А впрочем, позвольте мне, граф, узнать, что мне за дело до "этого Хотетова и энтого Хотетова"; с какой стати вы сочли своим долгом мне это доставить?

– Ведь это Рогожин написал.

– Так что же такое: разве я отвечаю за то, что сумасшедший человек может кому-нибудь написать?

– Вы уверены, что он сумасшедший?

– Гм... ну, я так думаю, что он немножечко расстроен, а если вы иначе о нем полагаете, вызовите его на дуэль.

– Что вы, княгиня!

– Отчего же? он не откажется.

– Помилуйте: да этого и графиня не захочет... Дуэль, которая может кончиться убийством... Что вы, что вы! это совсем не в ее правилах.

– А если это не в ее правилах, так не о чем и говорить: ругнул ее человек, ну и что такое – над Христом ругались. А я вам вот что скажу: я вашей графине только удивляюсь, как она с своею святостью никому ничего простить не может.

Граф был уступчив.

– Все дело в том, княгиня, разумеется... если он сумасшедший, – заговорил граф, но бабушка его перебила.

– Да, – сказала она, – все дело в том, граф, что это вздор, что умным людям, граф, стыдно обращать на такие вещи внимание...

– Конечно.

– Да; скажите ей, что "стыдно": пускай берет пример с царицы Екатерины. Ей, чай, известно, что Екатерина сочиненную на нее мерзость не читая разорвала и в печку бросила. Так ей и скажите, а я про "этого Хотетова" ничего не знаю, окромя как то, что там все мужики с сумой по миру ходят... Так и про это скажите, граф, стыдно на мертвые тела серебряные раки делать, когда живые голодом гибнут. Они гибнут только потому, что не знают, в ком сила... Я к этому ничего не прибавлю, да мне и некогда: у меня через две недели дочь замуж выходит, будет с меня этих хлопот без графини Антониды Петровны; а она пусть смирится, – люди большие обиды сносят и не жалуются. А теперь прощайте: там обойные мастера ждут. Вы ко мне кушать приезжайте.

И княгиня, извинясь, не пошла провожать графа, а направилась к другим дверям; она хотела как можно скорее призвать Рогожина и дать ему добрый напрягай, а может быть, даже склонить его как можно скорее к тому, чтобы он уехал из Петербурга.

"Совсем не то время теперь и не то место, чтобы еще здесь распутывать его глупости", – размышляла княгиня, которой вдруг пришло в голову, что "аракчеевцы", ища повсюду особых случаев, того и гляди рады будут этому вздору и навлекут на бедного дворянина небывалое обвинение, что он-де не только пашквилянт на благородное сословие, но еще и пашквили его имеют дурное влияние: могут служить к подрыву помещичьей власти над крепостными людьми.

"Нет, лучше всего его за добра ума выпроводить отсюда, хоть не туда... не совсем домой, потому что он там под судом, а..."

Но в это время до слуха ее долетел страшный удар, от которого

212

задрожали стены дома: можно было думать, что упало какое-то грузное, тяжелое, массивное тело...

"Верно, большая люстра оборвалась или статуя с хор упала!" – подумала княгиня и, быстро выбежав в дверь, увидала, что в зале Патрикей поднимал графа, который никак не мог встать на ноги.

Бабушка кинулась к пострадавшему с вопросом:

– Что с вами, граф?..

– Я, кажется, ногу сломал, – отвечал граф, делая неудачную попытку стать на ногу.

– Скорее доктора и костоправа! но как вы здесь могли упасть?

И княгиня, оглянув комнату, тут только заметила, что длинная ковровая дорожка, лежавшая через весь зал, была до половины сдернута и в дверях, куда ее стянули, стоял Рогожин.

– Уйди ты, ненавистный! – крикнула ему княгиня, направляясь вслед за людьми, которые внесли графа в одну из гостиных и положили его на диване.

Граф молчал, княгиня была страшно взволнована и, наказав как можно тщательнее скрыть все от дочери, встретила костоправа со словами:

– Тысячу рублей вам заплачу, если больной будет ходить через две недели.

Костоправ вышел, осмотрев ногу графа, и, выйдя в зал, чтобы велеть подать себе таз с взбитою мыльною пеной, объявил княгине, что у больного просто небольшой вывих и что он может ходить через неделю.

– Вы получите две тысячи вместо одной, – отвечала княгиня и сама присутствовала при операции, как графу по старине намылили ногу, как его начали тащить люди в одну сторону, а костоправ намыленными по локоть руками в другую: дернул раз, два и в третий что-то глухо щелкнуло, и граф вскрикнул:

– Вы оторвали мне ногу!

– Нога теперь на месте, – отвечал костоправ.

И действительно, граф к вечеру мог уже переехать в карете к себе, а через два дня был на ногах по-прежнему молодцом и уже не застал Рогожина в доме тещи. Дон-Кихот был выслан из Петербурга в тот же день, как он уронил

– Доримедонт Васильич, у меня до тебя просьба!

– А что такое?

– Уезжай из Петербурга сейчас... Домой не езди, тебя там схватят...

– То-то и есть.

– Да; я тебя в Курск посылаю; ступай туда к Мефодию Миронычу Червеву и скажи ему, что я скоро сама к нему приеду и буду его просить моих детей учить...

– Князей?

– Да, князей.

– Это хорошо: он знает больше того, кто сто книг выучил.

– Вот и прекрасно: может быть, он знает, как и с тобой управляться, а то ты мне уже здесь очень дорого стоишь, да и хлопот с тобой не оберешься, а мне теперь некогда... Бери Марью Николаевну и поезжайте, – ее из Курска отправь, а сам меня жди у Червева.

Рогожин потянул носом и, по обыкновению, скоро заорал свое.

– Эй, Зинобей!

Одры и Зинка не забыли службы и через час уже катили за заставою,

Княгиня, отправив этих гостей, успокоилась. К Патрикею, правда, являлся полицейский узнавать, что за человек живет у них под именем дворянина Рогожина, но Патрикей знал, как обходиться с чиновными людьми: он дал ему двадцать пять рублей и сказал, что это был из их мест крепостной, в уме тронутый, но его в Белые берега к подспудным мощам отправили.

Более о Рогожине розысков тут не было, и в доме все шло как нельзя лучше: приданое было готово, как по щучьему велению, а граф ходил молодцом лучше прежнего

– Как должно, перед свадьбой и у костоправа в руках побывал, – говорила Ольга Федотовна, обрывавшая на этом второй период протозановской хроники

Граф женился на тетушке Анастасии. На свадьбе их ничего не произошло замечательного: было все пышно, хорошо, было много гостей, роздано всем много подарков и много денег. Княгиня на третий день после свадьбы дала большой бал, на котором допустила следующее отступление от нового этикета в пользу старины: когда пили за здоровье молодых, к княгине подошел Патрикей с серебряным подносом, на котором была насыпана куча червонцев.

Бабушка взяла поднос и, поднеся его графу, сказала:

– Любезный зять, не осудите: вы были нездоровы немножечко, позвольте мне просить вас съездить с Настей за границу – ей будет ново и полезно видеть, как живут в чужих краях; а это от меня вам на дорогу.

Граф должен был принять и приношение и просьбу.

ГЛАВА ЧЕТЫРНАДЦАТАЯ

Вслед за этим балом вскоре же начались сборы новобрачных за границу. Граф устроил так, что поездка его имела дипломатическую цель, это давало ему прекрасное положение при иностранных дворах, а также и делало экономию. Княгиня, узнав об этом, сказала только:

– Значит, я ему немножко лишнего дала на дорогу, ну да бог с ним: пусть с легкой руки разживается.

Княгиня была все это время очень весела и довольна, и никто не знал, чему надо было приписать такое довольное ее состояние? Впрочем, полагали, что она рада, устроив дочь за видного человека; но причина приятного настроения княгини была совсем иная: Варвара Никаноровна не одобряла в душе брака дочери и предвидела от него впереди "много неприятного", но это уже было дело непоправимое, зато теперь, пока что случится, дело это давало ей передышку и увольняло ее отсюда, с этого "ингерманландского болота", как звали тогда Петербург люди, побывавшие за границею. Княгиня могла уехать домой в свое теплое гнездышко, в уютное, неприкосновенное Протозаново, которое казалось ей еще милее после всех петербургских передряг и особенно после того, как Патрикей, всего за день до свадьбы тетушки Анастасии Львовны, подал княгине распечатанный конверт из Курска.

Конверт был надписан незнакомою рукою на имя Дмитрия Петровича Журавского, и Патрикей, доложив княгине, что Журавский "сам изволил заносить пакет, но доложить не приказал, – сказал: не надо... тут увидят все, что нужно".

Бабушка догадалась, что Дмитрий Петрович слышал, что у нее свадьба, и не хотел отрывать ее... Ей было это немножечко досадно, что он даже "спасибо" сказать себе не позволил, но все равно: она знала, от кого этот конверт: в нем должен был заключаться столь долгожданный и столь важный для нее ответ от Червева.

Княгиня была так взволнована, что, дернув нетерпеливою рукою листок из конверта, она опять вложила его туда назад и сказала

– Нет, это малодушие буду терпеть до вечера.

С этим она положила письмо на образник и прочитала его только помолясь на ночь богу: письмо было вполне утешительное. Списываю его точно с пожелтевшего листка сероватой рыхлой бумаги с прозрачным водяным штемпелем, изображающим козерога в двойном круге.

"Любезный благоприятель! Получил я письмо ваше с предложением принять на себя воспитание детей известной вам княгини, и много о сем предложении думал, и соображал оное со многих сторон, а потому долгонько вам и не отвечал. Не знаю, однако, что и теперь вам отвечу.

Есть страны, где образование в полнейшем объеме дают тем, кто в нем менее будет иметь надобности, и лишают оного других, которые должны иметь обширную ученость, дабы служить народу с высокого положения. Сии, по несчастию, предполагаются как бы от самого рождения своего получившими все познания, и им вручают ключи разумения, взяв которые они ни сами в храм знания не входят и желающим войти в него возбраняют. Смотрите, не так ли это и у нас не учат ли и у нас всех менее тех, кого надо бы учить всех более, и не изобретают ли и у нас для таковых особых приемов учения, кои ничего общего с наукою не имеют? Не в таковых ли мыслях ищет учителя своим детям и объясненная вами княгиня? В таком разе ей нет во мне никакой надобности, и вы ей можете посоветовать ученых людей в столицах: там есть много искусных для такого преподавания. Но если, как вы полагаете, она несколько инакова, то надо бы объяснить ей задачи и план зрелой науки Кто что ни говори, а корень учения горек, да и плоды оного в России не сладки. То же и о вере. Скажите ей, что Моисей, изводя народ из неволи, велел своим унести драгоценные сосуды египтян, и мы можем хорошо воспитать нового человека только тогда, когда он похитит мудрость древних и поносится с нею в зное пустыни, пренебрегая и голод, и жажду, и горечь мерры. Вера моя – от удостоверения моего ума, а не от того, что писано уставом или полууставом. А посему размыслите, благоприятель, гожусь ли я воспитывать княжат, назначаемых достигать славы своея, а не славы пославшего нас Отца. Им внушают – почитать себя за важное и необходимое в руководстве другими, а по-моему, первое начало, чтобы сей глупости не доверяли и руководить людьми не стремились, а себя умнее руководили. Молодым родовитым и знатным юношам всего потребнее внушать – что они весьма не очень потребны. Что же касается до моего согласия, то где я возьму силы, чтобы не согласиться хоть двух ребят во всю мою жизнь обучить так, как бы мне хотелось? Именитых детей, учимых не ради скорого приобретения ими хлеба куска, можно учить лишь себе в радость и в утешение, о коем, признаюсь, в лучшей поре моей жизни мечтал я. Вспомните, что я излагал некогда о есотерическом и ексотерическом в науке: я видел мою esotoris[44] тогда яко зерцалом в гадании: я лишь в отраднейшей мечте воображал счастливцев, которым суждено отраднейшее бремя овладеть на много лет умом цветущих юношей с призванием к степени высокому и весть их к истинному разумению жизни… и вот об этом речь… И сей счастливец я! О, благоприятель! неужто я увижу их лицом к лицу? неужто я почувствую в моих руках их юношеские руки, неужто я увижу, как их юношеский ум начнет передо мною раскрываться, будто пышный цвет пред зарею, и я умру с отрадою, что этот цвет в свое время даст плод сторичный… О, благоприятель! смотрите: осторожно ли вы писали, не шутка ли это, не кладете ли вы камень в протянутую руку нищего? Эта шутка была бы слишком жестока… Подумайте: великий Кеплер говорил, что если бы он мог окинуть взглядом вселенную, но не видал бы жаждущего познания

---

[44] сокровенную (греч.)

человека, то он нашел бы свое удивление бесплодным, а я, червяк, без всех решительно сравнений, его ничтожнейший, до сей поры все жил, не видя никого, кому бы мог сказать о том, что я своим окинул взором... Но нет; вы ведь не шутите... не правда ли? давайте их сюда, давайте этих юношей Червеву, – он их с любовью научит понимать достойное познанья и, может быть, откроет им – как можно быть счастливым в бедствиях.

Об условиях со мной не говорите: делающий достоин мзды, а вол молотящий – корму. Более мне ничего не нужно. Мефодий Червев".

Княгиня была в восторге от этого письма. Не знаю, что именно ее в нем пленяло; но, конечно, тут имело значение и слово "о счастии в самых бедствиях". Она и сама почитала такое познание драгоценнее всяких иных знаний, но не решалась это высказать, потому что считала себя "профаном в науках". Притом бабушка хотя и не верила, что "древле было все лучше и дешевле", но ей нравились большие характеры, с которыми она была знакома по жизнеописаниям Плутарха во французском переводе.

– Там есть кому подражать и есть на чем дитя воспитывать, – вот, кажется, все, что она понимала, усвоивая себе самое важное и существенное. Пусть-де не будут верхолетами, – пусть готовеньких вершков не схватывают, а по началам все продумают, тогда они не будут самомнящи, и смирней будут в счастье, и крепче в несчастье... Она тоже не по уставу, а "по удостоверению своего ума" была уверена, что добрые и умные родители непременно должны приготовлять своих детей к уменью с достоинством жить в счастье и в несчастье.

Таковы были непосредственные взгляды княгини на воспитание, и письмо Мефодия Мироныча, конечно, этим взглядам отвечало. Но что всего более влекло теперь княгиню к Червеву, это было его особенное отношение к своему призванию.

– Ни слова добрый человек не говорит о том, что ему заплатить... даже гнушается этим, – значит дело любит, а не деньги... Такие люди редки: бог мне в нем неслыханное счастье посылает.

И княгиня, благословив бога, спала эту ночь крепко, а на другой день встала довольною и веселою. С тех пор прекрасное настроение духа не изменяло ей во все остальные дни приготовления к дочерниной свадьбе и к наступившим за свадьбою проводам новобрачных за границу.

День отъезда молодых был давно назначен: княгиня собиралась сама уехать к себе в Протозаново тотчас по отъезде Функендорфов. Знакомым, которые уговаривали княгиню еще погостить в "хорошем городе Петербурге", она отвечала:

– Нет, благодарю за привет, не спорю, Петербург город хороший: и Варвара Никаноровна и вперед сюда не обещалась скоро. На просьбы дочери приехать в Петербург на будущую зиму она ласково отвечала ей:

– Нет, мой друг, я и обманывать тебя не хочу, – не поеду: зачем? мне тут делать нечего. Здесь место тому, кому нужны кресты да перстни, а наше благо на пепле растет, и надо в нем копаться, сидя на своем кореню. Было время, и я здесь жила, но хорошего тоже мало из того времени помню... а теперь я уже совсем от этого отстала, и слава за то создателю: надо кому-нибудь и соху с лопатой знать, а наездом хлеба не напашешь.

Нежность княгини к "нелюбимой дочери" во все это время не только не уменьшалась, но, напротив, еще более усиливалась: Варвара Никаноровна сама не знала, чем ей свою Настеньку утешить и обрадовать. Она каждый день приезжала к ней с дорогими подарками: купила ей самый дорогой, покойный и щегольской дорожный дормез и навезла такую кучу разных путевых вещей, что с ними не знали куда деваться. Граф, рассматривая эти вещи, вероятно не раз думал, к чему эта трата? Не лучше ли бы деньгами? Молодая графиня была, кажется, одних с мужем мыслей. По крайней мере она всякий раз ставила матери на вид, что за границею все лучше и дешевле, но княгиня отвечала:

— То лучше, да из чужих рук, а это от матери, — и опять продолжала возить подарок за подарком. Наконец бабушке пришла самая оригинальная мысль, и она сделала тетушке такой странный подарок, какого от нее никак невозможно было и ожидать, а именно: она, явясь в один день к дочери, объявила, что дарит ей Ольгу Федотовну... Конечно, не навек, не в крепость, а так, в услужение.

Тетушка Анастасия отнюдь не выражала никогда ни малейшего желания получить этот подарок и даже едва ли была ему рада, по крайней мере она энергически от него отказывалась, говоря:

— К чему она мне, maman? вы Ольгу любите, вы к ней привыкли, а я имею свою прислугу... Наконец она и сама к вам так привязана, что ей будет тяжело с вами расстаться.

Но бабушка была непреклонна: она хотела отдать "нелюбимой дочери" все, что имела самого дорогого, и решительно настаивала, чтобы графиня брала Ольгу.

— Она ко мне привязана — это правда, и я ее люблю, но поэтому-то непременно ты ее и бери: она тебя сбережет, а иначе я за тебя покойна не буду.

Переспорить в этом бабушку было решительно невозможно, и графиня должна была согласиться принять Ольгу, но за то уже решительно воспротивилась, когда мать задумала сделать ей еще один подарок, в лице m-r Gigot. Бабушка находила, что он был бы очень пригоден за границею, и говорила:

— Ты не церемонься со мною: я без него обойдусь, а он французик услужливый и ничем не обижается, да и притом он еще, кажется, из портных, — так и починку какую нужно дорогою сделает... Право, бери его: я им обоим и денег от себя на дорогу дам, а ты при нем с Ольгою все так и будешь, как будто бы между своих.

Это, однако же, осталось втуне: молодая графиня отнюдь не желала быть между своих, и проект о Gigot был оставлен; но Ольга Федотовна собиралась в путь. Сборы моей доброй старушки главным образом заключались не в вещевом багаже, а в нравственном приготовлении к разлуке на целый год с родиною и с милыми сердцу. Ольге Федотовне было всех жалко, и княгиню, и князьков, и Патрикея Семеныча, и "Жигошу", – о последнем она заботилась даже, кажется, больше, чем о всех других, и всех, кого могла, просила жалеть его, сироту.

Все время своих сборов она была очень растрогана, и чем ближе подходил день отъезда, тем нервное ее состояние становилось чувствительнее; но недаром говорят, истома хуже смерти: день отъезда пришел, и Ольга Федотовна встрепенулась. Она в этот день встала утром очень рано: хотя по ее глазам и покрасневшему носику видно было, что она не спала целую ночь и все плакала, но она умылась холодной водицей и тотчас же спозаранков начала бодро ходить по дому и со всеми прощаться и всем наказывать от себя поклон Рогожину, Марье Николаевне и многим другим лицам домашнего круга. К Gigot она забегала несколько раз и все ему что-нибудь дарила или оставляла во временное пользование – как-то: теплые чулки, излишние подушки и прочее, но при этом все что-то забывала.

– Совсем как дура сделалась, – говорила она о себе, – знаю, что что-то самое пренужное-нужное хотела тебе отдать, и опять позабыла... Ну да я еще вспомню.

И она опять убегала и опять приносила Жиго пустяки вроде чайной чашечки или частого гребня, а "самое пренужное-нужное" опять забывала.

– Ну, да ничего: я вспомню!

Отъезд предполагался из дома бабушки: на ее дворе стоял уложенный дормез, и граф с молодою графинею должны были позавтракать у княгини и с ее двора и отправиться.

Это так было и сделано: откушали, помолились, экипаж подан, и стали садиться, – Ольга Федотовна еще ранее была усажена на высокое переднее сиденье и плотно застегнута кожаным фартуком. Она так самого нужного и не вспомнила, а теперь было уже некогда: граф и графиня сели, – на крыльце оставались только княгиня с двумя сыновьями да Gigot с Патрикеем.

Все было готово: форейтор натянул постромки, коренники налегли в хомут, и экипаж застучал и тронулся. Из-за черного кожаного фартука в переднем сиденье замелькала ручка Ольги Федотовны: это она крестилась, но вдруг она вся высунулась и закричала:

– Жигоша! Жигоша, скорей! я вспомнила!

Gigot подлетел и, вспрыгнув на подножку, подскочил к Ольге Федотовне.

– Вот, бери это, – проговорила она и, торопливо вынув из кармана маленькую бутылочку с березовкой, сунула ее в руки француза.

– Oh, chere Ольга Федот... c'est impossible: c'est pour vous meme, pour vous[45], – заговорил Gigot и, замахав руками, соскочил с колеса в ту самую минуту, когда Ольга Федотовна хотела сунуть ему пузырек за жилет.

Пузырек упал на мощеный двор и разбился о камень.

Экипаж скрылся из глаз за углом улицы.

Провожавшие стояли еще на крыльце, а Gigot на том месте, где перед ним лежал разбитый пузырек и пролившееся лекарство.

Француз был растроган и, вынув платок, обтер им глаза.

– Ты плачешь, Gigot? – спросила его княгиня.

– Mais certainement, madame!.. Sapristi, cette pauvre Ольга Федот... elle ne parle jamais francais et allemand et elle casse sa medicine![46]

– Ну, ничего: она по-русски разговорится.

– Нишего... c'est bien[47]; по-рюсски: c'est нишего!

И Жиго рассмеялся: он поднял разбитый пузыречек и, держа его в руках, проговорил:

– Нишего: разбил – это шастье!

– Не по его только предсказанию все это вышло, – говорила, бывало, об этом Ольга Федотовна, никогда не забывавшая ни одной мелочи своего отъезда за границу и особенно своего скорого и странного оттуда возвращения.

ГЛАВА ПЯТНАДЦАТАЯ

Бабушка не могла уехать из Петербурга в Протозаново так скоро, как она хотела, – ее удержала болезнь детей. Отец мой, стоя на крыльце при проводах Функендорфов, простудился и заболел корью, которая от него перешла к дяде Якову. Это продержало княгиню в Петербурге около месяца. В течение этого времени она не получала здесь от дочери ни одного известия, потому что письма по уговору должны были посылаться

---

[45] О, дорогая Ольга Федотовна... это невозможно: это для вас самой, для вас (франц.)

[46] Ну, конечно, мадам!.. Черт возьми, эта бедняжка Ольга Федотовна... она не умеет говорить ни по французски, ни по-немецки, и она разбивает свое лекарство (франц.)

[47] это хорошо (франц.)

в Протозаново. Как только дети выздоровели, княгиня, к величайшему своему удовольствию, тотчас же уехала.

На севере "в ингерманландских болотах" было еще сыро и холодно, но чем ближе к югу, тем становилось теплее и приятнее: за Москвою, к Оке, совсем уже была весна, хотя еще и ранняя, без яркой зелени и без обилия цветов, но уже с животворною мягкостью в воздухе, которая так целебно живит силы и успокаивает душевные волнения.

Все чувства княгини отдыхали среди этой атмосферы от утомления, которое она чувствовала после столь несвойственной ей жизни и мелких интриг, кипящих в салонах. Эти скромные картины русской ранней весны превосходны, весело зеленеющие озими играют на солнце; поднятый к яровому посеву тучный чернозем лежит как бархат и греется, тихие ручейки и речки то мелькают в перелогах, как волшебные зеркала в изумрудных рамах, то вьются как ленты, отражая в себе облака, – грунтовые дороги обсохли, но еще не завалены пылью – езда по ним удобна и приятна: копыта бегущих коней не пылят и стучат мягко, колеса катят совсем без шуму, и след позади только маслится... Все способствует тому, чтобы у путника на душе становилось мирно и покойно.

Едучи верст по сту с небольшим в сутки и пробыв двое суток в Москве, княгиня провела уже в дороге около двух недель: в это время она имела время отдохнуть от всех перенесенных ею потрясений, она или спокойно дремала, или была занята своими экономическими соображениями, которые вызывались только что заключенными большими тратами. Денежные средства ее, всегда содержавшиеся в большом порядке, хотя и теперь не были особенно расстроены, но, однако, требовали рачительного восполнения. Свадьба, со всеми выделами, наградами и ценными подарками, стоила очень дорого, но справедливость требует сказать, что княгиня об этом не жалела: она, напротив, была рада, что "нелюбимая дочь" награждена как следует. Притом же ей нечего было и бояться сделанных больших экстренных расходов, потому что она знала, как наверстать их. Живучи в деревне, хотя и очень открыто, княгиня тратила относительно очень мало: кроме лимонов, сахару и прочей "бакалеи", которая раз в год закупалась на коренной ярмарке, все было "из своей провизии", и княгиня была уверена, что через пять-шесть лет она опять будет совсем так же исправна, как была перед выдачею замуж "нелюбимой дочери". За дорогу бабушка имела время все это сообразить и сосчитать и, совсем на этот счет успокоясь, была весела как прежде: она шутила с детьми и с Gigot, который сидел тут же в карете на передней лавочке; делала Патрикею замечания о езде, о всходах озими и тому подобном; сходила пешком на крутых спусках и, как "для моциона", так и "чтобы лошадей пожалеть",

221

пешком же поднималась на горы, причем обыкновенно задавала французу и детям задачу: кто лучше сумеет взойти и не умориться.

Чем ближе подъезжала княгиня к своим местам, тем она чувствовала себя счастливее, и перед самым Курском, откуда бабушка надеялась захватить Червева, она находилась в превосходном настроении; но тут встретилось обстоятельство, которое вдруг смутило ее самым непредвиденным и неприятным образом. Въезжая на двор, где была последняя сдаточная перепряжка, бабушка была неожиданно приветствована здесь Рогожиным, который вдруг наскакал сюда на своих одрах из-за ближайшего перелеска.

– Здравствуй! что ты это?.. откуда? – заговорила, увидав его, княгиня.

Дон-Кихот только водил усами и, тяжело дыша, оглядывался.

– Отчего ты не ждал меня в Курске?

– Нельзя было, – отвечал дворянин.

– Отчего?

– Я скрываюсь.

– Неужели опять сражался? Пора перестать.

– Да; Жиго, сядь, брат, скорей в мой тарантас... Тебе ведь все равно, а ты все-таки три четверти шпион, а может быть и целый, а мне говорить надо. Переходи скорей: я на твоем месте спрячусь, потому что мне опасно.

Жиго согласился, а бабушка велела французу взять с собою и детей, чтобы ей свободнее было говорить без них с Дон-Кихотом.

Дети рады были случаю проехаться в лубочной коробке Рогожина, и когда пассажиры разместилися таким образом, оба экипажа снова тронулись в путь

Потные одры Рогожина не отставали от свежих лошадей, впряженных в экипажах княгини, и Зинка звонко посвистывал сзади кареты.

Бабушка сначала спросила Рогожина, с кем он и за что дрался, но, получив в ответ, что "это пустяки", она подумала, что это и впрямь не более как обыкновенные пустяки, и перешла к разговору о Червеве.

– Червев, что же ему, – отвечал Рогожин, – он с губернатором говорил, и ничего, – а вот Ольге Федотовне очень скверно.

– Разве она тебе уже писала из чужих краев?

– Нет, не писала, а она сама все рассказала...

– Что ты за вздор говоришь: где ты мог видеть Ольгу?

– Здесь... Посольский дьячок сюда приезжал из Парижа с родными повидаться и ее привез.

– Что ты за вздор говоришь!

– Нимало не вздор: я ее третьего дня сам в Протозаново свез.

– Ушам не верю, что слышу... Этого быть не может. Ты трезвый человек, а пьяную гиль несешь!

– Да; я трезвый человек, и хотите, на вас дыхну?

222

– Дохни, сделай милость

Рогожин дохнул: от него пахло только суровцом-квасом, которого он выпил два огромных ковша на постоялом дворе.

– Одним квасом пахнет, – сказала, пожав плечами, бабушка, – теперь продолжай: как могла явиться здесь Ольга?

– Прислали ее назад.

– Кто?

– Ну понятно кто: с кем она поехала, те ее и вернули.

– За что это – с какой стати?

– Не годилась.

– Что такое она сделала? Что она говорит?

– Она ничего не говорит, а только плачет,

– Плачет?

– Ужасно плачет.

– Господи, что это такое! с детства почти знаю эту женщину – скромная, хорошая...

– Она там, в чужих краях, немножко с ума сошла.

– Ольга!

– Да; дьячок говорит, что у нее это с Рейна началось.

– Отчего же это с нею сделалось?

– От развалин.

– Господи, какая мука с тобою говорить!

– Напугали ее, что ли, там?

– Нет; а просто как увидит развалины, сейчас вся нарадуется и пристает ко всем: "Смотрите, батюшка, смотрите: это все наш князь развалил", и сама от умиления плачет.

– Моя бедная Ольга: я узнаю ее, – проговорила, покачав головою, бабушка. – Не в этом ли и все ее сумасшествие?

– Гм... да, – отвечал Дон-Кихот, – она этим графине очень надоела, а потом в Париже дело дошло до того, что Ольга Федотовна одна со всеми французами перессорилась.

И Рогожин рассказал, что моя бедная старушка, продолжая свою теорию разрушения всех европейских зданий моим дедом, завела в Париже войну с французскою прислугою графа, доказывая всем им, что церковь Notre Dame[48], которая была видна из окон квартиры Функендорфов, отнюдь не недостроена, но что ее князь "развалил". Французы, поняв в чем дело, разобиделись; графиня приняла их сторону, а это показалось Ольге Федотовне несправедливым, и она объяснила самой графине, что та "своего рода не уважает".

---

[48] Собор Парижской богоматери (франц.)

Результатом всего этого вышло, что тетушка, вообще с трудом переносившая людей материного штата, совсем отстранила от себя Ольгу и распорядилась отправить ее домой.

Бабушка, выслушав это, горько улыбнулась и проговорила про себя:

— Ах, дочь моя, дочь!

— А вы уверены, что она ваша дочь? — спросил Рогожин.

Бабушка взглянула ему в лицо и рассмеялась.

— Что вы? — спросил он, — я читал несколько случаев, как детей подменяли.

— А? да... подменяли... Ты прав: я тоже думаю, что мне ее подменили.

— Где?

— В петербургском институте. Но доскажи же мне про Ольгу: как ее привезли сюда?

— Граф с дьячком прислал.

— И спасибо ему, что он так сделал, — сказала, дослушав, княгиня.

— Нет; вы повремените его благодарить, — отвечал Дон-Кихот, — вы вот прежде взгляните сюда, — и Рогожин, засучив рукав, показал несколько кругом расположенных маленьких ран, которые окружала одна сплошная опухоль с кровянистым подтеком.

— Что это у тебя?

— Немец укусил.

— Какой немец?

— Которого граф прислал сюда графининым имением управлять.

— Что же: вы с ним подрались, что ли?

— Да.

— Господи, как это все скоро: и немец уже есть, и уже и кусается! А за что же у вас дело стало?

— Он всех мужиков, у которых своя земля и дома с амбарами на базарах, выселять хочет.

— Ты это шутишь?

— Нет; я дыхну, если хотите.

— Я ведь тебя всерьез спрашиваю.

— А я вам всерьез и отвечаю: он их в степи гонит.

— Да это что же: они их ограбить, что ли, хотят?

— И я им то говорил...

— Боже мой, боже мой, что я наделала! Эти люди гибнут за то, что они мне верили.

— Да, — отвечал Рогожин и через минуту глухого молчания заговорил снова:

— Я этого немца просил, умолял, усовещивал... и наконец...

— Прибил, что ли?

224

Рогожин только сделал молча рукою выразительный жест, как будто драл кого-то за волосы.

Бабушка молчала: она была поражена тем, что слышала, и тем, что теперь ей представлялось возможным далее в этом же возмутительном роде.

"Я не дам разорить мужиков, – думала она, – нет; я сейчас же поеду назад в Петербург... я встречу государя, брошусь ему в ноги и скажу все... он добр – он рассудит..."

Но через минуту она думала:

"Против кого же я пойду? против родной дочери, против зятя? Нет; это не то: за свою вину я отдам крестьянам все свое, чего их добро стоило... У меня после этого ничего своего не останется, но это полгоря, – без денег легче жить, чем без чести... Авось сыновья в угле и в куске хлеба мне не откажут... А если и они, если и их мне подменят?"

Бабушка закрыла обеими руками запылавшее от этой мысли лицо и не заметила, что ее экипаж не едет, а у открытой дверцы с фуражкою в руках стоит Патрикей.

– Что такое? – спросила она.

– Червев-с.

– Где он?

– Извольте смотреть вон туда, влево, за реку.

Бабушка оглянула местность: впереди за горою виднелись кресты курских церквей, а влеве плыла сонная Тускарь, и правый берег ее, заросший мелкою ивой, тонул в редком молочном тумане.

– Никого не вижу, – проговорила, приставляя к глазу лорнетку, княгиня.

– Извольте смотреть... две ракиты... за ракитами куст, за кустом тихая заводь, и стоит цапля.

– Цаплю вижу.

– Против нее, на земле, сидит человек.

– Это он!

– Это Мефодий Мироныч!

– О, как он мне дорог в эту минуту! – воскликнула бабушка.

– Да; это сам он и есть, – подтвердил Дон-Кихот, – он сюда ходит читать. А я вам про него забыл сказать: я открыл, что он хорошего рода, я

– Ах, оставь ты мне теперь про все роды... Патрикей, нет ли здесь лодки, чтоб к нему переехать?

– Вон дощаник под берегом: худой, чай, только.

– Все равно какой он: Тускарь не море, – ответила бабушка и, толкнув ногой дверцу, легко спрыгнула из кареты.

Через минуту ветхий дощаник, на котором стояли княгиня, ее оба сына, Дон-Кихот и Gigot, тяжело зашуршал плоским дном по траве и, сдвинувшись дальше, тихо поплыл по тихой и мутной воде сонной Тускари.

С половины реки серая фигура обозначилась яснее: теперь и близорукому было видно, что это сидел человек, а на коленях его лежала книга, которую он читал с таким вниманием, что не слыхал, как поднявшаяся при приближении дощаника цапля пролетела почти над самою его головою.

Лодка пристала у берега, – бабушка стала выходить.

– Смотрите ему прежде всего в глаза, – шептал ей Рогожин, – удивительные глаза... чисты, точно сейчас снегом вытерты.

– Хорошо, – отвечала княгиня и, велев всем остаться у лодки, пошла одна к Червеву.

ГЛАВА ШЕСТНАДЦАТАЯ

Червев был пожилой человек простонародного русского типа: большой, сильный и крепкого сложения, но с очень благопристойными, как тогда говорили о Сперанском, – "врожденными манерами". Он действительно имел чистые, "точно снегом вытертые глаза" и мягкий голос, в котором звучали чистота и прямодушие.

Когда близ него раздались шаги подходивших, он поднял лицо от книги и, всмотрясь в приближающуюся к нему княгиню, привстал и сказал:

– Княгиня Протозанова?

– Я, – отвечала бабушка. – Вы меня узнали?

– Да.

– Почему?

– Не знаю.

– Ну, будем знакомы и...

Княгиня, оживляясь, добавила:

– И постараемся быть друзьями.

Она сжала руки Червева, и тот отвечал ей пожатием, но не сказал ей ни слова.

Она это заметила и осудила себя за то, что была слишком скора и поспешна.

– Я вас буду просить: сядьте в мой экипаж и доедем до Курска.

– Я предпочитаю ходить пешком, – ответил с улыбкой Червев. – Я пойду полем, и пока вы доедете – я уже буду там.

Княгиня не настаивала и опять переправилась через Тускарь; села в дормез и поехала к Курску.

Червев ей как будто не давал себя в руки.

"Что это и почему?" – думала она и спросила Рогожина: о каком он упоминал разговоре Червева с губернатором?

Дон-Кихот объяснил, что губернатор говорил с Червевым один на один и спрашивал его по чести. Так и сказал:

– Я о вас никого не хочу спрашивать, я вашей чести верю.

Червев ему по чести все и сказал.

– Что же такое все?

– А по логике, по логике.

– Батюшка! ты бы хоть без логики рассказал.

– Нельзя без логики, когда это было по логике.

– Ну так говори, как можешь.

– Губернатор спросил: "Скажите, пожалуйста, по совести, вы утверждали когда-нибудь, что власти не потребны в государстве?"

– Ну!

– Червев отвечал, что он этого никогда не утверждал. Бабушке вспомянулось письмо Червева к Журавскому, которое она читала Функендорфу, – и она подумала: не тут ли штука?.. А потом... значит, и он тоже, как и прочие, – тоже увертывается и от своих слов отпирается.

– Что же, поверил или нет ему губернатор?

– Поверил, – да ведь и нельзя не поверить.

– Отчего?

– Червев привел логику.

– Какую?

– Когда губернатор сказал, чем он может за справедливость своих слов ручаться, то он доказал логикой, он сказал: "Я не мог говорить, что власти не потребны в государстве, ибо я не думаю, чтобы и сами государства были потребны".

– Неужто он это сказал?

– Да; он так сказал... И губернатор его похвалил...

– Ну еще бы!

– За честность его, за искренность.

– И больше расспрашивал?

– Да. Говорил: "Но ведь вы властям не сопротивляетесь?" Червев говорит: "Нет, – не сопротивляюсь".

"Вам нечем".

"Да, – говорит, – и нечем, да я и не хочу".

"Отчего?"

"Это не надо".

Губернатор его опять похвалил.

"Прекрасно вы говорите, – никогда сопротивляться не надо. А все-таки вы одну какую-нибудь власть уважаете? А? Или по крайней мере вы можете уважать какую-нибудь власть?"

Червев говорит:

"Кажется, я мог бы уважать ту власть, которая вела бы дело к тому, чтобы себя упразднить и поставить вместо себя власть божию".

Губернатор ему сказал:

"Вы все очень своеобразно понимаете, но вы честный. – Я так и донесу".

– Кому донесет?

– Я не знаю, – может быть, он так и донес...

– Да, разумеется, так и донес!

– Я думаю, я думаю! – спокойно поддержал Рогожин.

Бабушка задумалась.

– Однако что же это такое?..

Это совсем выходило за рамки всех ее картин... Неужто он в самом деле таков, что сомневается даже в потребности самих государств... отдельных "языков"... отдельных народов... вер... Это не может быть. Ей никогда в голову не приходило, чтобы такие вещи говорил просвещенный человек... и притом тот именно человек, которого она приглашает быть воспитателем ее сыновей... И когда это ей открывается? Именно теперь, когда она готова и даже должна его взять... Да; но почему же непременно должна? А потому, что она сама все это затеяла, вмешала в это много людей и теперь ей делать шаг назад было бы неловко и поздно!.. Впрочем, что за вздор! Когда что-нибудь можно остановить до начала – так это не называется поздно, а что до неловкости, то разве такие соображения могут руководить поступками большой важности. Не лучше ли отказаться от невесты накануне самого брака, чем дать совершиться акту, угрожающему обоюдным несчастием?.. Нет; Варвара Никаноровна не из таких бесхарактерных и сентиментальных людей. Пускай она в Черве́ве больше, чем сам губернатор, уверена, что он из честных честный, но она не сунет ему сразу детей, – она с ним теперь поговорит, – она, по отчему

Она так и сделала, и получила как раз такой результат, какого ожидала.

Просидев около часа с глаза на глаз с Червевым, она стала сама резюмировать в своем уме его положения и начертала такую схему: характер в высшей мере благородный и сильный; воля непреклонная; доброта без границ; славолюбия – никакого, бессребреник полный, терпелив, скромен и проникнут богопочтением, но бог его "не в рукотворном храме", а все земные престолы, начальства и власти – это для него совсем не существует. Это все, по его выводам, не соединяет людей, а разделяет, а он хочет, чтобы каждый жил для всех и все для одного... И

228

это в нем так искренно, что он не хочет допускать никаких посторонних соображений. По его мнению, весь опыт жизни обманчив, – и самая рассудительность ненадежна: не стоит думать о том, что будут делать другие, когда вы будете делать им добро, а надо, ни перед чем не останавливаясь, быть ко всем добрым.

Он убежден, что все со временем захотят платить добром за добро, – и потому он исключает всякий суд и всякие наказания, всякие похвалы и всякие почести... Заслуги ума, трудолюбия, даже заслуги самоотвержения и любви – все это, по его мнению, не нуждается ни в каких наградах и даже страдает от них. Добро – само в себе награда. Журавский с его идеями освободить крестьян ничего не достигнет, а во всей деятельности Сперанского он считает за достойное внимания только то, что он умеет сносить с достоинством свое удаление.

Княгиню удивляло: как же этот человек был близок Сперанскому и Журавскому, которые имели совсем другие взгляды и стремились к улучшениям путем государственных мер! Их намерения княгине казались прекрасными, и во всяком случае они были ей понятны, меж тем как все то, что сказал ей с полною откровенностью Червев, – это все изменяет и отменяет, все упраздняет и все ставит ни во что. А то, что он говорит, о том приходится выводить из его идей, что это утопии, что это неприложимо и не может держаться при всех других условиях общества и гражданственности.

Проведя все это в уме, она вслух договорила свою мысль:

– Это не лад, а разлад.

– Да, принесен "не мир, а меч", – спокойно отвечал ей Червев.

Княгиня прочитала в его глазах, что он понял все, что она молча продумала, и нимало этому не удивился и не рассердился. Это ему, очевидно, было за привычку он словно ожидал того, что она ему сказала.

– Как же вводить молодых людей в эту жизнь с такими идеями? – спросила она.

– Не легко, – отвечал Червев.

– И как им будет жить?

– Трудно

– Нельзя!

– Если соединять несоединимое, то нельзя, но если вести одну линию, то можно.

– Надо, значит, начать с того, что на многое, почитаемое за важное, взять и положить крест.

– Да, с этого должно начаться.

– А далее пойдет разлад со всем!

– Разлад только с тем, что не идет в лад с порядком, при котором лев не захочет вредить ягненку.

— Слова ваши режущи.

— Я с вами должен говорить откровенно: я ведь знал, что я вам не гожусь.

— Нет, я прошу вас дать мне подумать.

— И не думайте, я не гожусь. Вы верите в возможность мира при сохранении того, что не есть мир, а я не вижу, на чем может стать этакий мир. Меч прошел даже матери в душу.

— Вы строже, чем Савонарола!

— Я не говорю ничего своего.

— Да, но это ужаснее! Вы отнимаете у меня не только веру во все то, во что я всю жизнь мою верила, но даже лишаете меня самой надежды найти гармонию в устройстве отношений моих детей с религией отцов и с условиями общественного быта.

— Этой гармонии я не касаюсь.

— Но вы не верите в ее возможность?

— Воспитывать ум и сердце – значит просвещать их и давать им прямой ход, а не подводить их в гармонию с тем, что, быть может, само не содержит в себе ничего гармонического.

— Становясь на вашу точку зрения, я чувствую, что мне ничего не остается: я упразднена, я должна осудить себя в прошлом и не вижу, чего могу держаться дальше.

Червев улыбнулся доброй улыбкой и тихо сказал:

— Когда поколебались вера и надежда, остается любовь.

— Как еще любить и кого?

— Всех, но если вы истинно любите ваших детей...

— Без сомнения.

— И если верите тому, что открыл показавший путь, истину и жизнь...

— Верю.

— Тогда вы должны знать, что вам надо делать.

Княгиня задумалась и тихо проговорила:

— В душе моей я с вами согласна...

— Душа ведь по природе своей христианка.

— Но этот нож, этот меч, – это изменение всего...

— Изменение всего, но сначала всего в самом человеке.

— Да; только в самом себе... но... все равно... Вы обобрали меня, как птицу из перьев. Я никогда не думала, что я совсем не христианка. Но вы принесли мне пользу, вы смирили меня, вы мне показали, что я живу и думаю, как все, и ничуть не лучше тех, о ком говорят, будто они меня хуже... Привычки жизни держат в оковах мою "христианку", страшно... Разорвать их я

— После, быть может, будет иное.

— Нет, это будет вечный мой стыд, что вместо того, Чтобы теперь привлечь к себе в дом человека как вы, – Я говорю ему как те, которые говорили. "Выйди от меня – я человек грешный".

– Вы искренни, и я вам благодарен, – отвечал Червев и встал с места.

– Но как же вы теперь будете устроены? – спросила, удерживая в своих руках руку его, княгиня, – и она с замешательством стала говорить о том, что почла бы за счастье его успокоить у себя в деревне, но Червев это отклонил, ответив, что он "всегда устроен".

И на этот раз он действительно уже был устроен и притом совсем необыкновенно: посетивший княгиню на другой день предводитель сообщил ей две новости: во-первых, присланное ему приглашение наблюдать, чтобы княгиня "воспитывала своих сыновей сообразно их благородному происхождению", а во-вторых, известие о том, что Червев за свои "завиральные идеи" послан жить под надзором в Белые берега.

Княгиня, по словам Ольги Федотовны, после этого в три дня постарела и сгорбилась больше, чем во многие годы. Она изменилась и в нраве: навсегда перестала шутить, никого не осуждала и часто, как в мечте, сама говорила с собою:

– Лучшего не стоим.

Дон-Кихот, Жиго и сама Марья Николаевна утратили свои живые роли и только имели по временам пребывание в протозановском доме. "Княгиня стала ко всем равна, и к ним, как к обыкновенным". Ласково, но коротко. На последовавшее затем вскоре распоряжение доставить князей для воспитания в избранное учебное заведение в Петербург она не возражала ни слова, но только не повезла их сама, а доставила туда с Патрикеем. В душе ее что-то хрустнуло и развалилось, и падение это было большое. Пало то, чем серьезные и умные люди больше всего дорожат и, обманувшись в чем, об этом много не рассказывают.

Я бы, кажется, имела основание уподобить состояние бабушки с состоянием известной сверстницы Августа Саксонского, графини Козель, когда ее заключили в замке. Обе они были женщины умные и с большими характерами, и обе обречены на одиночество, и обе стали анализировать свою религию, но Козель оторвала от своей Библии и выбросила в ров Новый Завет, а бабушка это одно именно для себя только и выбрала и лишь это одно сохранила и все еще добивалась, где тут материк?

Толкущему в двери разума – дверь отворяется. Бабушка достала себе то, что нужнее всего человеку: жизнь не раздражала ее более ничем: она, как овца, тихо шла, не сводя глаз с пастушьего посоха, на крючке которого ей светил белый цветок с кровавою жилкой.

Бывшие многочисленные знакомые оставили княгиню и скоро стали ее забывать. Поводом к тому послужило неизвестно откуда распространившееся известие, будто она "одержима черной меланхолией", что всем представлялось заразительным и опасным, вроде водобоязни.

231

Опасность от меланхолии совсем иначе представлял себе Дон-Кихот Рогожин: он вспомнил из читанных им монастырских историй, какое происшествие случилось с медиком Яковом Несмеяновым, признанным за "меленхолика" и посланным в 1744 году в Москву, в Заиконоспасский монастырь, с тем чтобы с ним там "разговаривать и его усматривать: не имеет ли в законе божием сомнения". Рогожин испугался, что и у княгини напишут не меланхолию, а "меленхолию" и пошлют княгиню куда-нибудь, чтобы ее "усматривать", – и Дон-Кихот стал вести себя смирно и дожил век в Протозанове на страже, с решимостью умереть, охраняя княгиню, когда это понадобится. Надобности такой он, однако, не дождался и умер своею смертью, но, кажется, он умел заронить семя особливого страха и боязни в душу княгини. До этих пор всегда независимая и смелая во всех своих суждениях и поступках, она бледнела при одном напоминании имени Хотетовой и архимандрита Фотия и жаловалась Ольге, что в ней "развилась подозрительность и меланхолия". Таким образом, значит, общественные толки о ней оправдались, и эта смелая, твердая и чистая душа впала в слабость, утратила силу быть полезною другим и доживала жизнь, оберегая одну свою неприкосновенность. Она стала бояться тех, которые ее боялись, и Фотий начал являться ей во сне и стучать костылем. Ольга говорила, что бабушка, бывало, проснется и не спит, боясь, что он опять ей приснится, и целые дни потом молчит и ходит одна с собачкою в темных аллеях сада с таким печальным лицом, на которое жалко было смотреть, а ночью ей опять снился Фотий и опять грозил костылем.

Конечно, она не могла говорить с Ольгой всего, что думала, но, однако, говорила ей "Я прожила жизнь дурно и нечестиво и зато бегаю как нечестивая, может быть ни единому меня гонящу. Меня барство испортило – я ему предалась и лучшее за ним проглядела". "Лучшее", по ее теперешним понятиям, была "истина", которая делает человека свободным, и при этом она вспоминала о Червеве. А когда Ольга говорила ей "Ведь и вы то же самое знать изволите", она отвечала "Знать я изволю, а следовать неспособна, и оттого я хуже тех, которые не знают". Ольга этого не понимала и, не зная что сказать, один раз сказала: "Бог даст доспеете". Бабушка ей отвечала: "Очень была бы рада" И радость эта была ей дарована.

У крестьян, отданных в приданое княжне Анастасии, были свои земли, купленные на господское имя, как это тогда водилось. Функендорф не признал их прав и все посчитал на себя. Бабушка увидала свою ужасную ошибку и тотчас же освободила людей своей части на легкий выкуп земель и все, что выручила, отдала обиженным Функендорфом людям, вознаградив их с излишком, а сама решилась жить нахлебницею у Марьи Николаевны. Моему отцу и дяде и их крестьянам стоило немалого труда упросить ее остаться в их доме и продолжать управлять их имением. Она сдалась более на просьбы крестьян и, "чтобы им не было худо", осталась в Протозанове "в гостях у сыновей" и жила просто, кушая вместе с Ольгою самое простое кушанье Ольгиного приготовления, ни о каких вопросах общего государственного управления не хотела знать и умерла спокойно, с твердостью, и даже шутила, что теперь опять ничего не боится и что Фотий на нее, наверное, больше грозиться не будет.

Червев кончал свое течение всех благополучнее: он, мимо воли своей, наконец сделался известен в свете. Несмотря на то, что к нему никого из шатких в вере людей не допускали, Патрикей не раз ездил узнавать по секрету, как он томится, и всякий раз привозил известие, что нет ему никакого томления. Червев почитал себя вполне благополучным и счастливым, что не был лишен света, воздуха и работы. О вине, за которую он прислан, ничего никому не было известно. Звали его "добрый бродяга". Строгость к Червеву применялась только в том, что его не ставили работать вместе с простыми людьми из мирян. Для иноков же, которые были хорошо утверждены во всем, что им надобно знать, Червев не почитался нимало опасным. Летом он разбивал навоз и копал гряды, а зимою качал воду из колодца и чистил коровники.

Через несколько лет такой совершенно благополучной жизни Червев умер в коровнике, и сделал это так скрытно, что его недосмотрели и упустили его напутствовать. Червев, однако, и тут не был бесполезным жильцом: незадолго перед смертью он оказал обители ценную услугу и в этот раз явил себя миру со стороны до сих пор неизвестной. В проезд графини Хотетовой через Белые берега она остановила свое внимание на чистых, будто снегом натертых глазах Червева и прочла в них сокровенный дар пророчества. Она просила позволения с ним говорить, но в этом даже и ей было отказано. Тогда она обратилась к другому способу сношений, – просила передать Червеву написанный ею важный вопрос, с тем чтобы он написал ответ, за который она обещала вклад по сто червонцев за слово.

Братия передала это Червеву, и он, ничего не писавший со дня своего заключения в монастырь, сейчас же взял в руки карандаш и, не читая вопроса, написал на него ответ: "Поступай как знаешь, все равно – будешь раскаиваться".

Могила Червева цела и теперь. На ней есть крест с надписью: "Мефодий Червев". Хотели было ему надписать "раб божий", но вспомнили, что он "бродяга" и что вообще о нем есть что-то неизвестное, и не надписали.

СПИСОК